ファシスト的公共性

ファシスト的公共性

総力戦体制のメディア学

佐藤卓己

岩波書店

目　次

装丁＝桂川　潤

凡　例

(1)初出原稿については「あとがき」で説明した。本書収載原稿との異同については、各論文末の「後記」で言及している。また、初出時以後に刊行された関連分野の重要文献についても「後記」で簡単に解説している。
(2)引用文については、文中の省略についてのみ(中略)と表記し、「前略」および「後略」は記載を省いた。また、改行を省略しているものもある。
(3)幅広い読者を対象とする本書の性格に鑑み、引用文中の旧字体の漢字は本人表記の人名をのぞき新字体に改めたが、歴史的かな遣いは原文のままとした。
(4)引用文中の強調とルビは特記しない限り、引用者による。なお、補足や解説は〔　〕内に記述した。
(5)典拠表示の(佐藤 2013a：26f)は、巻末「引用文献一覧」の「佐藤卓己(2013a)、『物語岩波書店百年史2──「教育」の時代』岩波書店」の二六─二七頁を意味する。
(6)同じ文献から引用が続く場合、(同前：42)のように表記した。
(7)引用文の一部に、差別や障害に関して今日では不適切と考えられる表現が存在するが、時代状況を示す史料としてオリジナルに手を加えることはしなかった。

序章　「ポスト真実」時代におけるメディア史の効用

一、ポピュリスト的公共性かファシスト的公共性か

　まず、本書のタイトル「ファシスト的公共性」に抵抗を感じる読者がいるはずだ。たとえば、「ポピュリスト的公共性」とでもしていれば、良かったのだろうか。政治学者であれば、おそらくそうしたかもしれない。良いポピュリスト(草の根民主主義者)も、悪いポピュリスト(大衆迎合主義者)もいるという両義的な文脈から、より広く受けいれられる可能性は高い。

　だが、「ファシスト」ではそうはいかない。「戦後民主主義」的思考においてファシストは絶対悪と決まっており、「良いファシスト」など想定外だろう。ファシスト的公共性論はそうした歴史的負荷を自覚的に担った上での議論である。

　こうした歴史的ラベリングを承知の上で、敢えて「ファシスト的」に固執する第一の理由は、「方法としてのファシズム」の可能性である。確かに、自由民主主義体制における「言論の自由」を普遍的価値とすれば、ファシズム体制におけるメディア環境は特殊かつ例外的である。だが、ファシズムを戦後民主主義の反措定とする限り、否定すべきファシズムを私たちは客観的に分析することはできない。そのことが私たちの現状をも客観的に分析できなくしている要因ではないか。そもそも「言論

の不自由」は特殊かつ例外的な状況なのだろうか。メディアの本質は自由と民主主義の規範をいったんは離れてこそ、理解可能となるのではないか。たとえば、資本主義の本質が恐慌という例外状況によって明らかにされてきたように、公共性(輿論/世論を生み出す社会関係)の可能性はファシズムにおいてこそ十分な思考実験ができるのではないか。敢えて「ファシスト的公共性」という議論を展開する所以である。

さらに言えば、こうした思考実験に私が違和感を覚えない理由は、歴史家だからかもしれない。二〇世紀前半には「良いファシズム」は普通に議論されていたし、それを熱狂的に支持した人々が世界中に数多く存在していた。いや、いまも反シオニズムの文脈であれば、かなりの数のファシズム支持者が実在している。例えば、第三世界におけるホロコースト否定論やヒトラー肯定論の流行について、ワルター・ラカーは『ファシズム――昨日・今日・明日』(一九九六年)で二〇世紀末に次のような予測をしていた。

「イスラム世界において、ファシズム的傾向はより強まっていくと思われる。多くの西欧人はファシズムの語に恐怖感を覚えるのだが、ヨーロッパと北アメリカ以外の地にあって、ファシズムの語はそうした否定的の意味合いを持たない。第三世界の闘士にとって、ヒトラーやムソリーニは、いくつかの理由で失敗したとしてもけっして恥じる必要のない、民族解放のための戦士であった。」(ラカー 1997：158)

イスラーム過激派組織IS(イスラム国)の「グローバル・ジハード」が注目される二〇年前の記述である。当然ながら、今日のイスラーム急進主義者にナチ・プロパガンダが及ぼした影響を跡づけようとする歴史研究も存在している（ハーフ 2013）。

だが、「方法としてのファシズム」においては、「イスラーム・ファシズム」よりも「アメリカン・ファシズム」からの視点が重要だろう。W・シヴェルブシュは『三つの新体制――ファシズム、ナチズム、ニューディール』（二〇〇五年）で以下のように述べている。なお、ドイツ語原著タイトルが「遠ざけられた親戚関係」Entfernte Verwandtschaft であるように、同書ではヒトラー、ムッソリーニ、ルーズベルトによる「三つの新体制《スリー・ニューディールズ》」のシンボル操作やプロパガンダの同質性が分析されている。ニューディールを「フェビアン・ファシズム」（シヴェルブシュ 2015：30-35）、スターリンの一国社会主義を「ロシア型国民社会主義」（同前：122）と見なすシヴェルブシュの議論は、ドイツでも普通に「総力戦体制論」が語られるようになった二一世紀を象徴している。シヴェルブシュは日本について言及していないが、次の一文を読む限り、アメリカナイズされた「戦後日本」にもファシスト的な近代化の学習効果は十分に確認できると言えよう。

「アメリカン・ウェイ・オブ・ライフが〔戦後、〕ドイツとイタリアで、たとえばイギリスやフランスにおけるよりも、いっそう完全に、より抵抗なく採用されたという事実は、ファシズムそれ自体がこの〔近代化の〕再教育のための一種の予備訓練であったかもしれないことを示唆している。」（同前：169）

シヴェルブシュの関心が、とりわけ二〇〇一年の九・一一（アメリカ同時多発テロ事件）以後に顕在化した「戦争民主主義国家」アメリカに対する批判にあることはまちがいない。その視点から「デモクラティック・ファシズム」はごく自然に引き出される言葉である。

その九・一一より四年前の一九九七年、私は『世界』臨時増刊号「世界を読むキーワード4――二〇世紀の総括、二一世紀への視点」に「ファシズムの時代——大衆宣伝とホロコースト」を寄せている。その末尾の一節「近代化とポスト・ファシズム」を私はこう結んでいた。

「バートラム・グロスは、戦争と福祉を食い物にする「大きな政府」と多国籍企業が結託した体制を『笑顔のファシズム』("Friendly Fascism", 一九八〇年)で批判した。「見かけだけは美しい装いを凝らし、身のこなしが巧みで、ビロードの手袋をはめた」超モダンで多文化的なファシズムは現実のものになっていないだろうか。ファシズムと言えば、褐色の制服を身に纏《まと》いシンボルを染め抜いた旗を掲げた隊列の行進を思い浮かべる限り、また赤裸々なテロルやガス殺人のみを想定している限り、新たなファシズムの正体は見抜けないかもしれない。その意味では、歴史的事実の精緻化がファシズムへの免疫になるとも言いがたい。むしろ、ホロコーストのような「想像を絶する事実」を近代化＝国民化の「当然の帰結」と理解する柔軟な構想力が、来るべき破局を抑止するのではなかろうか。また、大衆運動であるファシズムは反民主主義であったことはないし、今後もないであろう。ファシズムを言葉通りに「国民社会主義」と理解するならば、それを支持する人々は現在も多いのではあるまいか。財産と教養によって実質的に差別される「市民社会」よりも、人種と言語において平等な国民のみが福祉の恩恵を享受する「国民国家」の方を選ぶ人々は多いだろう。資本の国際的なボーダレス化によって国民国家の枠組みが揺さぶられている現在、草の根レベルで国民主義が広がっていることは無視できない現実である。二〇世紀のファシズムが「資本主義の危機」において顕現したとすれば、二一世紀のファシズムは「国民主義の危機」において発現するかもしれない。「資本主義の危機」が計画化、システム化によってひとまず克服されたとすれば、「国民主義の危機」は何によって克服さ

れるのだろうか。」（佐藤 1997：15）

二〇年の歳月で色あせた雑誌の頁をめくり自分の文章を改めて入力しつつ、その内容が少しも色あせていないことに少し戸惑っている。当時の一般読者がどう読んだのかは判らないが、むしろ近年のポピュリズム現象を目の当たりにした現在の方が多くの人に理解してもらえる記述ではなかろうか。すなわち、二〇一六年六月のブレグジット（EU離脱を決めた英国の国民投票）、同年一一月の「アメリカ・ファースト」（アメリカ第一主義）を掲げたドナルド・トランプの米大統領当選などがすぐに想起されるはずだ。もちろん、二〇一二年に「日本を、取り戻す。」のスローガンを掲げて再登場した安倍晋三政権を思い浮かべる読者もいるだろう。

とはいえ、ユーロ・スケプティシスト（EU懐疑主義者）、あるいはトランプ大統領や安倍首相の支持者がみな「二一世紀のファシスト」だ、と呼べるほど単純な話ではない。しかし、そうした草の根ナショナリズムの世論形成のあり方に、「国際主義のエリート」と「国民主義の大衆」で分断された社会を見るならば、そこに「ファシズムの時代」の既視感を覚えたとしても誤りではない。ちなみに、右の小論で私は「ファシスト的公共性」という言葉をこう説明している。

「一九世紀の民主主義は、「財産と教養」を入場条件とした市民的公共圏の中で営まれると考えられていた。一方、二〇世紀は普通選挙権の平等に基礎を置く大衆民主主義の時代である。そこからファシズムが生まれた事実は強調されねばならない。理性的対話による合意という市民的公共性を建て前とする議会制民主主義のみが民主主義ではない。ヒトラー支持者には彼らなりの民主主義があったのである。ナチ党の街頭行進や集会、ラジオや国民投票は大衆に政治的公共圏への参加の感覚を与えた。

この感覚こそがそのときどきの民主主義理解であった。何を決めたかよりも決定プロセスに参加したと感じる度合いがこの民主主義にとっては決定的に重要であった。ワイマール体制(利益集団型民主主義)に対して国民革命(参加型民主主義)が提示されたのである。ヒトラーは大衆に「黙れ」といったのではなく「叫べ」といったのである。民主的参加の活性化は集団アイデンティティに依存しており、「民族共同体」とも親和的である。つまり民主主義は強制的同質化(Gleichschaltung)とも結託できたし、その結果として大衆社会の平準化が達成された。こうした政治参加の儀礼と空間を「ファシスト的公共性」と呼ぶとしよう。民主主義の題目はファシズムの歯止めとはならないばかりか、非国民(外国人)に不寛容なファシスト的公共性にも適合する。」(同前：13f)

ここで「民主主義の題目」が意味するものは「政治参加の呼びかけ」、より具体的なイメージとしては「街頭での示威活動」である。当然ながら、街頭で叫んだファシストおよびその支持者たちは自らを「悪」だと自認していたわけではない。その逆であり、自らの「正義」を疑うことはなかっただろう。その上で、もし私たちが今後ファシズムと対面するとき、それは果たして誰でも判るような「悪」の装いで登場してくれるだろうか。

三・一一以後の反原発デモから「二〇一五年安保」デモまで——海外の事例でいえば、ツイッター革命とも呼ばれた「アラブの春」などを含め——街頭公共性を讃美する言説に対して、私が懐疑的な目を向け続けた理由はそこにある。たとえば、二〇一二年八月二八日付『東京新聞』掲載の論壇時評で、私は柄谷行人「人がデモをする社会」(『世界』二〇一二年九月号)について次のようなコメントをしている。

「〔柄谷は〕和辻哲郎の「風土」論や丸山眞男の「個人析出のさまざまなパターン」理論を踏まえて、デモなき日本社会の特殊性を指摘する。西欧との比較では「近代化の遅れ」と片付けられた問題だが、韓国や中国でもデモは盛んである。自らデモに参加する柄谷は、こう宣言している。「人々が主権者であるような社会は、代議士の選挙によってではなく、デモによってもたらされる」。だが、「デモによってもたらされる社会」は、必ずしも幸福な社会とは限らない。ドイツのナチ党はデモや集会で台頭したし、それを日常化したのが第三帝国である。街頭の世論形成を無条件に肯定する議論に私は違和感を覚える。デモの称賛は「代議士の選挙」への絶望感の裏返しだからである。」（佐藤 2014a : 74f）

ここで柄谷が引用した和辻哲郎『風土』（一九三五年）の文章をその前後を含めて引用しておこう。確かに、一九二七年から一年半ドイツ留学していた和辻はベルリンの街頭で繰り広げられた共産党と国粋党の示威行進に熱い眼差しを向けていた。

「前者〔「家」を守る日本〕においては公共的なるものへの無関心を伴った忍従が発達し、後者〔城壁の内部で生活するヨーロッパ〕においては公共的なるものへの強い関心関与とともに自己の主張の尊重が発達した。デモクラシーは後者において真に可能となるのである。議員の選挙がそこで初めて意義を持ち得るのみならず、総じて民衆の「輿論」なるものがそこに初めて存立する。

共産党の示威運動の日に一つの窓から赤旗がつるされ、国粋党の示威運動の日に隣の窓から帝国旗がつるされるというような明白な態度決定の表示、あるいは示威運動に際して常に喜んで一兵卒として参与することを公共人としての義務とするごとき覚悟、それらはデモクラシーに欠くべからざるものである。しかるに日本では、民衆の間にかかる関心が存しない。そうして政治はただ支配欲に動く人の専門の職業に化した。ことに著しいことは、無産大衆の運動と呼ばれているものが、ただ「指導者」たちの群れの運動であって指導せられるものをほとんどあるいはまれにしか含んでいないという珍しい現象である。（中略）

だから議会政治が真に民衆の輿論を反映していないと同じように、無産大衆の運動も厳密には無産運動指導者衆の運動であって無産大衆の輿論を現わしたものではない。それが顕著にロシア的性格を示すのは、ロシアが昔も今も専制国であってかつて政治への民衆の関与を実現したことがないという事実と、日本の民衆の公共への無関心、非共同的な生活態度との間に、きわめて近い類似が存するからである。」（和辻 1979：201f、改行は引用者）

和辻が目にしたデモの「国粋党」は国家人民党（一九二八年五月国会選挙で七三議席、得票率一四・二パーセント）であって、ナチ党ではない。一九二八年当時、ナチ党（一二議席、二・六パーセント）は低迷しており、ベルリンの街頭で共産党（五四議席、一〇・六パーセント）と互角に渡り合うだけの力はなかった。文末に「昭和四年」とあるので、和辻がこの文章を執筆したのは世界恐慌の混乱を背景にナチ党が第二党（一〇七議席、一八・三パーセント）に大躍進する一九三〇年九月選挙のかなり前である。『風土』の刊行はナチ党の政権掌握から二年後だが、和辻はドイツの示威行進への高い評価を改める必要は感じなかったのであろうか。この点については、柄谷も「そこからまもなくナチの体制が生まれたということを捨象している」（柄谷 2012：96）と和辻の経験の限界を指摘している。

むしろ、気になるのは、柄谷が和辻の引用において「輿論」の語が登場する前後の文章を省略したことである。和辻は日本共産党の非大衆的な運動と対比しつつ、ドイツ共産党の示威行進に「無産大衆の輿論」を見ていた。初版の刊行から八年後、一九四三年に和辻はこの部分を書き改めることなく、第三章一節「シナの部」を以下の理由で書き改めている。

「もとこの文章は昭和四年、左傾思想の流行していたころに書かれたもので、風土の考察に当時の左翼理論への駁論を混じえていた。今それを洗い落として純粋に風土の考察に引き直したのである。」（和辻 1979：5）

和辻が同時期に執筆したドイツの街頭デモに関する記述について同様の改稿をしなかったのはなぜだろうか。共産党の示威行進に「無産大衆の輿論」を見た和辻は、ナチ党の示威行進にも同じ輿論を読み取っていた可能性が高い。だとすれば、改訂の必要など感じなかったにちがいない。

一方、ナチズム台頭の以前であれ以後であれ、ワイマール共和国の「街頭政治」を和辻のように公共性の視点で高く評価する戦後の歴史家は少ないはずだ。それが議会主義への不信を助長して独裁政治へ道を拓いたという否定的評価が一般的だからである。

ちなみに、ナチズムは世論政治とは無縁な恐怖《テロル》政治だという先入観は、いまなお根強い。その偏見を改めるために、本書の第Ⅰ部も書かれたわけだが、ここでは先に紹介したシヴェルブシュ『三つの新体制』が引用する啓蒙宣伝相ヨーゼフ・ゲッベルスの言葉を紹介しておこう。

「政府は、学問的正確さをもって、国民の気分をその微妙なニュアンスまで探究しなければならない。その際、誤った動向が確認されれば、これを修正すべく介入しなければならない。国民の意見が正当だとなれば、政府はそれに合わせなければならない。」（シヴェルブシュ 2015：68）

アメリカのルーズベルト政権と同様、ヒトラー政権も「国民の気分」にも「国民の意見」にも気をくばっていたわけである。同じことが戦時期の日本についても言えるかどうか、それを考察したのが本書第Ⅱ部である。

「ポスト真実」は新しいか

「ファシスト的公共性」は、もちろんナチズムあるいは総力戦とともに消滅してはいない。とはいえ、二〇世紀のファシズムと二一世紀のポピュリズムがまったく同じ現象だ、とメディア史家として主張したいわけではない。ラジオ放送時代のファシズムとSNS（会員制交流サイト）時代のポピュリズムが異なる特徴を持つことは自明である。今日では、個人の情報発信の自由度は飛躍的に拡大され、国家権力による情報統制はますます困難になっている。

そうした現在を象徴する言葉が、「フェイク・ニュース」であり「ポスト真実《トゥルース》」である。特に「ポスト真実」はオックスフォード英語辞典の二〇一六年度「今年の言葉」に選ばれている。それは「世論を形成する際に、客観的な事実よりも、むしろ感情や個人的信条へのアピールの方がより影響力があるような状況」と定義されている。先にふれたEU離脱の英国の国民投票やトランプ勝利の米大統領選ではデマ情報がウェブ上に氾濫し、人々の投票行動を大きく左右したという。こうしたSNS普及を前提とする「フェイク・ニュース」の氾濫は、もちろん日本社会も直撃している。

ちなみに、「今年の言葉」に選ばれたとは言え、「ポスト真実」が最近の造語というわけではない。二〇〇四年にはアメリカの心理評論家ラルフ・キーズが『ポスト真実の時代――現代生活における不正直と欺瞞』（*The Post-Truth Era: Dishonesty and Deception in Contemporary Life*）を出している。そうした現象はすでに二〇世紀のファシズムや共産主義をモデルにしたジョージ・オーウェル『一九八四年』(一九四九年)の「二重思考」や「ニュースピーク」で十分に語り尽くされてきたイメージなのだ。それゆえ、歴史家であれば十分に既視感をおぼえる言葉である。実際、東欧史を中心に斬新なホロコースト研究を展開するティモシー・スナイダーも、トランプ大統領を痛烈に批判した『暴政――二〇世紀の歴史に学ぶ二〇のレッスン』(二〇一七年)において、「ポスト真実」に「ファシズム前夜《プレファシズム》」の危機を見ている(スナイダー 2017：67)。

「私たちが現在直面している危険は、「必然性の政治」から「永遠の政治」への移行であり、ナイーヴで欠点のある「民主共和制」から、混乱しシニカルな「ファシスト的寡頭政治」への移行です。」(同前：122)

「必然性の政治」とはマルクス主義の発展段階論に典型的な反歴史な未来思考であり、「永遠の政治」とは神話化された過去の栄光に自己陶酔する同じく反歴史的な反動思考である。こうして「ファシスト的寡頭政治」に至る反歴史的思考への没入を防ぐためにも、メディア史的思考は有効だと考える。スナイダーが参照するのは主に中東欧の二〇世紀ファシズムだが、戦前の日本においても「フェイク・ニュース」が氾濫する「ポスト真実」状況は現出していた。

例えば、一九四〇年三月一日付『現代新聞批判』は五城朗「戦争ニユースは欺く」を掲載している。欧州で第二次世界大戦が勃発して半年、その戦時報道における「与太ニュース」の国際的な氾濫を五城は詳細に解説し、「懐疑心」の重要性を訴えていた。

「どんなニユースに対しても、まづ聡明な懐疑心を働かせ、苟くも軍事的に見て不可能或は不合理な内容であれば、直ちに虚報であると看破するだけの眼識が具はれば、もはや戦争ニュースも「欺く」ことは出来なくなるわけである。」(五城 1940a)

第二次世界大戦中には、今日のインターネット上のフェイク・ニュースの原型とも言えるような出来事が数多く報じられていたわけである。ちなみに、五城は「アメリカの輿論調査――〈ギヤラップポール〉の実際」を同年六月の同紙に連載している。

「新聞が言論を喪失し、輿論の指導性を放棄した今日、これはぜひとも日本にも欲しい事業ではあるまいか。輿論など丶いふものは顧みる必要のない完全独裁国ならいざ知らず、国論指導統一の必要が痛感されてゐる今日、誰かこの新しい事業に先鞭をつけるものが現はれさうなものだと、筆者は久しく待望してゐるものである。」(五城 1940b)

実際には、五城の記事より一か月早く、一九四〇年五月一八日に大阪毎日新聞、東京日日新聞はギャップ方式の全国輿論調査「中等学校の新入学考査制度――輿論調査」を公表している。世論調査も日本の総力戦体制、すなわち「一九四〇年体制」を構成する要素である(佐藤 2008)。科学的輿論調査もフェイク・ニュースと同様に「プロパガンダの時代」のジャーナリズムで注目されていたわけである。

二、言語論的転回とメディア史の成立

一般に「プロパガンダの時代」と言えば、第一次世界大戦以後、米ソ冷戦の終結まで続いた「短い

二〇世紀」を意味しよう。「短い二〇世紀」はイギリスの歴史家エリック・ホブズボームが提唱した時代区分である。フランス革命（一七八九年）から第一次世界大戦勃発（一九一四年）まで一二五年間続いた「市民社会」を「長い一九世紀」と名づけた上で、ホブズボームは『極端の時代』（一九九四年）の副題で、第一次世界大戦勃発からソビエト連邦崩壊（一九九一年）まで七七年間を「短い二〇世紀」と呼んでいる（ホブズボーム 1996 : 6）。

「プロパガンダ」という言葉は第一次世界大戦勃発までの百科事典類においてほとんど立項されていない。しかし、大戦末期の一九一八年にはこの言葉を知らぬものはいない流行語となっていた。『大英百科事典』（*Encyclopaedia Britannica*）の第一一版（一九一〇年）ではローマ教皇庁の説明で登場するだけだったが、第一二版（一九二二年）では一〇頁以上の大項目として立項されている。プロパガンダによる自国民の戦意高揚と敵国大衆の意気阻喪なくして、現代戦は遂行できなくなったのである。

この「プロパガンダの時代」、すなわち「短い二〇世紀」の歴史家にとって、科学的社会主義を唱えた専制国家・ソビエト連邦の消滅以上に衝撃的だったのは、「言語論的転回《リングイスティック・ターン》」が科学的歴史学の客観性を直撃したことだろう。

すでにソシュールが二〇世紀初頭に言語構造を差異のシステムとして考察して以降、人文科学が自ら依拠する立ち位置も言語的に編成され、それによって条件づけられていることは明らかにされていた。歴史記述も言語に依拠する限り、解釈する以前に事実の認識を言語が支配しており、どんな言語の話者にも妥当する客観的な解釈などありえない。だとすれば、認識レベルでは歴史とフィクションの境界は明確でないということになる。ヘイドン・ホワイトに代表されるポストモダニストは、歴史家が創作家と同じように「物語」図式で過去の記述を組み立てていながらも強弁する史料実証主義に攻撃の矛先を向けた。歴史とは歴史家が過去について語った「物語」に過ぎない、という批判である（バーク 2009：182-187）。すでに歴史学はこの段階から「ポスト真実」時代に直面していたと言うこともできる。

こうしたポストモダニストの批判に対する歴史家からの応答として、ヘレニズム史家・大戸千之の整理が説得的である（大戸 2012）。西洋古代史研究者にとって、「事実など存在せず、すべては解釈にすぎない」というポストモダニストの批判はなんら目新しいものでなく、近代歴史学の成立以前、より正確には「歴史」の成立時から繰り返された議論である。大戸は最初期の議論として、紀元前五世紀のゴルギアスの言葉を『ソクラテス以前哲学者断片集』から引用している。

「われわれが報知するためにもちいる手段は言葉であるが、言葉は（感覚の外部にある）元の本体としての存在ではない。したがって、われわれが隣人に知らせているのは、存在ではなく言葉であり、すなわち元の本体とは異なるものなのである。」（ゴルギアス 1997：65）

つまり、史料の原作者とそれを解釈する歴史家、二つの主観から離れて言語で表現された過去の事実を厳密に再現することはそもそも不可能なのだ。極めつきとして、大戸は一九世紀フランスの作家エドモン・ド・ゴンクールが発した言葉、「歴史とは、過去にあった小説であり、小説とは、ありえたかもしれぬ歴史である」を引用するが（大戸 2012：252）、それはほとんどポストモダニストの台詞と同じである。

つまり、二〇世紀後半に「言語論的転回」と呼ばれて表面化した歴史記述への不信は、古典古代から近代まで絶えず存在していた。それにもかかわらず、歴史学が科学性や客観性を掲げ、あたかも過去の事実を厳密に再現することができる「かのように」振る舞ってきたことに問題があったわけである。

それは歴史学が自然科学万能の一九世紀に大学で制度化されたため、正当な学問として認知されるために必要な演出だったといえなくもない。「近代歴史学の父」レオポルト・フォン・ランケは、「本来それがいかにあったか」Wie es eigentlich gewesen を明らかにするのに必要なのが「史料の裏づけ」だとは述べている。しかし、必ずしもそれで客観的事実が確定できると主張していたわけではない。つまり、史料実証主義とは可能なかぎり史資料を使って過去の事実に近づこうとする姿勢であり、その客観性とは他の研究者によっても再検証が可能にされている形式にほかならない。

ポストモダニストの歴史学批判にたじろいだ歴史家とは、本来そうした限界のある客観性を科学的社会主義の「世界史的な展望」（古在 1963：66）にまで接合できた旧世代の「必然性の歴史家」だった。当然ながら、冷戦後に成立した学問領域、「メディア史」の研究者である私などはあまりに自明すぎる議論のため、「言語論的転回」騒動で何が問題なのか理解しにくいほどであった。「メディア史」という項目をはじめて立項した学術事典『現代社会学事典』（二〇一二年）で、私はこう定義している。

「日本では一九九二年三月にメディア史研究会が設立されたように、新しい歴史社会学の名称である。新聞史を中心とした従来のジャーナリズム史、放送史をふくむマス・コミュニケーション史がこれに先行している。ジャーナリストの当為・規範を前提とするジャーナリズム史は学問というより道徳であり、その限界をマス・コミュニケーション史は発行部数や視聴率の分析など実証的分析で乗り越えようとした。だが、カルチュラル・スタディー研究から批判されるように、その計量主義は文化や価値の問題に踏み込むことができなかった。一九八〇年代末の冷戦崩壊後に始まるメディア史は、こうした理念と実証の綜合をめざした。また、コミュニケーション研究においても、ケータイやインターネットなどパーソナル・メディアが本格的に普及する一九九〇年代には個別媒体(単数形 medium)ではなく異なる諸媒体(複数形 media)の相互作用を問題とするメディア研究が必要とされた。ここにメディア論としてのメディア史が成立する。」(佐藤 2012b：1249f)

カルチュラル・スタディーズにおいても、送り手側からのメッセージが意図を持って記号化されることは織り込み済みであり、受け手側の理解も解釈コードのせめぎ合いを前提としている。たとえば、テレビ・ニュースの場合である。番組制作者は主流派に都合のよい優先的意味によって出来事を記号化し、その視聴者は「支配的／妥協的／対抗的」コードのいずれかでニュースを解読する。このようにテクストを解釈する過程で意味のせめぎ合いが存在することを、スチュアート・ホールは「エンコーディング／デコーディング」モデル(一九七三年)として提示していた。メディア研究の領域では、ポストモダニストの歴史学批判以前からこうした「送り手—(記号化)—メッセージ—(解読)—受け手」のコミュニケーションモデルは常識化していた。つまり、「史料→事実」という単純な直線的な解釈モデルは、メディア論では「書き手—史料→読み手—事実」という言語媒介的で重層的な解釈モデルへ読み替えられている。記述された史料が必ずしも事実を語っているとは限らない以上、記述の内容そのものよりもその解釈コードが重視されるようになるのは必然である。「メディア史」という学問ジャンルが定着した背景には、情報化においてメディアの社会的影響力が高まったという以上に、内容の真偽を扱ってきた歴史家がその解釈プロセスに関心を寄せることでメディア論に接近したのだとも言える(佐藤 2009)。

結局、送り手の意図と受け手への影響を相互作用として検討するメディア史研究においては、テクスト解釈にゆらぎがあるのは前提である。むしろ「言語論的転回」は、歴史学における公共性(輿論を生み出す社会関係)の意義を再確認してくれたように私は感じた。すなわち、「書き手―史料→読み手―事実」という構図は、「史料→事実」という人間不在の直線《リニア》モデルではなく、「書き手」や「読み手」の多様性を前提とするダイナミックな人間関係中心のモデルなのである。史料を媒介として歴史家を含む解釈共同体が形成され、客観的な事実にわずかでも近づくために試みられる合意形成の営みこそが歴史研究の客観性を体現している。この場合、歴史研究とは個別論文だけではなく、新しい史料や解釈の登場によって絶えず再検証されるプロセス全体を指している。ニュース(新しい知見)を伝えるジャーナリズムと異なって、歴史学で先行研究を「再‐調査」research することが特に重視されるのはそのためである。

結局、「歴史家が提示する「事実」とは、史料＝情報の伝えるところにもとづいて再構築された「説明」にすぎず、事実そのものではない」(大戸 2012：247)。この原点に立ち返れば、歴史学は今日も十分に学問たりえるはずである。

こうして論拠となる情報を示して事実関係を分析する学問を「歴史学」と呼ぶとすれば、事実関係や論拠よりも読者に与える効果を分析する学問は「修辞学」の伝統に連なる。その意味で二〇世紀に成立したメディア論やコミュニケーション研究は修辞学的だという見方もある。コンラート・パウル・リースマンは『反教養の理論――大学改革の錯誤』(二〇一七年)で、知識社会の大学で人気を博す新興学問を次のように批判している。

「人間とその影響の受けやすさに関する宣伝心理学やコミュニケーション研究が、古代の修辞入門書に書いてある以上のことを「知っている」かどうかには怪しいものがある。」(リースマン 2017 : 38)

実践知というレベルでは確かにそうかもしれない。とはいえ、二一世紀現代の史料状況は古代はおろか、近代歴史学が成立した一九世紀とも大きく異なっている。安定した紙媒体の史料批判だけで二〇世紀以後の歴史を記述することは難しい。一〇〇年前、一九一四年に第一次世界大戦を引き起こしたオーストリアの対セルビア宣戦は「電報」で通告されたし、第二次世界大戦のドイツの対ポーランド宣戦はヒトラーの「ラジオ放送」で行われた。その大戦の終結日が我が国では降伏の「文書調印」が行われた九月二日ではなく、「玉音放送」の八月一五日と記憶されていることも象徴的である(佐藤 2005)。本書第Ⅱ部でラジオ文明と電体主義に着目する理由もそこになる。実際、二一世紀の歴史叙述は、各国の機密文書をウェブ上で公開しているウィキリークス WikiLeaks のようなデジタル史料も活用されるはずだ。あるいは、平成日本の政局に大きな影響を与えた「大阪維新の会」の橋下徹代表やトランプ米大統領に関する歴史記述にツイッター上の書き込みが史料として引用されることも確実だろう。

こうしてウェブ時代の歴史学は紙媒体の安定性を欠いた膨大なデジタルデータに依拠せざるを得ない。そうした電子データは随時の書き換えが可能であるため、その記述もアップデートを待つ暫定的性格を強く帯びている。そうした不安定性を体現しているのが、電子データを量産するパソコンなどデジタル製品だろう。かつての家電製品は壊れるまでそのまま何年間も使える「完成品」だったが、デジタル製品はソフトウェアのアップデートを待つ「未完成品」であり、保守サービスの終了とともに「不完成品」として寿命を終える。「未完成品」を使って書く文章は、何度も推敲を重ねた手書きの文章とは自ずから異なっている。こうした電子テクストの暫定的性格が、歴史家の史料を読む態度にも影響を与えないはずはない。

デジタル情報社会と「歴史のメディア化」

先に紹介したヘレニズム史家・大戸千之の議論はデジタル社会化の現在であればこそ、情報リテラシー概論としても有用なのかもしれない。逆説的なことだが、紙媒体だけに史料を依拠することができない古代史研究者の視点の優位性を示している。とはいえ、情報そのものが乏しい古代史の視点からは、情報の過剰という現代的問題を十分に目配りすることは難しい。たとえば、情報収集と事実確認に対する大戸の次のような楽観である。

「現在の場合には、情報を得る手段が多いから、さまざまな方面から情報を集め、それらをつきあわせることによって、事実を確認することが比較的容易である。」(大戸 2012：244)

インターネットの普及により「情報を得る手段」は急速な進歩を遂げ、今日では「情報を集め、それらをつきあわせること」は造作もないことになった。その意味では、こうした楽観論は「古代史的」視点ではなく、「Google 的」サーチ・エンジンの開発思想に近いのかもしれない。「Google 的」思想とは、グローバルな広がりをもつ玉石混淆の情報の大海から検索のアルゴリズムで「玉」情報を取り出すことが可能だとする考え方であろう。すなわち、玉石の判断、つまり情報の質の優劣は社会的に認められた専門家の評価ではなく、利用者のリンク数や検索ランキングの順位に委ねるという情報テクノロジー思想でもある。そして、こうした情報テクノロジー思想に立つ限り、史料に基づく「歴史」より読者への効果を優先する「修辞」がランキング上位を占めることは否定できない。

むしろ、今日の歴史家が事実に近づくためには、情報を集めることより、俗ウケを狙った不正確な情報を取り除く作業こそが重要になる。だとすれば、「事実を確認すること」が以前よりも容易になったと考えるべきではない。アクセス可能なあいまい情報は無限に増殖するが、歴史家個人の情報処理能力は限られており、事実関係の確認作業はますます煩瑣になっている。その作業増加に対応して歴史家の専門分野も細分化されたため、同じ情報にアクセスする歴史家が集まって事実を相互に確認し合う解釈共同体はますます先細りしている。そのため、まとまった一国の通史はおろか「世界史的な展望」など、哲学者や社会学者の肩書きならまだしも歴史家としては議論しがたい状況なのだ。

こうした状況の打開策として、実名でリアルな人間関係を基本とするフェイスブックのようなソーシャルメディアを駆使した解釈共同体の再構築も考えられるが、それに多くを期待するのもやはり楽観的に過ぎるだろう。フェイスブックでは信頼できる友人と情報を共有できるが、自分好みにカスタマイズされる情報ネットワークから敵対的な発話者はあらかじめ排除されがちである。こうした批判者のいない解釈ネットワークを「いいね！の共同体」と呼んでもよい。

現実には、ソーシャルネットワークはあいまい情報の拡散装置であり、情報の確証性を低下させるシステムとして機能している。そもそも情報検索行動そのものが流言の発生原因となる可能性さえもある。たとえば、一九三八年一〇月三〇日のアメリカで発生した「ラジオドラマが引き起こした火星人襲来パニック」である。この時もラジオ番組に不審を抱いた聴取者が肉親知人、あるいは放送局、新聞社、警察などに電話をかけたことで回線がパンクしている。皮肉なことだが、こうした情報検索行動こそが「パニック的」状況を現出したと言えなくもない。ただし、このラジオドラマを聞いて「驚いた」あるいは「不安になった」と答えた聴取者が「パニックになった」わけではない。この出来事は長らくマスメディアの弾丸効果を象徴する「真実」と見なされ、これを分析したハドレー・キャントリル『火星からの侵入』（一九四〇年）は古典的名著とされてきた。しかし、今日ではラジオ研究者がその影響力を強調するために作り上げた「メディア・イベント神話」であり、パニック発生という「事実」もメディア史では否定されている（佐藤 2013b）。

いずれにせよ、電話やラジオの普及、つまり情報化やネットワーク化が誤情報を抑止することにはならなかった。むしろ、ネットワーク社会ではアクセスへの欲求がセンセーショナルに刺激されるため、情報に対する全般的な不信感が強まっている。情報を懐疑する精神はメディアリテラシー（情報の批判的読解力）にとって不可欠なものだが、メディアへのシニシズム、ひいては陰謀論や歴史修正主義の温床にもなりかねない危険性を併せ持っている。

その象徴が二〇一四年に発生した朝日新聞「誤報」事件だろうか。二〇一四年八月五、六日に朝日新聞社は過去の「従軍慰安婦」報道をめぐる検証記事で誤報を取消したが、同年五月の「原発事故調書」スクープ報道の訂正・謝罪も重なって、同一一月一四日には社長の辞任表明にまで発展した。この事件にふれた「誤報事件の古層」（『図書』二〇一四年一一月号）を私はこう結んでいる。

「朝日新聞の今回の対応に批判されるべき点は少なくないが、誤報を認めたという点では評価しなくてはならない。私はメディア史家として、新聞に歴史学の論文レベルでの正確さを求めるべきではないと考えている。そうした精度の要求はアクチュアルな議論を提起する公共性の機能と両立しないからである。新聞は公益性があると判断すれば、十分に裏が取れなくても、推測であることを明示する限り「期待」を大いに語ってよいメディアである。だからこそ、歴史家による後の検証に向けて新聞社は情報公開に積極的であるべきなのだ。しかし、今回のように誤報を認めたことがほとんど評価されず、誤報の責任のみが執拗に追及されれば、結果として新聞社の隠蔽体質が強化されるのではあるまいか。一方で、「歴史の広告媒体化《メディア》」が進む今日、「日刊の年代記」という古典的役割が紙媒体の新聞に期待されることも理解できる。しかし、歴史もまた絶えず更新され、その保守サービスが続くかぎりで意味を持つ営みだということを、私たちは肝に銘じて忘れてはならない。」(佐藤 2014b：23)

「広告媒体化《メディア》」については、少し説明が必要かもしれない。周知のごとく、メディア media はラテン語 medium(中間、媒介)の複数形であり、英語では中世から「巫女、霊媒」など主に宗教的な意味で使われてきた。『オックスフォード英語辞典』は今日的な「メディア」の用例の初出として、一九二三年アメリカの広告業界誌『広告と販売』に登場した、「新聞、雑誌、ラジオ」の広告三媒体を指す mass medium を挙げている。日本でも学術誌上を除けば、一九七〇年代まで「メディア」は主に広告業界のジャーゴンだったといってよい。それはヨーロッパでも同様であり、現代ドイツの代表的なメディア史家ヨッヘン・ヘーリッシュもこう述べている。

「独英仏語の辞典を「メーディウム／メディア」という見出し語で調べると、戦後期のものでもまだ、たとえば英国の糸の質、ギリシャ語動詞の能動と受動の間をなす中間態、四大元素、霊媒という語義は見つかるのに、書物、新聞、写真、映画、テレビ、つまりマスメディアという語義は見つからない。（中略）二〇年前まで大学の学科の規準によれば、許されていたのはたかだか演劇学や、良くてもジャーナリズム学までであった。メディア学にはしかし認可されるチャンスはなかった。」（ヘーリッシュ 2017：67）

英独仏でも、広告媒体の意味での「メディア」は戦後にアメリカから輸入された外来語なのであり、ながらく広告業界での使用に限られていた。その意味で「メディア学はエキセントリックなマクルーハンによる鳴り物入りの命題「メディアはメッセージである」とともに始まった」（同前：69）という言葉は大げさでもない。実際、「ポップカルチャーの大司祭」マクルーハンのメディア論の第一作はマスメディアの「コマーシャル教育」を中心に分析した『機械の花嫁――産業社会のフォークロア』（一九五一年）である。産業社会のフォークロアとは、マーケッティング文化のことである。

今日でも就職調査で大学生が志望先を「メディア業界」と書く場合は、古典的なマスコミ四媒体（新聞、雑誌、ラジオ、テレビ）であることが多い。就職調査ではインターネットは「ＩＴ業界」に分類されるのが一般的だが、経済産業省の媒体別広告費データなどではインターネットを加えた五媒体として調査されている。もちろん広告媒体である以上、メディアで最重視されるのは広告効果であり、事実内容の真偽は一義的な問題ではない。

それゆえ、「歴史のメディア化」とは歴史が外部記憶装置 external storage としてのメディアに収められること以上に、「歴史の広告媒体化」を意味している。朝日新聞「誤報」事件の引き金となった「慰安婦」報道問題も、日韓「外交戦」だけではなく国内「歴史戦」の文脈で考えるべきかもしれない。「誤報」問題を検証した朝日新聞社第三者委員会で委員をつとめた林香里は、「「報道検証」はジャーナリズムをよくするか」(『世界』二〇一五年五月号)で興味深いデータを提示している。一九八四年から三〇年間の全国紙四紙の「慰安婦」関連報道量の推移分析を見る限り、朝日新聞がその報道をリードしていたのは一九九〇年代前半までである。むしろ、「慰安婦」関連記事が急増するのは二一世紀に入ってからであり、特に二〇〇九年以後は産経新聞が報道量でトップに立っている。だとすれば、現在の「慰安婦問題」とは保守系メディアによってアジェンダセッティング(議題設定)されたものであり、日本国内においてはリベラル派の言論活動に対する保守派の攻勢防御として機能していた。つまり、イデオロギーの広報媒体と化した歴史をめぐって、リベラル派と保守派が解釈コードのヘゲモニー闘争を展開しているというわけである。今日、ニュース(新聞)を伝える新聞紙は、まるで「歴史戦」の記憶装置になったような印象さえ覚える。

人類は文字を発明し複製技術を開発して、内部記憶に頼らない社会システムを構築してきた。記憶の拘束から解放されることで人類は思考の自由を拡大してきたと言うことも可能である。だとすれば、歴史学の使命はこうした外部記憶の保守管理を続けて思考の自由を維持発展させることにあるのだろう。

三、遅延報酬を意識するメディア史的思考

その外部記憶がクラウド化する現在、ウェブ空間に対応した史料の管理分析方法を早急に確立する必要があるはずだ。旧来の文書館、図書館に代表される物理的なアーカイヴは「安定した情報」アクセスを可能にしてきたが、クラウドな情報空間にただようビッグデータは絶え間なく更新される「不安定な情報」である。現在でも学術論文で論拠として引用する際にはアドレスとともに最終参照日を記載することが一般的だが、他の研究者が再検証しようとしたときにはリンク切れだったり、上書き更新されていることも多い。いつでもどこでもアクセスできるクラウド情報は、いつ何どきアクセス不能になるかわからない不安定な情報なのである。ウェブ上の情報はたまたま残っていることはあっても、正確な日付で記録されているとは限らない。そもそもインターネットが記録保存を前提とした歴史的思考で開発されたシステムではないのである。それは「二〇〇〇年問題」騒動において象徴的に示された通りである。コンピュータのプログラミングで日付は長らく西暦の下二桁のみを入力し、つまり1998はただ98と上位二桁が省略されてきた。そのため2000を1900と認識する誤作動が懸念されたわけである。本書第Ⅱ部第四章でふれるように、総力戦に技術的起源をもつコンピュータ文化では長期的な展望よりも短期的な効率が優先されてきた。このように保存より伝達を、選別よりも拡散を優先するコンピュータ文化において、歴史への配慮は乏しい。一〇年後の研究者が一〇年前の同じ日にインターネット上でどのような情報が広まっていたか、それを調べる《サーチ》こと、まして研究する《リサーチ》ことは容易ではないはずだ。

加えて、ニュース受容のスタイルが多様化したため、社会全体で出来事を「事実」として共通認識にすることも困難になっている。モバイル端末でいつでもどこでも好きなときにニュースを受け取るという状況では、「あのとき読んだ(視聴した)」という「想像の共同体」の集合的記憶は成立しにくい。

とはいえ、現在のところウェブ上のデジタル情報の多くはまだ紙媒体資料をスキャニングしたり、既存のテレビ放送映像をダビングしたものである。つまり、コンテンツのレベルではアナログ時代の延長上にある。しかし、今後はアナログの原データが存在しないデジタルデータが情報の主流になるはずだ。メディア史家として気がかりなのは、オリジナルを消し去るテクスト革命のゆくえである。一〇〇年後に二一世紀を扱う歴史家が困惑するのは、史料たる原テクストの不在であるにちがいない。そもそも物理的存在としての書物が作られない場合、電子データの「原典」はどのように保存されるのだろうか。その管理までGoogleというメディア企業に委ねてよいのだろうか。かつての公文書館のように、国家など公的組織が介入すべきなのか。たとえば、国立国会図書館のデジタル化プロジェクトはそうした方向に進むべきなのだろうか。

歴史学はそもそも印刷術の普及とともに大学に登場した近代の学問である。印刷が生み出す「正典」が、その元になった「原典」の存在を強く意識化させたからである。グーテンベルクの活躍した一五世紀、文献学者がラテン語聖書に「源泉へ」ad fontesという標語を見出したことも偶然ではない。それは詩篇第四一篇二節の言葉だが、あらゆる事実は源泉、すなわち初出にさかのぼって論じる必要があるという学問的規範となった。それは「原典」が存在することへの確信の表明だが、その確信を支えたのは物理的に安定した活字テクストの存在だった。また、印刷された書物は確定された他者のテクストとそれに書き加える自分の注釈を明確に分離した。こうした客体的な「記録」と主体的な「解釈」の分割を前提に成立したのが歴史学の史料批判である。結局、歴史学とは解釈を裏づける記録の来歴を原典まで可能な限りさかのぼる学問なのだが、こうした歴史学の伝統的アプローチは電子ブック時代にも有効なのだろうか。絶え間ない更新とカット&ペーストが繰り返されて爆発的に増殖する電子テクストの未来において、オリジナルと呼ぶべき「原典」を確定する作業は至難である。むしろ、それは人間よりも検索ロボットに委ねるべき領域となるのかもしれない。その時、大学の歴史科学は文字通りに情報工学の一分野として成立するのだろうか。そうでないとすれば、歴史学とはどのような学問として存続しうるのか。「歴史のゆらぎ」が現代の問題性として焦点化される所以である。

ここで立ち返りたいのは、歴史と悲劇（創作）の目的の相違について、ローマ時代にポリュビオスが『歴史』に書き残した言葉である。

「歴史家というのはことさらに奇異な事を語って読者を驚かせようとしてはならないし、悲劇作家のように信憑性の不確かな弁論を作中に取り入れたり、主題に付随する事柄を「事実かどうかにかかわらず」すべて並べたりするべきではなく、むしろ現実に行なわれたことと言われたことを、たとえそれがどんなにありふれた事柄であっても、そのまま記録するのを第一の務めとすべきである。なぜなら歴史の目的と悲劇の目的は同じではなく、むしろ正反対だからである。すなわち悲劇は、魅力に富む言葉によって一時の間、聴衆の心をつかみ揺り動かすのを目標とするが、歴史は真実の行動と言葉により学徒を永遠にわたって教え諭すのを目的とする。悲劇を先導するのは魅惑する力であり、たとえそれが偽りであっても観衆を幻惑できればそれでよいのだが、歴史は真実を導き手とし、学徒に

利益をもたらすことをめざすのである。」(ポリュビオス 2004 : 210)

これをメディア論＝メディア史の図式に置き換えれば、創作家はメディア接触の即時的効果、メディア史家は学習プロセスを読み込んだ遅延的効果を念頭に記述するということになる。メディア史家が虚偽に否定的なのは時間的経過でそれが露見したときのマイナス効果まで視野に入れているからである。実際に歴史を記述するときも、情報の扱いは良心や倫理の問題としてではなく、効果や影響力を長い時間的射程で考える方がより実践的である。

その上で、メディア史的思考において最重要な課題は、短期的、直接的な効果ではなく、文化再生産を可能にする持続的、遅延的な効果に向き合うことである。だが、現代社会の基軸メディアは最強の即時報酬メディアであるインターネットである。他方で、遅延報酬を特徴とする営みの典型は教育活動である。教育の効果は一〇年、二〇年後に確認できるのであり、悲劇鑑賞のリアルタイムはおろか、選挙宣伝のように数週間で明らかになるものではない。テレビCMのように明日の収益には直結しないが、二〇年後の成果を信じる営みこそが教育なのである。

「いま・ここ」での快楽と効率を極大化するウェブ空間で、こうした遅延報酬的な営み、つまり教育が成功するという保証はどこにもない。もちろん、教育分野でのインターネット利用もMOOC(無料オンライン授業)、さらにはTED(テクノロジー・エンターテイメント・デザイン)教育まで話題にはこと欠かない。こうした最新のメディア教育実践に私が不満を抱くとすれば、それが効率性や即効性を強調する一方で、一見すると「ひまつぶし」にしか見えない時間も必要な遅延報酬に十分な配慮が示されていないからである。

遅延報酬を意識するメディア史的思考とは、教育的な、未来志向の歴史学と呼ぶことも可能だろう。そもそも遅延報酬的な営み、つまり教育が期待できない場所には未来もないからである。

I　ナチ宣伝からナチ広報へ

第一章　ファシスト的公共性——非自由主義モデルの系譜

一、ブルジョア的公共性とファシスト的公共性

一九八九年一一月九日のベルリンの壁崩壊を頂点とする東欧革命は、公共性(圏)論に新たなアクチュアリティを与えた。この「革命」に触発されて、一九八〇年代末の日本では市民社会論と公共性論のルネサンスともいえる状況が生まれていた。政治学者・山口定は次のように回顧している。

「八〇年代末、とりわけ東欧革命が起こった一九八九年は、奇しくも世界史上最も代表的な「市民革命」であり、「人権宣言」を産み落としたフランス大革命の二〇〇年祭の年であったが、まさしくこの時点で起こった中・東欧におけるソビエト体制の崩壊と絡んだ市民運動の台頭が、この現象の重要な国際的契機であった。」(山口 2004：2)

この「市民運動の台頭」について、ユルゲン・ハーバーマスも『公共性の構造転換』第二版序文(一九九〇年)でこう記述している。

「東ドイツ、チェコスロヴァキア、ルーマニアでの大変革は、たんにテレビによって中継された歴史的事件であるだけでなく、変革それ自身がテレビによる中継・移送(Übertragung)という様式でおこなわれた連鎖の過程だった。マスメディアが決定的であったのは、たんに全世界への拡散という感

染効果にかんしてだけではない。広場や街頭でデモに参加している生身の大衆の存在は、一九世紀や二〇世紀前半とはちがって、それがテレビをつうじていたるところに現前するようになって、はじめて革命的権力を発展させることができたのである。」(強調は原文、ハーバーマス 1994：XLi)

ハーバーマスは新しいメディア環境に規定され「広場や街頭でデモに参加している生身の大衆の存在」に注目していたわけだが、日本ではこの現象に市民運動のユートピアを重ねて「市民的公共性」の理念型を礼讃する者も多かった。

しかし、そもそも「市民的公共性」は誤解を招く訳語である。『公共性の構造転換』の翻訳(一九七三年)以来、この訳語が使われているが、ドイツ語 bürgerliche Öffentlichkeit の Bürger は「ブルジョア階級」のことであって、ハーバーマスが第二版(一九九〇年)の序文で新たに提出した「市民社会」Zivilgesellschaft の「民間人(公民)」Zivil とは異なる概念である。この非経済的、すなわち非階級的な概念「市民社会」は、市場経済を下部構造とする「ブルジョア社会」bürgerliche Gesellschaft の公共性と区別するために提示されたものである。

「ブルジョア的公共性」について、ハーバーマスはおおむね次のように書いていた。一七世紀以降にパリのサロン、ロンドンのカフェに集まった「財産と教養」のある人々が「公衆」の自覚に立ち、その公開討議から政治秩序の基礎となる公論(輿論)が生まれた。この歴史的背景を考えれば、訳語は「市民的公共性」より「ブルジョア的公共性」がふさわしい。「公共性」より「公共圏」が望ましいという議論はあっても(花田 2009)、「ブルジョア的公共性」とするべきという主張はあまり注目されなかった(山口 2004：289)。もちろん、公共性 Öffentlichkeit が英語で公共空間 Public sphere と訳されているように、それが国家と社会の分離を前提として両者を媒介する社会空間であることはまちがいない。ただし、その公論（輿論）形成において開かれた人間関係が前提とされる限り、関係性を重視して「公共性」と訳す理由も十分に説得的である。

いずれにせよ、ブルジョア的公共性が市民階級のユートピア的契機をもった規範概念であることは自明だが、一九九〇年代になってもそれが歴史的な実体概念であったかの如く論じる識者さえ日本では少なくなかった。そのため、「テレビ的なもの」が人々を動かした東欧革命さえ理性的な「市民的公共性」の枠組みで語られがちだった。

だが、この「壁」の崩壊時にベルリンに研究滞在していたアメリカの歴史家ロバート・ダーントンは、東欧革命を「フォークロックに酔う大衆」の感情的な公共性の新局面として観察していた。

「東ベルリンのデモを促すきっかけとなった重大な出来事は、一九八八年六月十九日のマイケル・ジャクソンのコンサートの最中に起こったのである。マイケル・ジャクソンが壁の西側、帝国議事堂近くの観客を熱狂させている一方で、そういった音楽を禁止されている東側の若者たちが、彼の歌を聞こうとして壁の周辺に集まり、若者たちを解散させようとする人民警察と小競り合いとなった。若者たちは、西側のラジオやテレビを通して知った、自分たちの世代に訴える音楽を聞く権利を要求したのだった。」（ダーントン 1992：113）

こうしたマスメディアによる「大衆的公共性」は、そもそもハーバーマスが『公共性の構造転換』（原著一九六二年）で厳しく批判した「再封建化された公共性」にほかならない。

なるほど、一九八九年のライプツィヒの街頭デモで「我々が民衆だ！」Wir sind das Volk! という初期のスローガンがやがて「我々は一つの民族だ！」Wir sind ein Volk! へ変わっていったプロセスなどはドイツ統一の象徴的な出来事として日本でも報道されていた。しかし、この革命現象を批判的理性をもった市民的公共性ではなく、大衆の「街頭公共性」Straßenöffentlichkeit と見なす分析（Warneken 1991：7-14）は、わが国ではほとんど紹介されなかった。街頭公共圏とは、祝祭やデモ行進で広場に集まった群衆が政治的世論を形成する空間である。もちろん、フランス革命のバスティーユ襲撃に示されるように大衆社会以前にも存在していた。フランス革命史家であるダーントンは、一九八九年大晦日のベルリン、ブランデンブルク門周辺に現出した歓喜あふれる大群衆シーンを次のように考察している。

「何がこのような騒ぎを起こさせたのであろうか？　一九三〇年代を知っており、ヒトラーの台頭を覚えている者にとっては、はためくドイツの国旗や巨大な群集を目のあたりにするのは決して喜ばしいことではない。しかし、暴力的行為が潜在的にしろ顕在的にしろ存在しはしたものの、このベルリンの大晦日はニュルンベルクのナチ党大会とはまったく異なっていた。組織化されるかわりに混沌としたものであったし、方向性も演出もなく、ヒトラーのような存在ももたなかった。数人の酔っ払いが手に負えなくなるようなことはあっても、基本的には陽気で、怒りを含まないものであった。もしも「ファシズム的」という言葉をこのような出来事に用いることができるとすれば、イギリスのサッカーの試合に集まる観客の方が、今回の出来事よりもずっと「ファシズム的」であるといえるだろう。」（ダーントン 1992：111 = Darnton 1991：116）

ここで「ファシズム的」と訳されている fascistic を本書では文字通り「ファシスト的」と表記し、

「市民的」との対比を強調する。つまり、理性的な討議を前提とする市民的公共性と違って、「暴力的行為が潜在的にしろ顕在的にしろ存在した」街頭の世論形成からファシスト的公共性を考えたい。なるほど、一九八九年大晦日ブランデンブルク門の光景は、レニ・リーフェンシュタール監督のドキュメンタリー映画《意志の勝利》に映る一九三四年のナチ党大会とは別物に見える。また、ヒトラーが首相に就任した一九三三年一月三〇日、同じブランデンブルク門を通過した「国民革命」祝賀の松明行列とも性質はちがっていただろう。しかし、さらにさかのぼって一九一四年八月一日、ミュンヘンのオデオン広場の光景とはまったく異なると断言できるだろうか。

1-1　1914年8月1日オデオン広場で宣戦布告に歓喜するヒトラー

その日、ドイツ帝国の宣戦布告をもって後に第一次世界大戦と呼ばれる総力戦の幕が切って落とされた。オデオン広場を埋め尽くした歓呼する群衆の中に当時まだ名も無き青年ヒトラーの昂揚した表情が写っている。この写真(図1-1)は一九三二年の大統領選挙の際のナチ党機関紙『観察者画報』(*Illustrierter Beobachter*, 16. Nov. 1932)にも掲載されている。「財産と教養」を参加条件とした市民的公共圏の外部にいたヒトラーは、幾百万の大衆の一人として世論形成に参加したこの日の感激を終生忘れなかった。『わが闘争』(一九二七年)でこう回想している。

「わたしは何度も「ドイッチュラント・イューバー・アルレス(世界に冠たるドイツ)」を歌い、大声でバンザイを叫んだ。この気持の真実さを表明するために、いまや永遠の審判者たる神の法廷へ証人として立つのを許されたことは、わたしには遅ればせながらもたらされた恩恵に近いように思えたのだ。」(ヒトラー 1973 上:237)

それは市民的公共性の理性が大衆的公共性の感性に破れた記憶すべき瞬間であった。街頭公共性の観点からすれば、第一次世界大戦を導いた世論の昂揚に一九一四年の天気が決定的な影響を与えたというモードリス・エクスタインズの指摘も見逃せない。例年になく晴れわたった初夏の昼と夜が大衆を戸外にかり出し、街頭や広場が興奮の坩堝《るつぼ》となり、そこで国民的熱狂が生まれ、もはや外交的努力や議会活動ではそれを抑えることなど出来なかった。

「ドイツで政治上の主導権を握ったのはまさしく国民大衆であった。彼らは大胆だった。今という瞬間が至高のものとなった。何時間、何年間、いや何世紀という時間がこの一瞬に凝縮されたのだ。彼らは歴史を生きていた。」(エクスタインズ 1991:99)

こうした大衆の政治参加は、理性的討議による市民的公共性とは無関係のものであった。しかし、ここには確かに大衆民主主義が存在していたのであり、その写真が主張する通り、ナチズム運動の原点でもあった。

ナチズムと第三帝国については、これまで数多くの議論が繰り返されてきた。しかし、ファシズムの支配や機能ではなくファシズムの経験や記憶が研究の中心になるのは一九八〇年代になってからのことである。そうした新しい研究を呼びかけた一九七〇年代の議論に、アイケ・ヘニッヒの「ファシスト的公共性」論がある。ヘニッヒの議論は次のようなものであった。一九三五年コミンテルン第七回大会で採択された「金融資本の最も反動的、排外的、帝国主義的要素による公然たるテロ独裁」というデミトロフのテーゼを筆頭に、ファシズム体制の古典的分析では、ナチズムは資本主義支配体制の問題として経済的に基底還元されたり、「民主主義とファシズム」という単純な二項対立に図式化されてきた。しかし、そこで欠落した事実、すなわちファシズムが大衆運動であり、大衆運動としてのみ権力に加わったという事実こそが分析の中心でなければならない。その上で、ファシズムとは、大衆が自らの客観的利害に反してさえも資本主義を維持する人的基盤に統合されるシステムと定義できる。伝統的な市民的公共性が資本主義体制の大衆的基盤を安定化できなくなったとき、ナチ党はこの統合システムのために固有の公共性を創り出すことに成功した。このファシスト的公共性の分析のためには、方法論の研究と分析概念の精密化に加えて、日常性研究と地域史研究が不可欠である、とヘニッヒは論文を結んでいる(Hennig 1975)。

それ以降、一九八〇年代からのナチズム研究が明らかにした「ファシズムの経験」は、次のように要約できよう。圧倒的多数のドイツ国民にとって、第二次世界大戦前のナチズム体験を特徴づけるのは、決して政治的テロル、ましてホロコーストではなかった。それは、恐慌期の失業者を激減させたヒトラーの経済的成功であり、それに続いた外交的勝利であり、意識の上では「民族共同体」が現実のものになっていく過程であり、まさしく「正常」として記憶される時代であった。このことを考慮に入れなければ、敗戦まで持続したナチズムの心理的統合力の強さを説明することは困難となる（フライ 1994：2）。

ここでは、その後も十分な検討がなされたとは言いがたいヘニッヒの問題提起を受けて、「ファシスト的公共性」という概念の使用価値を再検討する。その具体例としてドイツの国民社会主義運動に言及するが、敢えてナチ的公共性と呼ばずファシスト的公共性と呼ぶのは、この公共性モデルはドイツ第三帝国以外の地域や時代でも分析概念として適用可能と考えるからである。

ただ今日でも、「ファシスト」はイデオロギーの如何を問わず相手を罵倒するレッテルとして使用されている。一九三〇年代にナチ党左派がヒトラーの党内独裁を「ファシスト的暴虐」と批判したように、あるいは一九六八年にハーバーマスが直接行動を訴える左翼学生運動を「左翼ファシズム」と批判したように（ハーバーマス 1992：122f）。しかし、敵対者を「ファシスト」と名指しさえすれば、あたかもその論者の思想的優位が保証されるがごとき安楽な立ち位置は、この際はっきりと放棄するべきだろう。

それにしても、ハーバーマスが説く「公共性」（公論を生み出す社会関係）という物語の魅力は、ヒトラーユーゲント世代である彼自身のナチズム体験とも無関係ではない。つまり、マスメディアや政府の広報活動によって批判的機能が失われた公論の世界、シンボル操作によって大衆の共感を生みだし、公共性の名において執行権力を正当化する「ファシスト社会」が、「市民社会」の対極にイメージされていた。しかし、というより、それゆえに『公共性の構造転換』でハーバーマスは一七世紀末の啓蒙期に登場する市民的公共性が一九世紀後半に解体期に入るプロセスまでを詳述しても、第一次

宮廷公共性	⟶	市民的公共性	⟶	国民的公共性
	（文芸的公共性）		（マス・コミュニケーション）	
代表具現的公共性	⟶	批判的公共性	⟶	操作的公共性
	（市民的啓蒙）		（総力戦システム）	
平民的公共性	⟶	労働者的公共性	⟶	ファシスト的公共性
	（街頭的公共性）		（大衆の国民化）	

1-2　公共性の非自由主義モデル

世界大戦からナチズム、スターリニズム、ニューディールの時代を完全に黙殺して、戦後西ドイツ福祉国家モデルの国民的公共性へと議論を進めている。だが、この議論の欠落部分、すなわち一九一〇—四〇年代にこそ、現代における「公共性」の起源があるのではないか。そもそも、福祉国家モデルとは、第一次世界大戦が提起した総力戦システムの直接的産物である。しかも、第三帝国を「ドイツ国民だけのための高度福祉国家」「全体主義的社会国家」と見なすドイツ統一後の研究潮流からすれば(Prinz/Zitelmann 1991 : 17)、ファシスト的公共性を論ずることはハーバーマスの回避した物語の欠落部を埋めることにもなろう。

現代の公共性(圏)研究を歴史社会学的に発展させるためには、ハーバーマスの自由主義モデルとは異なる「労働者的公共性」、「ファシスト的公共性」という二つの非自由主義モデルが検討されねばならない。だが前者については、ラサールによる労働者的公共性の創出からワイマール共和国末期の社会民主主義運動における反《アンチ》ファシズム公共性の模索に至る展開を既に論じたことがあるので(佐藤 2014c : 297-384)、以下では労働者的公共性からファシスト的公共性への展開を「大衆の国民化」の視点から論じておきたい。

ここで展開する公共性の非自由主義モデルを図式化すれば、図1-2のようになろう。

二、労働者的公共性と国民的公共性

ハーバーマスが市民的公共性の成立を宮廷公共性から論じたように、ファシスト的公共性の考察もそれに先行する労働者的公共性から始めるべきであろう。同時代の表現でいえば「褐色の窃盗」(ブロッホ 1994：165)と呼ばれるわけだが、ナチズムは労働者的公共性から大衆運動の技術の多くを学習している。市民階級の前衛が貴族のサロンで文芸的公共性を習得したのとパラレルな意味で、ファシストは労働運動から街頭公共性のノウハウを剽窃したといえる。すなわち、市民的公共性のサロンと機能的に等価なものとして、ファシスト的公共性の街頭はあった。もちろん、サロンにおける「財産と教養」の閉鎖性と街頭における無条件の公開性は対照的である。教養とは形をかえて相続される財産であり、市民階級が公共圏の独占支配を正当化するために行われる文化的再生産の「迂回贈与」戦略がそこに体現されていた。もちろん、ハーバーマスも「財産と教養」を入場条件とする市民的公共性の限界は自覚していた。

「一定の集団をもともと排除した公共性は、不完全な公共性であるだけでなく、そもそも公共性ではないのである。だからこそ、市民的法治国家の主体として通用しうる公衆は、自分たちの圏をこの厳密な意味での公共性として理解し、彼らの反省的検討のなかで原理的には万人の帰属性を先取りしているのである。」(ハーバーマス 1994：116)

だが、この「原理的には」という言葉は意味深長である。政治的公共圏における近代合理的コミュニケーションを担う公衆とは「読書する公衆」Lesepublikumであり、つまり現実的には住民の大半が一九世紀の市民的公共圏から排除されていた。

この閉鎖的な市民的公共圏との対抗の中でその外延に成立したもう一つの公共圏があり、それこそ財産も教養もなき民衆を主体とする「平民的公共性」plebejische Öffentlichkeitである。その主要メディアである政治的祝祭、行列、屋外集会などから、それをサロンの文芸的公共性に対して街頭の階級的公共性と呼ぶことができる。「集団的な社会的経験の自律的な組織形式」としての「プロレタリア公共性」ploretarische Öffentlichkeitを主張したオスカー・ネークト&アレクサンダー・クルーゲの議論(Negt/Kluge 1972)を引くまでもなく、規範としてはともかく、労働者階級の世論が知性や公開の討論によって生じたものではなく、デモやストライキ、あるいはテロルや情報操作によっても醸成されてきたことは看過しがたい歴史的事実である。

その意味でハーバーマスも「平民的公共性」がロベスピエール、チャーティスト、労働運動という歴史上の脈略で存在したことに一応は言及している。しかし、これを「非主流的」な公共性として考察の対象から外し、こうした「非文筆の公共性」illiterate Öffentlichkeitも市民的公共性の志向を基準にしていた、と断定する。さらに、この「非文筆の公共性」を、ナチズムやスターリニズムにおける独裁下の統制された「脱文筆の公共性」postliterarische Öffentlichkeitとも区別し、「この二つの変型が、歴史的発展のそれぞれ別な段階に現われ、したがってその引きうけた政治的機能もことなっている」と主張する(ハーバーマス 1994：3)。

しかし、非文筆的な公共性から脱文筆的な公共性への連続的な展開は、二〇世紀史において確かに存在していた。ハーバーマスの「近代のプロジェクト」の方向性とは異なるとしても、「非自由主義的な公共性の構造転換」は書かれなければならない。

もちろん、ファシスト的ではなくブルジョア的で自由主義的な「脱文筆の公共性」も想定しえるだろう。ブルジョア階級がその担い手となった近代スポーツ競技もその一つである。ヨハン・ホイジンガは、ジェントルマンシップとスポーツマンシップの表裏一体性をこう解説している。

「英国の議会生活の気分、慣習は、あくまでもスポーツ的なものだった。このことは、英国を範としている国々の場合も、ある程度同じである。友誼の精神は、たとえいかに激しい討論の応酬の後でも、論敵と親しく冗談歓語を交わすことをゆるすものである。」（ホイジンガ 1973：418）

財産と教養があり階級利害で対立しないブルジョア階級の仲間であれば、理性的討議に代替可能なスポーツ競技も十分に可能かもしれない。有閑階級 leisured class という言葉が示すように、本来レジャーとは有産階級の特権であった。一九世紀前半のイギリスの銅版画にはシルクハットをかぶってクリケット競技に興じるブルジョアの姿が残っていたが（同前：399）、第三回選挙法改正（一八八四年）で男子普通選挙が実現した一九世紀後半にはスポーツ競技はすでに大衆の見世物となっていた。財産と教養というブルジョア階級の共鳴板は粉砕され、代わりにスポンサーつきのスポーツ選手の身体が国民的共感のシンボルとなった。この段階で市民的公共性もかつての代表具現的公共性へと再封建化する。

「市民社会は、広報活動によって造形されるようになるにつれて、ふたたび封建主義的な相貌を帯びてくる。商品提供の主体は、信徒的な顧客層の面前で、代表的具現の豪華さをくりひろげる。新しい「公共性」は、かつて具現的公共性が賦与していた人身的威光や超自然的権威の風格を模倣するわけである。」(ハーバーマス 1994：263f)

こうしてスポーツ選手は大衆新聞において封建的威光をまとった「文化英雄」となる。国際試合における「対等な相手」も、観客のナショナリズムにおいては「外部の敵」と見なされる。討議(闘技)民主主義の市民的公共性は観客民主主義の大衆的公共性へと「構造転換」したのである。

しかし、ハーバーマスが峻別する市民的公共性と代表具現的公共性も、自主性あるいは民主性という意味ではその差異をあまり強調すべきではない。実際、ナチ体制下においてさえ、ドイツ国民の大半は一九三九年に戦争が始まるまで自ら不自由だと感じることは少なく、ナチズムの民主的要素を信じていた。その証言としては、アメリカ人記者ミルトン・マイヤーが戦後、ドイツの地方都市に一年以上住み込んで元ナチ党員を含む一般国民と親しく対話した記録、『彼らは自由だと思っていた』(一九五五年)がある。

「外部からの攻撃や内部からの転覆によってではなく、ナチズムは歓呼の声に迎えられて登場してきたのである。ナチズムこそ、大半のドイツ人の望んだものであったし、現実と幻想が結合した圧力のもとで、彼らが望むようになっていったのがナチズムであった。彼らはナチズムを望み、ナチズムを手に入れ、ナチズムを好んだのである。」(マイヤー 1983：7)

それは心情的に反ナチだった財産と教養を持つドイツ国民にとってさえも当てはまる。マイヤーは戦時中にユダヤ人隠匿罪で投獄された一女性の「証言」をこう書き留めている。

「ドイツにいなかった人にはそれが分らないようですね。忘れもしません、一九三八年にシュッツトガルトでナチ党の祭典があったとき、私は街頭に立っていましたが、そのとき私は、これで長い絶望と幻滅の時代は終った、よき生活への新しい希望と新しい信念が生まれたのだという熱狂から、その場にしゃがみこんでしまうところでした。当時、ドイツがどういう時代だったか聞いて下さいますかしら。私は、ユダヤ人の友だちと、その一三歳になるお嬢さんといっしょに映画をみにいきましたの。スクリーンにナチ党のパレードが映しだされると、そのお嬢さんは母親の腕にとりすがって、「ねえ、お母さま、お母さま。わたし、ユダヤ人でなかったら、ナチ党員になりたいわ！」とささやいたんです。」（同前：58）

なぜユダヤ人少女の目にナチズムの街頭公共性は魅力的に映ったのか。それを理解するためにも、「非文筆から脱文筆へ」の公共性の転換を「近代化から現代化へ」の展開として再考することが必要なのである。

労働者的公共性と社会民主主義運動

ナチ党の街頭公共性を考える上で、その前史となる社会民主主義運動の非文筆的公共性、デモ行進の「魅力」について触れる必要があるだろう。ヒトラー自身が、その「暗示的魔力」について『わが闘争』でこう回想している。

「第一次世界大戦後、わたしはベルリンにおいて王宮とルストガルテン前でマルクシズムの大衆示威を体験した。赤旗、赤い腕章そして赤い花の大海が、おそらく十二万人も参加したと思われるこの示威運動に、純粋に外面的だけでも力強い勢力を与えたのだ。わたし自身、このような雄大に活動する光景からする暗示的魔力に、民衆出身の人々がいかにたやすく屈服してしまうか、ということを感じ、また理解しえたのだった。」（ヒトラー 1973 下：175f）

一方で、ドイツ労働運動の歴史は、労働者の高尚化、すなわち市民化路線、すなわち「知は力なり」をスローガンにした労働教育協会から語り起こされるのが一般的である。その場合、文筆家カール・マルクスの著作の影響が過大評価され、社会民主主義運動は文筆的公共性の亜種に位置づけられる。だが、ドイツ社会民主党の創設者は市民的公共性への徹底的な批判者であり、脱文筆的公共性の組織者であったフェルディナント・ラサールである。「ラサール祝祭」や赤旗を掲げた街頭行進がドイツ社会主義運動の大衆化に果たした役割は絶大だった。煽動家ラサールは市民新聞とそれが牛耳る輿論を厳しく批判する中で、労働者的公共性を立ち上げていった。輿論を「資本によって支配された時代の公的な偏見」と定義するラサールは、対抗的公共性により「輿論からの独立」を目指していた（佐藤 2014c：49f）。

ハーバーマスのいうように、市民的公共性を解体したのが「社会の国家化＝国家の社会化」である社会国家（福祉国家）の出現であるとするならば、それを「国家社会主義者」Staatssozialist として提唱したのはラサールであった。つまり、文筆的＝市民的公共圏の批判から立ち現れたドイツ社会民主党の運動は、その外延に街頭公共圏としての労働者的公共圏を成立させたのである。

しかし、この社会民主主義運動は大衆組織化（党の官僚制化）の過程で宣伝の活字媒体（機関紙）依存が進み、やがてその労働者的公共圏は市民的公共圏の「下位文化《サブカルチャー》」となっていった。その限りでは、ラサール主義の文筆化、すなわちマルクス主義化において、労働者的公共性は市民的公共性の亜種となったと見なすこともできよう。というのも、こうして「市民化＝マルクス主義化」した社会民主党は、第一次世界大戦以後の政治的混乱の中で視覚的シンボルや街頭デモの活用にためらいを見せるようになっていったからである。

その街頭公共性の伝統を受け継いだのは、赤旗に「ハンマーと鎌」あるいは「鉤十字」を染め抜いた共産党やナチ党であった。こうしたシンボルを掲げて街頭闘争に参加したラディカルで反抗的な労働者大衆は、確かに強い政治感情を抱いていた。しかし、街頭のイデオロギーは堅固さを欠いており、その安定性は低かった。エーリッヒ・フロムはこうした労働者の権威主義的パーソナリティを分析した上で、「結局まさに三〇年代はじめ、あるいはナチスが権力を握った直後に、確信を持った左翼から、同じように確信を持ったナチスになった人びと」と彼らを評している(フロム 1991：314)。

三、大衆的公共性のニューメディア

街頭のシンボルと並んで、ファシスト的公共性を構成した主要メディアとしてラジオ放送がある。ワイマール期の社会民主党は、党機関紙を基軸メディアとして伝統的な閉鎖的「党公共圏」Parteiöffentlichkeit を保持したが、新たな電波メディアの文化的衝撃には耐えきれなかった(佐藤 2014c：第五章)。一方、新興のナチ党にとって同じ文化的衝撃が真逆に作用したことは確かだが、それは俗流メディア論でよく出くわす「ヒトラーはラジオ放送で権力を握った」という誤解とは位相が異なる。

ナチ党員は権力掌握以前、共産党員とともにラジオ番組の出演が認められておらず、ヒトラーの演説がラジオから流れることは一度もなかった。

ナチズム台頭をラジオ放送との関係から説明するとすれば、メディア環境そのものの変化を論じる必要があろう。ラジオ放送は物理的場所と社会的状況の伝統的結合を破壊し、帰属集団の境界を曖昧にした（メイロウィッツ2003）。「財産と教養」という壁で隔てられ併存していた市民的公共圏と労働者的公共圏は、ラジオがもたらす場所感の喪失によって一挙に流動化したのである。ちなみに、ハーバーマスは「『公共性の構造転換』一九九〇年新版への序文」でジョシュア・メイロウィッツ『場所感の喪失』（一九八五年）の重要性を認めた上で、電子メディアが社会の規範性に与える影響については「短絡的」と批判している（ハーバーマス1994：XL）。それは場所感に依拠する自身の公共圏論とその規範的意義に対してメイロウィッツの議論がもたらすダメージをハーバーマスが正確に理解していたことを示している。

いずれにせよ、ワイマール共和国期のラジオ放送というニューメディアは伝統的な公共圏の「体制《システーム》」を根柢から揺さぶっていた。音声のみを伝達するラジオは、視覚を要求しないため、別の活動と両立できた。つまり、運転手や職人が仕事をしながら、家庭で婦人が家事をしながら、聴くことができるメディアであった。そのためラジオは、集中力を要求する演劇やオペラなどの総合芸術よりも特に軽音楽と結びついた。市民革命期に朗読されたアジビラのように、ラジオの情報は子供や非識字者にも届いた。また、教育段階によって階層化された活字リテラシーが年齢、身分、性別に応じて情報へのアクセスコード習得のプロセスを段階的に序列化したのに対して、記号的抽象度が低く意味理解が容易なコードをもつラジオの情報では、社会化の段階は単純化されていた。しかも、家に居ながらにして情報にアクセスすることができるラジオ放送は、それまでの市民とコーヒーハウス、青少年と学校、労働者と職場組合といった、情報へのアクセス回路と物理的場所の伝統的な関係を解体した。家庭の居間に置かれたラジオ受信器で政治情報へアクセスできるなら、わざわざ職場集会や労働者酒場に行く必要はない。そう感じる労働者が増えてくれば、これまでの帰属集団の伝統的枠組みは大きく揺さぶられる。こうして、新しいメディア環境は労働者的公共圏の解体に拍車をかけた。また、家事労働に従事していた婦人と政治との距離感も、ラジオ番組の聴取によって激変した。こうして政治化した女性と就労経験のない青年にとって、労働組合など利益集団間の調整で設定される伝統的な議会政治の「体制」は満足できるものではなくなっていたのである（佐藤 2014c：291）。

さらに言えば、テープレコーダーなど音の記録再生装置がまだ普及していない一九三〇年代は、ラジオ放送の流動《フロー》的な特性が突出した時代である。それは社会システムの編制替えを政治コミュニケーションにおいて促し、伝統的権威や合理性による支配に対してカリスマ的支配の優位を生みだした。ラジオと政治の関係が問題となるとき、ヒトラー、ルーズベルトなどカリスマ的指導者の演説や「玉音放送」が想起される所以である。というのも、ラジオは発話内容（記号）のみならずそれを包む肉声（印象）を伝達するため、活字メディアよりも情緒的に機能する。大衆社会では指導者が何を話したかでなく、どう話したかが重要になる。ルーズベルトとヒトラーのプロパガンダ放送は、それぞれの形式から「炉辺談話」と呼ばれ、「獅子吼」と形容されたが、そこで語られた内容の真偽についてはあまり問題にされなかった。こうしたラジオ放送の特性は、「玉音放送」が象徴的に示している。「玉音」はその内容が聞き取れなくても、十分にその効果を発揮したのである（佐藤 1998：145f）。つまり、ラジオ放送は事実性より信憑性を伝達するメディアであり、それは共感による合意を求めるファシスト的公共性にとって最適なメディア環境を整えたのである。

しかし、社会民主党にせよブルジョア諸政党にせよ、こうしてラジオ放送が階級的な公共圏を掘り崩した先に現れる国民的公共性の可能性を正しく理解していなかった。確かにラジオ放送は国境を越えるメディアなのだが、映画に比べて言語（国語）への依存が高いため資本や経営は一国的であり、国民（民族）が共感する情報空間の構築には適合的だった。

ナチ党がこうした国民的公共性とラジオ放送の影響力を強く意識できたとすれば、それは第一次世界大戦後の新興政党のため機関紙など伝統的な政治メディアや階級的な公共圏のしがらみから自由であったためである。だが一方でヒトラーは社会主義政党の伝統的な宣伝技術を貪欲に吸収していた。ヒトラーは『わが闘争』第一部の第六章「戦時宣伝」冒頭でこう述べている。

「わたしは宣伝活動に、まさしく社会主義的＝マルクス主義的組織が老練な技倆で支配し、使用することを知っていた道具を、見たのである。そのさいわたしは、宣伝の正しい利用が、ブルジョア政党にはほとんど理解しえなかった、また理解しえない現実的な技術である、ということを早くから理解し学んでいた。」（ヒトラー 1973 上：254）

有名なレーニンの「宣伝《プロパガンダ》／扇動《アジテーション》」定義も、第一次世界大戦中のソビエト体制成立以後、国際共産主義運動の広がりとともに広まったものである。

「宣伝家は、主として、印刷された言葉によって、扇動家は生きた言葉によって、活動する。宣伝

家に要求される資質は、扇動家に要求される資質と同じではない。」（強調は原文、レーニン 1969：148）

つまり、宣伝とは論理的な内容を科学的に教育する方法であり、煽動とは一般大衆向けに情緒的なスローガンを叩き込む方法である。こうして前衛政党の使命感と結びついた「宣伝」観はヒトラー率いる国民社会主義ドイツ労働者党 Nationalsozialistische Deutsche Arbeiterpartei の組織原理にも引き継がれた。一九三三年政権をとったヒトラーが「ナチ党左派」出身のゲッベルスを大臣に新設した「国民啓蒙宣伝省」は、その意味で社会主義組織宣伝の到達点と見なしてもよい。社会主義組織宣伝とは、労働者、女性、青年を排除してきた一九世紀的な市民的公共性との対抗の中で発達した公共操作の技法である。さらに言えば、財産と教養なき大衆を組織化する方法としてプロレタリア運動で採用された宣伝技術は、まず第一次世界大戦で戦争宣伝として国家規模で採用された。この戦時宣伝を土台としてヒトラーが自らの総力戦体験から引き出して加えた要素は、レーニンにおいてなおエリート的だった「宣伝」の徹底した民主化である。そこにこそナチ宣伝の創見はあった。

「宣伝はすべて大衆的であるべきであり、その知的水準は、宣伝が目ざすべきものの中で最低級のものがわかる程度に調整すべきである。それゆえ獲得すべき大衆の人数が多くなればなるほど、純粋の知的高度はますます低くしなければならない。しかも戦争貫徹のための宣伝のときのように、全民衆を効果圏に引き入れることが問題になるときには、知的に高い前提を避けるという注意は、いくらしてもじゅうぶんすぎるということはない。」（ヒトラー 1973 上：259f）

レーニンが前衛的知識人向けの理論教育と考えた宣伝を、煽動のレベルまで引き下げることでヒトラーは宣伝を民主化したのである。こうして民主化されたナチズムの政治宣伝が、アメリカの商業広告の手法に接近するのも必然的である。商業広告は本質において消費者志向で、購買力の最低レベルに照準を合わせて実施されるからである。同時代にヒトラー宣伝の「広告性」を鋭く見抜いていたのは、街頭公共圏で「ファシスト」と対峙したドイツ共産党の国会議員ヴィリ・ミュンツェンベルクだった。共産主義メディア・コンツェルンを組織して「赤いフーゲンベルク」とも呼ばれたミュンツェンベルクは、『武器としての宣伝』(一九三七年)でこう述べている。

「ヒトラーは「政治的広告」を、たくみに仕上げられた巨大なシステムにまで発展させた。そのシステムとはあらゆる芸術的手法、とりわけ戦争宣伝の経験を生かした巨大広告の洗練された方法、大規模な行進で発せられる言葉、洒落たポスター、輪転機とラジオを通した近代的広告といったもの全てだ。そして、これらを駆使して人を陥れたり、惑わしたり、だましたりしながら、はたまた残忍な暴力を伴いながら、このシステムは「大衆的」成果を目指して動いている。その際には最も重要なこと、すなわちヒトラー宣伝が目に見える形で収めている大きな成果はナチという主義主張の産物ではない、ということとは忘れられがちだ。」(ミュンツェンベルク 1995：16)

ミュンツェンベルクが「戦争宣伝の経験を生かした巨大広告の洗練された方法」というとき脳裏にあったのは、第一次世界大戦参戦時にアメリカで組織された「クリール委員会」である。ウィルソン大統領は反ドイツ世論を煽るべく、新聞編集者ジョージ・クリールを委員長とする「公報委員会」Committee on Public Information を設置していた。戦後、クリールは『アメリカの広告方法』(一九二〇年)と題した回想録で、このプロパガンダ活動を「広告における世界最大の冒険」と自画自賛している。戦債募集のポスターなど、それまで商業利用されていた広告技術を政治宣伝に応用し、クリールはアメリカ国民に戦争を見事に「売りつけた」わけである。一九二一年にアメリカで「ＰＲカウンセル」の職業名が登場したように、「ＰＲ」も史上初の総力戦がもたらした大量破壊と大量生産を踏切板として日常語になっている。

社会主義プロパガンダとアメリカ商業広告の最適化がナチ宣伝の成功因だとするならば、各々のイデオロギーから距離を置いて宣伝、広告、広報を研究することがまず必要となる。総力戦体制の宣伝分析では、合理的で自由な民主主義国家(アメリカ、イギリス)と非合理的で専制的なファシズム国家(ドイツ、日本)という旧式なイデオロギー図式は有効ではない。

いずれにせよ、「総力戦体制による社会の編成替え」という観点に立てば、両者の違いはシステム社会化の下位区分に過ぎない(山之内 1995：9–12)。国民総動員システムはどの国でも等しくファシスト的公共圏から国民的合意を調達していた。

四、民族共同体と国民社会主義

エルネスト・ルナンは「国民」の存在を「毎日の国民投票《レファレンダム》」としてイメージしたが、ドイツにおけるファシスト的公共性の国民化も国政選挙の投票結果によって確認できる。ナチ党の国会選挙の得票数(率)は、一九二八年五月選挙の八一万票(二・六パーセント)、一九三〇年九月選挙の六四一万票(一八・三パーセント)、一九三二年七月選挙の一三七五万票(三七・三パーセント)、同一一月選挙の一一七四万票(三三・一パーセント)でひとまず頭打ちになるが、政権掌握後の三三年三月選挙で一七二八万票（四三・九パーセント）、同一一月選挙で三九六六万票（九二・二パーセント）に達した。一九三三年一一月以後の国会選挙でナチ党以外の政党は解散されているが、一九三六年三月には九八・八パーセント、一九三八年四月には九九・〇パーセントという驚異的数値が弾き出されている。もちろん、三三年一一月選挙は国際連盟脱退、一九三六年三月選挙はラインラント進駐、一九三八年四月選挙は独墺合邦《アンシュルス》の信任を求める「国民投票」と重ねて実施されており、「宣伝」と「選挙」は完全に二語一想と化していた。

ヒトラーは一九三三年一月三〇日政権を掌握すると、ラジオ放送を支配するとともに廉価な「国民受信機《フォルクスエンプフェンガー》３０１」の普及に着手した。３０１は政権掌握日、「国民革命」の一月三〇日を記念している。その広告コピーは「一つの民族、一つの国家、一つの放送局」Ein Volk, ein Reich, ein Senderだったが、同年一一月国会選挙のスローガンは「一つの民族、一人の指導者、一つの賛同」Ein Volk, ein Führer, ein Ja! であった。投票行動は同意を示す歓呼、喝采と一体化されている。大衆民主主義にとって歓呼、喝采が投票数以上に重要なことを、政治学者カール・シュミットは「議会主義と現代の大衆民主主義との対立」（一九二六年）でこう指摘している。

「国民は公的領域でのみ存在する。一億人の私人の一致した意見は、国民意思でもなければ公開の意見（公論）でもない。国民意思は、歓呼、喝采（acclamatio）によって、自明の反論しがたい存在によって、ここ半世紀のあいだあれほど綿密な入念さをもってつくりあげられてきたところの統計的装置によってと同じく、また、それよりいっそう民主主義的に、表明されうるのである。民主主義的感情の力がつよくなればなるほど、民主主義が秘密投票の記録システム以外の何ものかだという認識は、

それだけたしかなものになる。」(シュミット 2015：153)

国民意思が街頭の歓呼、喝采によって「民主主義的に、表明されうる」なら、国民化されたファシスト的公共圏は「秘密投票」よりも開かれた民主主義である。シュミットが言う通り、「公論[公開の意見](öffentliche Meinung)よりも意見の公開性(Öffentlichkeit der Meinung)が重要」なのである(同前：39)。

ファシスト的公共性の国民化は、ジョージ・L・モッセが『大衆の国民化』(一九七五年)で展開している「新しい政治」の極点として考えることもできる。「大衆の国民化」という言葉も、モッセはヒトラー『わが闘争』からエピグラフとして引用している。

「広範な大衆の国民化は、生半可なやり方、いわゆる客観的見地を少々強調する程度のことでは達成されず、一定の目標をめざした、容赦のない、狂信的なまでに偏った態度によって成し遂げられるのだ。」(モッセ 1994：1)

大衆が国民として政治に参加する可能性を視覚的に提示する政治様式をモッセは「新しい政治」と呼んだ。その理念はルソーの一般意志、フランス革命の人民主権に端を発しており、大衆の自己表現と自己崇拝を象徴する儀式として発展した。特にナポレオン戦争以後のドイツでは、こうした政治参加の儀式で体操協会などスポーツ団体が果たした役割は重要だった。彼らは議場での討論ではなく、美意識に依拠した祭典での共感によって合意を形成した。「体操の父」と呼ばれるフリードリヒ・ルートヴィヒ・ヤーン(一七七八―一八五二年)は一九世紀にドイツ統一を目指した熱烈な自由主義者だったが、彼が体操運動を始めたのは効果的な国民的儀礼への関心からであった。モッセは一九世紀の体操家についてこう述べている。

「彼らは一緒に体操を行うのみならず、同じ制服を着用し、仲間内では親称「俺・お前」で呼び合い、「ハイル」で挨拶した。体操家は、若者が自由意志で参加したドイツ社会の革新的エリート集団であった。その闘争が反動的なドイツの国王諸侯に向けられねばならぬものである限り、反権威主義は重要な原則であった。」(同前：137f)

一九世紀には自由主義、共和主義と結合したナショナリズムの中にも、「ハイル」の挨拶同様に、ファシスト的公共性の萌芽は確認できる。「自由意思で参加した」体操家の公共圏もドイツ国民だけに開かれた空間だったが、国民社会主義者の公共圏もただ宣伝や暴力による強制のみを前提とするものではなかった。なぜなら、国民国家の内部に議論を限定した場合、「財産と教養」という市民的公共圏への入場条件より「言語と国籍」という入場条件の方が圧倒的に民主的である。また歴史上、公的な合意は限られた教養人の批判的な討論よりも、すべての大衆に開かれた神話やシンボルへの共感によって形成されてきたことも否定できない。社会主義運動における「未来国家」Zukunftsstaat とナチズムにおける「民族共同体」Volksgemeinschaft は神話のレベルにおいて同じ位相にある。「民族同胞」Volksgenosse は、労働者的公共性の「党同志」Parteigenosse を超階級的に国民化する概念であり、その意味で国民社会主義の「国民主義」ばかりか「社会主義」とも共振していた。

こうした自主的な参加と合意を前提とするファシスト的公共性と対立する概念は、市民的公共性、まして労働者的公共性ではなかった。むしろ、ファシスト的公共性と対立するのは「大衆動員」や「世論操作」というプロパガンダ言語なのである。モッセはナチズムを「プロパガンダ」という言葉で理解したつもりになることを批判している。

「プロパガンダという言葉に私は絶えず反撥しました。プロパガンダは操作を意味するので、こうした文脈では大変誤解を与えやすい言葉です。私の考えでは、ファシズム大衆運動は実際のところ操作 manipulation の運動ではなく、合意 consensus の運動でした。」(Mosse 1978 : 115)

市民的公共性を建て前とする議会制統治のみを民主主義と考える偏見を批判するモッセの立場からすれば、ヒトラー支持者には彼らなりの民主主義があったとしても不思議ではない。ナチズムは大衆に政治的公共圏への参加感覚を与えたのであり、この参加感覚こそ、その時々の民主主義理解なのである。何を決めたかよりも、決定プロセスに自ら参加したと感じる度合いこそが民主主義にとっては決定的に重要である。その意味でのみ一九八九年以後の東欧社会主義圏崩壊も民主主義的な「国民革命」だったのであり、ナチズムの国民革命のみを疑似革命と呼ぶ必要はない。ヒトラーは「黙れ」といったのではなく「叫べ」といったのであり、利益集団型民主主義のワイマール体制に対して参加型民主主義の国民革命を対置した。こうした大衆運動において参加と動員の区別が容易だと考えることはできないだろう。メーデー行進なら参加であり、外国人排斥デモなら動員という分析のダブルスタンダードを認めるべきではない。ヒトラーは動員する独裁者ゆえにではなく、参加を求める民主主義者ゆえに支持されたといえようか。

第三帝国がこうした大衆民主主義において正統性を持った政体であったことは、これまでにも言及されてきたが、もう一度強調しておくほうがよいだろう。「下からのファシズム」と呼ぼうが「草の根のファシズム」と呼ぼうが、そこにはポピュリズムが色濃く反映されている。その意味で、ファシスト的公共性は非自由主義であっても、反民主主義ではない。民主的参加の活性化は集団アイデンティティの強化に依存しており、「民族共同体」とも親和的である。さらに言えば、民主主義はファシズムの強制的同一化と結託できたし、その結果として大衆社会の平準化は進んだ。そうであれば、民主主義はファシズムの歯止めとはならないばかりか、非国民（異民族）に不寛容な「民族共同体」の構造とさえも結託できる。そうした民主主義の危うさをファシスト的公共性という概念から読み取るべきなのである。

疑似革命論ならまだしも、それ以前のファシズム論では国民社会主義のポピュリズム的性格から目を逸らし、工業界とナチ党中枢の結びつきをことさらに強調する研究も多かった。そこでは資本家がヒトラーに資金を提供して、その結果として効果絶大な宣伝が実施されたとする「代理人テーゼ」や「デマゴギー論」が主張されてきた。疑似革命論という枠組みでさえ、社会主義の真性革命を前提としているのであれば、イデオロギー闘争におけるネガティブ・キャンペーンに過ぎない。その枠組みにおいては、ナチズム支持者の「容易に操作可能な」大衆心性が「虚偽意識」や「集合的フラストレーション」という言葉で説明された。だが、ナチ宣伝の実証研究においては、そうした解釈はすでに退けられている。ゲルハルト・パウル『イメージの反乱』（一九九〇年）によれば、政権獲得以前のナチ宣伝は資金不足のため十分に組織化できておらず、それだけでは大きな効果など期待できなかった。だとすれば、これまでのナチ宣伝の弾丸効果論は疑わざるをえない。「イメージの反乱」というタイトルをパウルは次のような含意で使っている。

「ナチズムはイメージによって人々の脳裏に定着し、イメージによってそのイデオロギーを感情的に結び付けた。（中略）つまり民主主義の貧弱な言葉と理性的対話に対する情緒刺激的イメージと神秘的ユートピア的表象の反乱であった。宣伝という近代的なジャーナリズムの武器を使った「近代のプロジェクト」に対する反乱であった。」（Paul 1990 : 13）

「近代のプロジェクト」を「市民的公共性」と置き換えても問題はないだろう。そこにはハーバーマスのアドルノ賞受賞記念講演「近代――未完のプロジェクト」（一九八〇年）が踏まえられているからである。つまり、ナチズムのファシスト的公共性は「市民的公共性に対する反乱」なのである。パウルは「情緒刺激的イメージ（映像）と神秘的ユートピア的表象」と「貧弱な言葉と理性的対話」を対比している。それは、ナチ美学の代表傑作とされるレニ・リーフェンシュタール監督《意志の勝利》（一九三五年公開）においても確認できることである。《意志の勝利》が、それまでのニュース映画と異なる最大の特徴はナレーションがないことである。音楽と絶叫のみで「貧弱な言葉」を排除した、映像と表象への共感を前提とした映画は、コミュニケーション的合理性へのアンチテーゼという意味で、ファシスト的公共性を象徴している。

だが不思議なことに、ファシスト的公共性という概念はこれまでのナチズム研究でもほとんど使用されてこなかった。むしろ、メディアの効果研究で弾丸効果論は一九五〇年代にはほぼ否定されていたにもかかわらず、「絶大な威力をもつナチ宣伝」という大衆操作を神話化した言説が無批判に流通してきた。その背景には、ナチズムに自発的に関与したドイツ国民一人一人の政治責任を軽減しようとする意図がなかっただろうか。受け手の主体的責任を問わない大衆操作論のほうが、共感と参加を前提とするファシスト的公共性論よりもナチズムに同調したドイツ国民にとっても、おそらく研究者にとっても居心地がよかったからではあるまいか。

例えば、一九三四年八月一九日の国民投票では、国家元首、政府首班、ナチ党最高指導者、国防軍最高司令官というヒトラーの新しい地位が八九・九パーセントの支持率(投票率九五・七パーセント)で承認されている。この結果をテロルの恐怖、情報操作の巧妙さだけで説明することはいかにも限界がある。同じことは、マスメディアと情報統制についても言える。ゲッベルス率いる宣伝省の検閲体制が整備される以前から、ラジオ、新聞、映画といったマスメディアの大半はヒトラー政権に対する好意的態度を示していた。文化の商品化に見合って、公共性を構成する言説もメディアを通じて大衆消費財、とくに娯楽的消費財として量産されていた。自由主義の高級新聞や社会主義の政党機関紙など一部のメディアが抵抗して弾圧されたのであって、多くのメディアは大衆世論を反映し、国民大衆の情報消費の動向に従ったに過ぎない。

結局、第三帝国の国内政治を規定していたのは、少数者の体制拒否や抵抗ではなく、むしろ圧倒的多数派の体制に対する忠誠、「総統」に対する熱狂的支持であった(フライ 1994：174)。すでに一九五〇年代にミルトン・マイヤーが第三帝国の日常生活をこうレポートしている。

「政府に「ノー」というアメリカ人はほとんどない――が、ドイツではもっと少なかった。わが十人の友人たちのうち、ナチ政府に「ノー」をいったものは一人もなかった。ただ、教師ヒルデブラントだけが、内心「ノー」と思っていたにすぎなかった。政府にたえず「ノー」といおうとしている大多数の人――全部ではないが――は政治意識の高い人びとである。しかし、このような人びとは、ヒトラー時代のドイツにあっては、ナチ党員か反ナチの人間だった。ナチ党員なら、彼らは本気で「イエス」といった。反ナチの人間だったら、教師のばあいと同じように、前歴が心にひっかかっていた。これらのドイツ人たちは抵抗する――大勢でならばできたかもしれないが――どころか、体制に同調したい気持をもっとも強くもっていた。」(マイヤー 1983 : 65)

ファシスト的公共性の問題設定は、こうした普通の人々の同調行動を国家権力、ナチ党宣伝、文化産業に責任転嫁するのではなく、ヒトラーを信任した生活者の責任から問い直す糸口になろう。ちなみに、マイヤーは右の引用の直後に彼らドイツ国民はマッカーシー時代のアメリカ国民と変わらないと書いていた。もちろん、第三帝国を盟邦と呼んだ日本国民にとっても切実な問題である。

国民的公共性は越えられるか

そうした国民大衆の政治責任の視点からすれば、国民社会主義 Nationalsozialismus が、今なお我が国で国家社会主義と誤訳され続ける理由も推測がつくだろう(二〇〇〇年代に入ってから、さすがに高校歴史教科書レベルでは「国民社会主義」が主流化している。しかし、翻訳書などでは「国家社会主義」が多いことには変わりはない)。そこには全体主義論でソ連共産主義と一括りにしたいという反共的な思惑とともに、「国家」責任のみ追及して「国民」責任を問おうとしない心性が見えかくれしている。

ドイツでは地域日常史が盛んになり、第三帝国でも農民の「村の論理」や労働者の「やつら/われわれの世界観」が存続したことが確認され、そうした日常性がナチズムに大衆が丸ごとからめ取られることへの防波堤になったことも指摘されている(山本秀行 1995)。そうであったとしても、そうしたミクロな仲間意識もファシスト的公共圏で国際紛争などマクロな争点が提示される限り、容易に歓呼・喝采の国民世論に集約されたことは否定できない。ナチズムの正統性は、国民投票で国民的なアジェンダ(議題)を設定できる限りファシスト的公共圏で承認されていた。

ハーバーマスは『公共性の構造転換』新版序文において、今日の公共性論の中心的な問題設定を「市民社会(Zivilgesellschaft)の再発見」と述べ、その「自由な意志にもとづく非国家的・非経済的な結合関係」の具体例として、教会、文化団体、アカデミー、スポーツ団体、リクリエーション団体などを挙げている(ハーバーマス 1994：xxxvii f)。だが、こうした公論形成に影響をもつ結合関係こそが「大衆の国民化」の主要な担い手であったことは、モッセが論じている通りである。ファシズムが「強制的、国家的、経済的な組織」による宣伝操作の運動ならば問題はむしろ容易なのだ。だが、危機状況における国民の合意形成の運動である場合、批判的理性はそれにどう向き合うべきだろうか。その意味でこそ、ファシスト的公共性の分析が要請されているといえよう。

後記

初出収載の『岩波講座　現代社会学24　民族・国家・エスニシティ』(一九九六年)には原稿用紙五〇枚の制限があり、引用文を減らしたほか、博士論文『大衆宣伝の神話――マルクスからヒトラーへのメディア史』(一九九二年)やモッセ『大衆の国民化』訳者解説(一九九四年)と重複する内容については大幅に削っていた。今回、そうした箇所を復元しつつ、若書きの文章を読みやすく整えた。ただし、末尾の一文「ファシスト的公共性の分析が要請されているといえよう」のように、ぎこちない表現を敢えて残したところもある。その後、私自身がドイツ史研究から離れ、ナチズムの公共性問題を自分で深めることができなかったことに忸怩たる思いがあるためだ。日本のナチズム研究においてファシスト的公共性論を踏まえた研究としては、原田昌博「ワイマル共和国後期ベルリンにおけるナチスのプロパガンダ活動」『鳴門教育大学研究紀要』第二九巻(二〇一四年)がある。

なお、一九九〇年代の私がハーバーマスの市民的公共性論を批判的に乗り越えようとしていたことは確かである。日本でもドイツ統一以後に知られるようになったドイツ系のメディア論者——たとえば、フリードリヒ・キットラー、ノルベルト・ボルツなど——がいずれもハーバーマスなど批判的知識人の限界を踏みこえようと試みていたことを考えると、冷戦崩壊後の同時代性を感じる。ちなみに、川島建太郎は『メディア論——現代ドイツにおける知のパラダイム・シフト』(二〇〇七年)で「メディア論はそもそもその理論的枠組みからしてアンチ・ハーバーマスの立場に行き着くほかはない」(川島 2007：67)と書いている。

その後の「公共性論」ブームの中で、現在であれば参考とすべき文献は少なくない。齋藤純一『思考のフロンティア　公共性』(二〇〇〇年)もその一つである。齋藤は「現在でこそ公共性はポジティヴな意味で用いられているが、一九世紀半ばからおよそ一世紀の間、公共性はネガティヴにとらえられていた」として、キルケゴール『現代の批判』(一八四六年)、ハイデガー『存在と時間』(一九二七年)、シュミット『現代議会政治の精神史的地位』(一九二三年)、リップマン『幻の公衆』(一九二五年)の公共性批判を紹介している。そうした公共性の「脱 - 政治化」現象と反対の極にある、「過 - 政治化」現象を扱った論文として本稿が紹介されている(齋藤 2000：21f)。

なお、本稿の執筆以後、私は「ファシスト的公共性」を戦時期日本における自主性の動員問題として考察し続けた。この問題はマイルズ・フレッチャー『知識人とファシズム——近衛新体制と昭和研究会』（一九八二年）の問題関心とも通底していたようだ。フレッチャーは誰からも強制されることなく自主的に「知的運動としてのファシズム」に参加した三木清、蠟山政道、笠信太郎を日本のリベラル知識人の典型として取り上げている。

「蠟山、笠、三木によれば、「協同体」のもとでは、「統制」は「自由」へと変化し、自由は市民が自ら国家全体の要求を実現することで成り立つものである。笠はいう。「個人の利」を捨てて「真の己れ」を見つけるべし。ファシズムのこの側面は、かれらにとってこの上なく重要だった。これにより、自分たちは反動的日本主義者のように自由を抑圧するのではなく、逆に究極の自由を目指しているのだと論じることができたからである。」（フレッチャー 2011：264）

ちなみに、フレッチャーのファシズム論はジョージ・L・モッセ「ファシズムの一般理論にむけて」（一九七九年）に依拠している（Mosse 2000）。そのモッセ論文は『大衆の国民化』の直接的な産物であり、モッセの日本語訳者、紹介者が私であることを考えると議論の共鳴関係は明らかだろう。

第二章　ドイツ新聞学――ナチズムの政策科学

一、第三帝国におけるメディア学の革新

我が国で戦争責任問題が議論されるとき、同じ敗戦国ドイツでの「非ナチ化」が引かれることが多い。もちろん、「大学の非ナチ化」など幻想にすぎず、多くのナチ党員教授が戦後の資格審査後に留任、復職したことはよく知られている。また一方で、第三帝国で「ドイツの大学は深刻な後継者不足と、著しい学問レベルの低下に悩み続けることになる」という評価(山本尤 1985：30f)も殆ど無前提な真実とされてきた。そうした第三帝国下の学問史で好んで取り上げられたのは、教養人を輩出した伝統的学問がナチズムの非合理的な人種主義や反近代的な復古主義で如何に歪められたかという事例であった。その饒舌さに比べ、第三帝国において新たに台頭した「近代的」学問については、ほとんど語られることがなかった。

そうした学問は存在しなかったのであろうか。いや、政治への直接的介入によってディシプリン上の困難を突破した学問も確かに存在した。その一つが第三帝国の国策科学として新たに講座化された「新聞学」である。それは通常の学説史においては、二〇世紀初頭に新聞誌 Zeitungskunde として登場し、一九二〇年代から新聞学 Zeitungswissenschaft を名乗り、一九三〇年代から第二次世界大戦

後に公示学 Publizistik、さらに今日ではコミュニケーション学 Kommunikationswissenschaft と名称を変えてきた。

ナチ党の政権獲得から約一年後、「国際新聞学会」機関誌『新聞学』(*Zeitungswissenschaft*、以下文中では *ZW.* と略記)は一九三四年一月一日付で巻頭に特大活字の告示文を掲載している。「ジャーナリスト養成教育のための新聞学課程の国家認定」の見出しのあとに、次のような文章が続いている。

「一九三三年一二月一九日の記者法施行とその発効に関する規定において、初めて国家によって新聞学課程はジャーナリスト教育の一部として認定された。すなわち、

第一八条二項　ドイツの大学において少なくとも六学期、新聞及び雑誌の内容制作に有意義な専門領域と併せて新聞学の大学課程を履修したことを証明できる者は、訓練期間半年間で専門教育の必要条件を免除される資格を有する。

年来、この認可を得るために尽力してきたドイツの諸大学の新聞学専攻分野とドイツ新聞学同盟に結集した新聞学研究者は、この指導的な英断において帝国大臣ゲッベルス博士とその専門担当官に感謝いたします。」(*ZW.* 1934-1 : 1)

宣伝大臣ゲッベルスの下で発効した「ドイツ記者法」Das deutsche Schriftleitergesetz の規定にともなってドイツの各大学で新聞学は講座化され、新聞学会は長年の夢であった大学内における既存学科との同格化を達成した。その次の頁には、この学会誌編集長にしてミュンヘン大学新聞研究所所長カール・デスターの巻頭論文「新聞学とは何か?　政治教育の要素としての新聞学」が掲載されている。デスターはワイマール期から第三帝国をはさんで戦後までミュンヘン大学に君臨した新聞学会の

指導者である。それに続く第二論文「新聞誌から一般公示学研究への拡大」はベルリン大学ドイツ新聞誌研究所 Deutschen Institut für Zeitungskunde の所長エミール・ドヴィファットのものだが、彼もまた戦後のベルリン自由大学で公示学・ジャーナリズム学の講義を続けている。この二人の新聞学会重鎮の「褐色時代」の経歴への批判的言及は旧東ドイツでは存在したが(Raabe 1962, 1965)、戦後の西ドイツではほとんど見当たらなかった。

ナチズムと新聞学の蜜月を示す資料として、翌一九三五年ハイデルベルク大学での新聞学同盟会議開催を伝える同会長ハイデの宣伝大臣ゲッベルス宛電報を引用してもよい。

「貴殿のおかげにより記者法ですでに国家認定された新聞学研究は、今や以前よりいっそう実践的需要に照準を合わせており、学問的にも世界観的にもよく鍛えられた次代を担うジャーナリストや出版関係者を大学も新国家に提供できるでしょう。」(*ZW*. 1935-6：293)

ゲッベルスはハイデと新聞学同盟の尽力に対し「心から感謝する」と返信していた(同前)。

結論を先取りすれば、新聞学は第三帝国の大学で国策学問として優遇され、その制度化を達成した。こうした経緯は、ドイツの新聞学史でも長らく曖昧な記述で焦点をぼかされてきた(Bohrmann 1986, 岡部 1976)。だが例えば、新聞、雑誌出版関係の博士論文提出数の統計(図２-1)を見れば、第三帝国成立期における新聞学の急速な発展を窺い知ることは可能である。「ナチ・オリンピック」開催の一九三六年に戦前の「新聞学」博士論文数はピークに達している。さらに言えば、後述する学会事情によりこの統計にはラジオ放送、映画、演劇などの「公示学」関連の博士論文数は含まれていないので、広義の「新聞学」、メディア関連の論文はさらに多くなっていた。

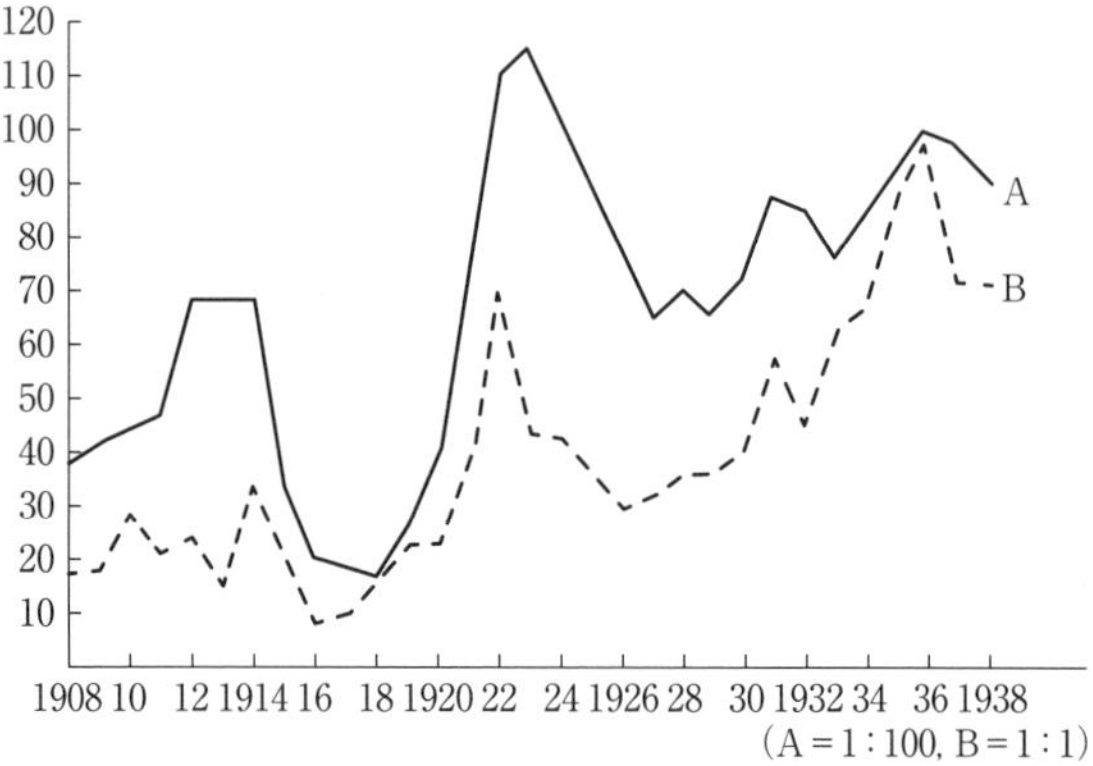

2-1　ドイツの大学における博士号授与数「A」と新聞・雑誌関係博士論文数「B」(Heide/Franzmeyer 1940: 11)

こうした学問史の不透明部分の存在は、戦後のドイツ連邦共和国の大学で確固たる地位を占め、文系では人気の高い「コミュニケーション学科」において、なお「一体、これは学問なのか？」という学問的ディシプリンの自己不信に起因する原理的な疑念が持ち上がる要因の一つであろう。たとえば、ドイツ語圏を代表する学会誌『公示学』(*Publizistik*)に掲載されたペーター・グロッツ「新聞学から公示学、そしてコミュニケーション学へ」の冒頭である。

「ここで問題にする学科は、専門家と研究所の数に関しては今日、これまで以上に拡大した。学者世界における評判も良くなり、業績つまり研究結果は多くの場合、問題なく自明のものとして利用されている。それはかつて胡散臭いと言われた他の二学科、社会学あるいは経営学と同様である。もちろん、そのディシプリンが疑う余地なく確立したとは言えない。フェルディナント・テンニースが新聞学を鴨学、鶏学とあざけった時代は終わったが、今でも自己理解を巡る論争が時々不意に生じる。」(Glotz 1990：249)

今日では「広報学」も含んで「メディア学」とも呼ばれているこの学問ジャンルに属する研究者の

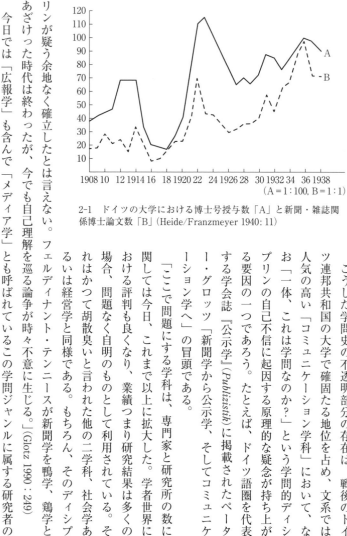

アイデンティティ欠如をグロッツは厳しく指摘している。ちなみに、テンニースは一九〇九年にドイツ社会学会が設立されて以後、一九三三年までその会長をつとめている。彼が第一次世界大戦後の政治的要請に直接訴えて大学に進出した新興の新聞学を、生物学（ここでは社会学の比喩）に対する「鴨学」「鶏学」と揶揄した経緯については後述する。ここではもう少しグロッツの文章を引用したい。

「それでも、自信にあふれ良く組織されたコミュニケーション学への社会的要請を誰もが認めることは全体としては疑いえない。「世俗離れした対象と死に絶えて久しい文化の研究が一体全体だれの役にたつのだろう」という古代史家や中世史家あるいは法制史家がときに出くわす懐疑がコミュニケーション研究者にぶつけられることはないだろう。社会が健全なジャーナリスト教育への学問的貢献を必要としていることは明らかなのだ。つまり、ケーブル実験プロジェクトや多様なメディアの法的枠組み、あるいは情報伝達の度合いについてコミュニケーション政策的な助言を社会は求めている。また、大衆文化研究の拡大に異常なまでの関心を抱くであろう巨大コンツェルンと情報コミュニケーション研究の成果や精緻なメディア統計調査を血眼で求める国家当局も存在している。」（同前：250）

このようにコミュニケーション学、あるいはメディア学の研究の重要性はその社会的要請から自明であっても、問題の設定法とそのアプローチ法をめぐる選択、すなわちディシプリンにおいてはなお曖昧なままだとグロッツは批判している。それ以上に重要なことは、戦後の国家当局だけでなくゲッベルスの宣伝省も「メディア統計調査」を必要としていたし、また第三帝国にも大衆文化研究に関心を抱く巨大メディア・コンツェルン――たとえばＵＦＩコンツェルン Ufa-Film GmbH ほか――が存在していたことである。そうした問題意識から新聞学史、公示学史の「褐色」時代への関心が高まり、第三帝国時代における「新聞学から公示学への発展」の意味を正面から論究しようとする動きがあらわれてきたのは一九八〇年代以降である(Kutsch 1984)。

ナチズム下の社会科学の実態については、特に社会学に関しては比較的早くから論争が行われ、我が国でもある程度紹介されている(秋元 1981, 山本鎮雄 1986, 鈴木幸壽 1988)。しかし、カール・マンハイムやフランクフルト学派の研究者などに象徴的な「受難のユダヤ系学者」を前面に押し立てることが可能な社会学と、ナチ体制下で特別な恩恵を受けた新聞学ではおよそ事情が異なる。だが、第三帝国の社会科学を全体として論ずるとき、「被害者」側の社会学と「共犯者」側の新聞学でいずれが例外的なのかという問いは議論の余地が大きい。たとえば、心理学の場合、第三帝国期の大学における制度化プロセスは新聞学に近かった(Geuter 1984)。しかし、そうした学問史研究の実証レベルとは無関係に依然として根強い先入観が存在している。つまり、ナチ体制の強制的同一化《グライヒシャルトゥング》は社会科学を窒息させてしまうはずで、ナチズムの翼賛学問に見るべき成果などあろうはずもない、という戦後的思考である。これは理屈抜きの感情論であるとともに、個人の自由な発想によってのみ科学は進歩するとでも言うべき古典的ロマン主義の表明であって、現代社会における学問のポリティークへの無知を公言しているといってよい。さらにいえば、こうしたロマン主義の定式で考察できるのは、研究者の思想傾向であってその学問業績ではない。うがって考えれば、ナチ体制のテロルにおびえたやむなき逸脱という図式で、戦後に「メイド・イン・ＵＳＡ」のラベルを上から貼りつけた政策科学の担い手たちを免罪する方便であったとも言えようか(この「過去の密輪」問題は、次章で詳述する)。メディアにまつわる科学であれば、全体主義国家で有効なものが民主主義社会で無効なわけではないことは自明とも思えるのだが。

この章では、以上の問題を「ナチ新聞学」の旗手であり、第三帝国において「新聞学から公示科学への展開に決定的な役割を果たした」ライプツィヒ大学新聞学研究所所長ハンス・アマンドゥス・ミュンスターを例に考察する（その研究業績の評価については、Haacke 1961 : 110f, Fröhner 1963 : 117-124）。確信的なナチ党員だったミュンスターは旧来の歴史学的あるいは文芸学的な新聞学に満足せず、守旧的な学会主流派の圧力をはねのけて第三帝国の新聞学に経験的社会科学の問題設定と方法論を導入したキーマンである（Straetz 1984 : 7）。また、前章で論じたようにナチズムをファシスト的公共圏における大衆の主体的な合意形成の運動として見るならば、ミュンスターの「受け手調査」が第三帝国で行われた意味は重要である。しかし、ミュンスターの研究業績はこれまで故意に忘却されてきたように思える。

もちろん、ここで第三帝国の新聞学を論じることは、単にドイツに特有な問題を考察するに留まらない。なぜなら、我が国における新聞学もドイツ新聞学の圧倒的影響下に成立したし、ミュンスターの教科書『新聞と政策』（*Zeitung und Politik*, 1935）は一九四〇年に内閣情報部「情報宣伝研究資料」第一四輯として翻訳されている。この訳出に重要な役割を果したのは当時情報部嘱託であった、東京帝国大学新聞研究室主任の小野秀雄である。小野は戦後も『新聞研究五十年』（一九七一年）で「この書物はナチの新聞学教科書としては右に出るものはなかった」（小野 1971 : 304）と絶賛している。先に挙げたデスターと親交を結んでいた小野は、「国際新聞学会」の日本代表に就任していた（小野 1957）。小野は第三帝国の新聞記者教育を睨みながら、政府関係筋に配布した『記者教育実施につき当路諸賢に建言す』(一九三七年)において、時局打開のため「民衆指導」の「積極的政策」を講じるよう要求している(小野 1937 : 1f)。また一九四〇年東京帝国大学文学部新聞研究室創立一〇周年記念公演会で小野は「ナチ新聞学構成理論」を講じ、それを次の言葉で結んでいる。

「ナチ新聞学は以上述べた如く普遍妥当性を有する学問ではないが、自由主義国家の新聞が余りにも商品化して其価値を失ひつつある現状に於ては、ナチ新聞学の理論も一つの参考資料として役立つ点が少くない。況んや此商品化せる新聞を向上せしめて、より価値ある新聞を創造するために国家が之に協力して新聞政策を更新せんとするならば、ナチ新聞学は相当に其利用範囲があると思はれる。」(小野 1941a : 96)

同じ席で「思想戦と新聞の任務」を論じた内閣情報部長・横溝光暉の祝辞からは戦時国策と新聞学研究が如何に密接に結びついたかが読み取れる。

「思想戦の重要性を認め、思想戦に於ける新聞の大きな役割を考へまする時に、帝国大学の講座の中に、新聞学の一講座を見出さぬといふことは、大きな忘れ物がされてゐるやうな気がしてならないのであります。私は来年度予算編成の際に、文部大臣にも文部省事務当局にも、私共の分担して居る思想の立場から、本学に新聞学の講座設置のことを要望致しましたが、「大学の方でその必要を認めて来なければ」と云ふことでありました。」(横溝 1941 : 17f)

日本の新聞学におけるナチ新聞学の受容については最後にもう一度振り返るとして、まず第三帝国成立に至るまでのドイツ新聞学の成立史を概観した後、ミュンスターの研究がナチ体制下の新聞学にもたらした革新の意味を考察したい。

ドイツ新聞学の成立

ドイツ新聞学の成立とワイマール共和国期におけるその展開について、ここでは第三帝国期の発展の理解に役立つかぎりで鳥瞰する。そもそも新聞学という学問の「出自の曖昧さ」はドイツ本国でも全体的な新聞学史の叙述を困難にしており、「新聞学史」をタイトルに掲げる研究書の多くも個別大学の学科や研究所の歴史である場合が多い(Rüdiger/Roegele 1986)。統一的に確立したディシプリンのないまま発展したため、これまで「新聞誌」「新聞学」「公示学」「コミュニケーション学」「メディア学」と自称を変えてきたし、その名称でさえ時系列的な系譜というより個々の研究者の学問的出自から多様な自己主張が込められていた(Boguschewsky-Kube 1990：3f)。

ドイツの大学における「学問としての新聞学」は一八九七年ハイデルベルク大学哲学部で歴史家アドルフ・コッホの「ジャーナリズム演習」開始を嚆矢とする。ユダヤ人だったコッホは教授資格を持ちながら員外教授のまま昇進できず、一九一二年マックス・ヴェーバーとの対立により大学を追われている(Obst 1987)。

もっとも、新聞を研究対象とする学者であれば、一八八〇年代からライプツィヒ大学の経済学者カール・ビュッヒャーも国民経済学の講義で新聞産業を論じていた。その主著『国民経済の成立』(一八九三年)の第四章は「新聞業の始まり」Die Anfänge des Zeitungswesensである。同書は権田保之助訳『経済的文明史論――国民経済の成立』(内田老鶴圃、一九一七年)として刊行され、我が国でも新聞学の古典とされてきた。さらにさかのぼって、「情報流通」Nachrichtenverkehrを論じたカール・クニース『交通手段としての電報』(一八五七年)や「社会的コミュニケーション」soziale Kommunikation に言及したアルベルト・シェッフレ『社会的諸団体の構造と活動』(一八七五年)などを挙げて、彼らを「新聞学の教父」とする学説史も広く読まれていた(Groth 1948 : 245ff)。さらに一七世紀のカスパー・フォン・シュティーラー『新聞の欲求と効用』(一六九五年)から説き起こす学説史さえもある(Wagner 1989 : 80f)。もちろん、こうした「源流」探しは新興学問の権威づけが目的だった。だが、クニースのテレグラフ研究が典型的なように、ドイツ新聞学における新聞 Zeitung という概念が、狭義の「新聞紙」に限定されていなかったことは確認しておくべきだろう。

こうした学説史は大学内で新聞学を権威づけるためにワイマール共和国期から展開されてきたものである(d'Ester/Heide 1928 : 2f)。しかし、後述するように自らライプツィヒ大学に新聞誌研究所を創設したビュッヒャーはともかく、右に挙げた国民経済学者たちは社会的・経済的に重要な意味を持ち始めた新聞産業の役割に着目してはいたが、自覚的に「新聞学」を研究していたわけではない。

これに対して、一九一〇年第一回ドイツ社会学会大会で「新聞の社会学」の名の下にヴェーバーによって提案された「新聞アンケート」調査は画期的なものであった。しかし、この調査は新聞学ゼミを開講していたコッホとヴェーバーのハイデルベルク大学内の不幸な紛争と社会学会内部の対立から計画案のまま放置され、社会学会内でも体系的な新聞研究は試みられなかった(米沢 1991, Kutsch 1988)。

実際に新聞学の研究が組織化されたのは、一九一六年一一月にライプツィヒ大学を定年退官したビュッヒャーが、『ライプツィヒ最新報』社主エドガー・ヘルフルトから寄贈された基金でライプツィヒ大学新聞誌研究所 Institut für Zeitungskunde を開設して以後である(Straetz 1986：75-82)。この大学付置研究所の設立に関して重要なことは、次の二点である。

一つは新聞研究が国庫財政によらず、新聞業界の利害を反映した資金で運営され、ジャーナリスト養成の専門教育コースが組み込まれていたことである。医師、弁護士など大学教育によってプロフェッショナルの社会的威信が保証された職種と異なり、ジャーナリストは当時のドイツ社会では「アカデミズムの洗礼を受けて根を失い職業を誤った人間」として低い社会的地位に甘んじていた(Bohrmann 1986：96)。大学に新聞学講座の成立を強く望んだのは、まず新聞社協会やジャーナリスト団体であり、自らの社会的威信の向上が最大の動機だった。また、ライプツィヒ大学の研究所基金がそうであるように、伝統的新聞社は学術活動の援助を通じてアカデミズムの権威と結合することで台頭する大衆ジャーナリズムに対抗しようとしていた。ドイツ第二帝政期の大学は監督官庁の拘束から解放されて「学問の自由」を要求する人文科学的方向と、化学・医学などを中心に国家からの資金援助を求める自然科学的方向に分裂しはじめていた。また当時、二流視されていた工科大学、商科大学は産業界の利害を代弁して、大学での「専門資格」認定を強く要求していた。こうした傾向はドイツ帝国の富国強兵策とも結びつき、大学のディシプリンの分化を促し、教育学や心理学、社会学など新しい学問も制度化されていった。そうした新興学科を追いかけた新聞学が新聞業界の職能利害と結託して社会的な必要性を強調したのは当然のことと言える。さらにいえば、新聞学の制度化の達成が本章の冒頭に引用した宣伝大臣ゲッベルスのドイツ記者法施行令という形をとり、またそれを新聞学会が新聞業界ともども歓迎したことは、彼らの職能利害にとって国家による専門職認定がどれほど待望されていたかを示している。

また、最初の大学付置研究所が「宣伝戦」として喧伝された第一次世界大戦下の一九一六年に設立されたことも重要である。連合国の戦時プロパガンダに対するドイツ側の「明白な劣勢」という認識の中で、ライプツィヒ大学でも開戦翌年の一九一五年夏学期に総合国家学ゼミに「新聞誌部門」が開講されていた。ミュンスター大学でも一九一五年より国家学者ヨハン・プレンゲと歴史学者アロイス・マイスターによる戦時報道の共同講義が開始され、ジャーナリスト専修・補習課程の設置が申請された。一九一九年、同大学に「歴史新聞誌研究所」が設立され、そこで一九二〇年にカール・デスターが教授資格を獲得し、哲学部の私講師として新聞誌ゼミと講義をはじめている(Maoro 1987 : 37f)。戦時下ドイツの大学はこの新しいディシプリンをまず「新聞誌」の名称で採用したわけだが、敗戦後は「前線では破れず、宣伝戦で破れたドイツ」という軍部の言い訳が各大学に同様の研究所を設置する運動に利用された。その意味で、ドイツ新聞学は総力戦体制とその敗戦トラウマの中で成立したといえる。

一九二四年にはワイマール共和国政府の調査委託金によりフライブルク大学哲学部に「公示学・新聞問題」講座が置かれた(Große 1989 : 48-50)。その他の大学でも、正教授ポストはないものの新聞を対象とする一連の研究所が一九二〇年ケルン大学「新聞学・世論研究所」、一九二一年キール大学「文芸・演劇学研究所新聞学部門」、一九二二年ニュルンベルク商科大学「新聞誌研究所」、一九二四年ミュンヘン大学「新聞研究所」、一九二五年ベルリン「ドイツ新聞誌研究所」、一九二六年ドルトムント「ヴェストファーレン・ニーダーライン新聞研究所」、一九二七年ハイデルベルク大学「新聞問題研究所」、ハレ大学「新聞研究所」と次々に新設された(d'Ester/Heide 1928 : 5-8)。

だが、こうしてワイマール期に創られた研究所は雑多な名称が示すように、各大学ごとに設立時の状況や創設者の専門によって多様な性格を持っていた。歴史家コッホの流れを汲むハイデルベルク大学では歴史学的研究の伝統があり、ビュッヒャーのいたライプツィヒ大学では統計分析や理論的研究、フライブルク大学では社会学、心理学的研究が志向された。一九二五年プロイセン文化相カール・ハインリヒ・ベッカーはベルリン大学にドイツ新聞誌研究所を附設させたが、そこではジャーナリストや出版社の団体と協同した、マルティン・モール提唱の実践応用的ディシプリンが採用された。この教育施設は大学外のプロイセン国立図書館内にあった。その運営資金も大学とは別枠で、初代所長モールも大学にポストを持たず、一九二八年にドヴィファットが所長になったとき哲学部に員外教授枠を獲得した(Bohrmann 1986 : 104)。ドヴィファットはジャーナリストの職能団体・ドイツ出版同盟の執行部から研究所に移ったが、他の研究所も運営費は新聞社団体やジャーナリスト協会、共和国政府や邦政府の公報局からの支出であって文部省予算ではなかった。ケルン大学の場合も、新聞学・世論研究所は自治体の経費で運営された。

ベルリン新聞誌研究所が設立された一九二五年にミュンヘン大学新聞研究所長デスターは「新聞史・公示学学会」を呼びかけ、翌一九二六年ハノーファー工科大学講師ハイデとともに『新聞学』を創刊した。一九二八年に「新聞学会」が設立されると、『新聞学』は各大学の「研究所報」を兼ねる機関誌となった。

デスターはもともと文芸学者であり、歴史的研究と資料収集の情熱はともかく、公共性や世論の社会科学として新聞学を体系化するような構想は抱いていなかった(Klutentreter 1981, Bohrmann/Kutsch 1981)。その意味では、「常識的」な歴史研究者であったために、ワイマール共和国、第三帝国、戦後西ドイツで一貫して新聞学会に君臨し続けたと言えるかもしれない。

以上のように、ドイツ新聞学はジャーナリズムの社会的威信の向上を願う新聞業界の思惑と、宣伝研究や世論研究で「敵国」に劣っているという敗戦コンプレックスを踏切板として大学内で組織された。そうした急ごしらえの学問が守旧的なアカデミズムの世界で容易に正統性を認められたわけではない。ジャーナリズムの職能的利害とアカデミズムの政治的主張の複合性が新聞学を規定しており、ワイマール共和国期において大学内での地位は不安定なままだった。一九二六年ライプツィヒ大学でビュッヒャーの後任として『ベルリン日刊新聞』元ウィーン特派員エーリヒ・エーフェルトが新聞学専攻の正教授に就任するまで、各大学研究所は客員教授、員外教授、講師、他学部(法学部、哲学部)教授によって運営されていた。新聞学という学問分野(ディシプリン)がジャーナリスト教育を主目的とするのかどうか、また歴史学、国家学、国民経済学あるいは社会学、心理学、教育学などとの領域横断的(インター・ディシプリナリー)な体系化を進めるのかどうか、ドイツ新聞学は原理原則レベルでなお揺れ動いたわけである。

こうしたドイツ新聞学を日本に移入しようとした小野秀雄が、大学アカデミズムの抵抗に出会ったとしても不思議ではない。戦後の一九四九年に東京大学新聞研究所(現・情報学環)の初代所長に就任する小野秀雄は、一九二七年に寄附発起人総代・渋沢栄一、貴族院議員・阪谷芳郎、大阪毎日新聞社主・本山彦一など政財界の支援者を集めて、東京帝国大学に新聞学講座の開設を計画した。文学部教授会は「新聞学なるものの学問としての性格」を理由に、その設置に反対している。「本学に於て新聞に関する研究をなすものは主として純学理上の研究をなすものにして、新聞の記者又は経営者の養成の如きは寧ろ間接なる事に属す」(小野 1971：213)

つまり、当時の新聞学は純粋な学問ではないというのである。この計画が頓挫した理由について小野は『新聞研究五十年』において、大阪毎日新聞社出身である小野を敵視する大阪朝日新聞社元社員の文学部長・滝精一(美術史学、一九四〇年朝日文化賞受賞)の画策があったと回想している(同前：217f)。もちろん、そうした新聞業界レベルの確執もあったのだろうが、新聞学に理解のある教授は国史学の三上参次、宗教学の姉崎正治、社会学の戸田貞三など一部にすぎなかった(同前：197)。結局、東京帝国大学は小野が集めた寄附金により、「新聞学講座」の代りに一九二九年に「新聞研究室」を文学部に設置している。組織上は文学部に属し、運営は文学部嘱託の主任・小野秀雄がつとめたが、法文経三学部から指導教授、研究員が一名ずつ配置されている。こうした新聞研究室の組織運営スタイルも「ドイツ的」だったと言えるだろう。第三帝国以前のドイツ新聞学も、大学アカデミズムでは周辺に置かれていたからである。

二、ナチ新聞学の旗手

のちに「ナチ新聞学の旗手」として知られるハンス・アマンドゥス・ミュンスターは、一九二五年にフライブルク大学「公示学・新聞ゼミ」の助手として研究者人生をスタートさせた。それはちょうどジャーナリストの技能教育を意味した「ジャーナリズム学」Journalistik や研究対象の独自性を追求した「新聞誌」Zeitungskunde から、固有の学問的方法を主張する「新聞学」Zeitungswissenschaft へと学会が動き始めた時期に当たる。以下ではワイマール共和国期のミュンスターの研究から「新聞学」の発展をたどるが、その前に彼自身の経歴(Straetz 1984 : 10–16)を要約しておこう。

　ミュンスターは一九〇一年二月一二日ハンブルクで建築家カール・ミュンスターの次男として生まれた。やがてハンブルク・エッペンドルフの上級実科学校に入ったが、こうした理系的な家庭・教育環境は後年彼が歴史研究や文芸研究が中心の「新聞学」に対して、調査や統計を重視する「公示学」の主張にむかう性向を育んだはずである。一九一八年に志願兵として北フランスで後方勤務したが、第一次世界大戦での体験、つまり群衆心理状況を直接目にしたことが新聞学への興味をもたらしたと後年回想している。敗戦後、一九二〇年に上級実科学校を卒業し大学入学資格《アビトゥーア》を取得するが、ハンブルクの自警団、さらにアルトナ＝バーレンフェルト義勇軍に加わり革命運動と対峙した。カップ一揆の際には大ハンブルク義勇軍の一員として戦闘にも参加しており、典型的な民族派「前線世代」の政治青年だった。それゆえ、一九三二年のナチ党入党も時局便乗というより確信的な選択であった。

　一九二一年冬学期までケルン大学、一九二二年夏学期からハンブルク大学、一九二三年冬学期はベルリン大学で国民経済学、法学、哲学、社会学を学んでいる。全体主義論で名高いウィーン大学教授オトマール・シュパンの下で国家学の博士論文執筆を希望したが、これは経済的な理由で断念し、一九二四年からキール大学で社会学者フェルディナント・テンニースのゼミナールに加わった。そこで提出した博士論文は一八四八年革命前に活躍したジャーナリストの輿論観を考察した『政治家ヨハン・ヨーゼフ・フォン・ゲレスの輿論に関する見解』である。その審査はテンニースとハンス・フライヤーが担当した。後にミュンスターをベルリン新聞誌研究所講師からライプツィヒ大学哲学部正教授に抜擢したのは、第三帝国下でドイツ社会学会会長に就任したフライヤーである。しかし、まだ大学に新聞学が講座化されていない当時、博士号取得後のミュンスターは駐日大使ヴィルヘルム・ハインリヒ・ゾルフの縁故を頼って外務省東アジア部門への就職を目指した。そのため、ハンブルク大学で日本語、日本文化を学びつつ、ケーニヒスベルク大学で外交政策の研究を続けた。ケーニヒスベルクでは、国家人民党系『東プロイセン新聞』の地区通信員も勤め、ジャーナリスト活動も経験している。

一九二五年には博士論文で集めた資料から『ヨハン・ヨーゼフ・ゲレス選集』を編集し、博士論文も『ヨハン・ヨーゼフ・フォン・ゲレスの政治ジャーナリズムにおける輿論』と改題の上で公刊した(Münster 1926a)。この年は「ゲレス誕生一五〇周年」にあたり、ミュンスターの仕事は同じくゲレスをカトリック保守主義者として研究していたミュンヘン大学新聞学研究所長デスターの目にとまった。ちなみに、デスターは自ら発行人である『新聞学』創刊号の巻頭に「ヨーゼフ・ゲレスと新聞学」を書いていた(d'Ester 1926)。一九二八年にミュンスターは新聞学会会長デスターと共編でゲレス発行の『ライン・メルクーア』を復刻している。

一九二五年七月、ミュンスターは歴史家マルティン・シュパーンの仲介でフライブルク大学教授ヴィルヘルム・カップの「公示学・新聞問題」講座の無給助手となった。こうしてミュンスターは「歴史学と社会学の間に成立した新聞学」の学際性を体現する研究者としてスタートした。カップからは

「新聞の発達史」と「現代新聞の問題点」の二つの研究テーマを与えられたが、より社会学的な後者にミュンスターの関心は向けられていた。もちろん、「現代新聞の問題点」はマックス・ヴェーバーが提起した「新聞の社会学」に連なるテーマ設定である。しかし、当時の新聞学会では、学問の制度化において新聞学に先行していた社会学との差異化が過度に意識されており、その対抗意識から意図的に社会学的なテーマが回避される傾向も存在していた。他方で、新聞学は社会学の応用領域の一つに過ぎないと考える社会学者の側でも、ジャーナリスト教育と政治的実用性を掲げて大学で台頭してきた新聞学を見下す研究者も少なくなかった。一九三〇年第七回ドイツ社会学会の公開シンポジウム「新聞と輿論」において、会長テンニースは研究対象があまりに狭く定義されている新聞学に対して「結局、鴨学や鶏学は存在せず、これらは動物学に属している」と述べている。この有名な「鴨学や鶏学」の初出はテンニースのミュンスター宛私信である(Münster 1930 : 321, Tönnies 1931 : 1)。後年、ミュンスターは新聞や雑誌を超えて、ポスター、デモ、演劇、ラジオ、映画、建築まであらゆる「公示的手段」を研究対象とすることを宣言して新聞学の革新を計ることになる。その脳裏には「鴨学や鶏学」を否定した恩師テンニースの言葉がこだましていたはずである。

カップ教授の下でもミュンスターは『ライン・メルクーア』の寄稿者調査、ドイツ新聞の経済欄調査、外国通信社調査など従来の「新聞誌」の文献学的枠組みを超えた調査研究を進めていた。しかし、大学での教授ポスト獲得のみを考えれば、互いに反目していた社会学と新聞学のインター・ディシプリナリーな研究は前途洋々たるものではなかったはずである。フライブルク大学でミュンスターの研究を高く評価したのは、中世史家の枢密顧問官ゲオルク・フォン・ベロウだった。一方でベロウは

「諸専門科目の綜合としての社会学」を実現不能と断じており、大学カリキュラムへの社会学導入にも反対していた。そのベロウの推挙にもかかわらず、ミュンスター大学哲学部の新聞誌講師ポストもG・ウォーレスに競り負けている。

ポスト獲得を優先するなら、ゲレスに関する歴史学的研究とジャーナリスト経験を強調して新聞学主流派の路線に乗ることも可能であったはずだ。しかし、一九二六年ドルトムント大学に新設された新聞研究所の講師ポストについて、デスター宛の一九二六年六月六日付書簡で応募の意志がないことを表明している。自らの関心は「純粋に社会学的心理学的研究」であり、「記者の養成に携わるつもりは毛頭ない」というのである(Straetz 1984 : 13)。こうしたミュンスターの社会科学志向は学会機関誌『新聞学』の傾向からは外れていた。

当時の新聞学研究者にとっては制度上また財政上の不安定性を克服することが最大の課題であり、新聞学が固有の対象と固有の方法をもって学問的に自立性しているという「信仰宣言」が繰り返されていた。そのため、圧倒的に歴史学的方法を使いながら歴史学であろうとせず、新聞を分析する基本概念(時事性 Aktualität、公示性 Publizität、定期性 Periodizität、一般性 Universalität)の見かけ上の体系化によって学問としての自律性を主張していた(Bohrmann 1986 : 105)。それが可能だったのは、当時のアカデミズムにおいて歴史学者や文芸学者が通俗小説や大衆文化の研究にほどんど関心を示さなかったからである。歴史学者が新聞を「一次資料」とは考えず、文芸学者が新聞小説を「文学」と見なさなかったため、新聞学はそれを「固有の研究対象」として独占することができたのである。そのため、読者への効果や輿論の形成過程など社会学、心理学と隣接する研究領域は周辺に押しやられた。それればかりか「時事性、公示性、定期性、一般性」という基本概念の体系的評価に収まらない現象は、むしろ社会学に委ねて無視されることも多かった。

「ワイマール期新聞学がジャーナリズムを扱う場合、好んで過去に視線が向けられた。偉大な文筆家、その伝記と著作の研究により、〝真実の司祭〟になりすまし、それにともなうノルマによって同時代のジャーナリズムの現実の理解と解明はほとんど疎かにできた。いや彼らはこれを煙に巻いたのである。」(Kutsch 1988 : 23)

結局、新聞の歴史、ジャーナリストの伝記研究など大学内で評価が得やすく、新聞業界へも学問的貢献として示しやすいテーマが好まれたわけである。こうした新聞学主流派にとって、社会学や心理学との協力によって学際的な新聞研究法の確立を唱えるミュンスターは「恐るべき子供」であった。一九二六年、ミュンスターは助手時代の論文ですでに次のように述べている。

「出版、社会、国民経済、政治の意味連関、また出版と〝輿論〟の相関関係、内外の構造形式に規定された新聞の威力を研究対象にするなら、とりわけ社会学‐心理学的考察方法が中心にならねばならない。この方法によってのみ、新聞〝誌〟は新聞〝学〟へ止揚されうる。新聞〝学〟としてのみ、新聞誌的課題の研究がドイツの大学で自律したディシプリンを持つ学科となりえるのだ。」(Münster 1926b : o. S.)

さらに、実践的な職業教育の計量可能な成果を求め、手っ取り早く「学問」業績を挙げるために研究領域を限定しがちな新聞学会の「専門化」志向に対しても、ミュンスターは次のような危惧を表明していた。

「確かにこうした専門化は、個別の領域で研究を深め、全体的発展にとって役立つかもしれない。しかし、それにもかかわらず、それ自体一つの危機ももたらしている。なぜなら、新聞誌がドイツの学問内に統一のとれたディシプリンとして登場するのを妨げたのはその専門化である。純粋に社会学－心理学的、または単に歴史的、あるいは単に経済学的な考察方法は、決して個別なディシプリンの導入を正当化せず、ただ他の研究領域の補助的手段を一つ作り上げるだけである。」(Münster 1926c : 40f)

第三帝国期にミュンスターがデスターやハイデなど学会重鎮に対して挑んだ学問闘争の意味を理解するためには、こうした初期の学問観は無視できない。一九二七年二月一日より、ミュンスターはベルリン新聞誌研究所の有給助手となった。一九二八年、モールの死去にともない後任の所長となったドヴィファットは、新聞学の目的を「新聞の本質と新聞において実際に働く精神的、経済的、技術的諸力の研究と、公的生活におけるその役割を示すこと」と社会学的に定義していた。ベルリン新聞誌研究所の「ジャーナリストの再教育」コースではモールの実践が継承されたが、「ジャーナリスト養成教育」は明確に退けられた。このドヴィファット所長の下でミュンスターとその同僚ハンス・トラウプは新しい「公示学」の創出に取りかかった(Straetz 1984 : 18)。

ベルリン新聞誌研究所でミュンスターが取り組んだのは、「ジャーナリスト教育」よりも「読者教育」、とりわけ学校で教材として新聞を利用する教育(今日の NIE = Newspaper in Education)であった。一九二八年ケルンで催された国際新聞博覧会「プレッサ」における「青年と新聞」企画においてミュンスターは国民学校教師マイヴァルトの学生新聞閲読調査に協力し、このテーマに関わることになった。一九二八年の論文「学校での「新聞読本」?」でミュンスターは新聞の活用方法を教えることの必要性は認めているが、新聞の批判的な読み方を教師が学生に教えることには反対していた。なぜなら、「この主張はそもそも読者によって要求されねばならない」ものであり、教師が新聞を選び教材を編集することは「学生の批判能力の洗練」を妨げる、との理由からであった(Münster 1928 : 75f)。その調査を終えた一年後の論文「学校における新聞問題」では、時事教材として新聞を教室で扱う必要性を認めているが、読者の主体性を強調する姿勢は変わらなかった(Münster 1929 : 224)。こうした受け手重視の姿勢は第三帝国期の研究にも一貫するものであり、このことはミュンスターの政治的公示学が単なる「宣伝操作の学知」というよりも、主体的受け手の「合意形成の学知」を目指していたことを示している。その意味でも、ミュンスターにとって新聞学の目的とは記者養成ではなく読者教育であった。

こうした前提に立って、輿論と報道の自由に関する諸理論をまとめたテキスト『新聞の諸問題Ⅰ』(一九二八年)、翌年には新聞の機能とその社会的規定性を論じた『新聞の諸問題Ⅱ』(一九三〇年)を執筆している。こうした教材は『ゲレスにおける自由思想』(一九二八年)と同じく注釈抜きで出典のみ注記した資料集であり、読者の主体的判断を促すよう構成されていた。もちろん、資料の選択・配列によって読者の思考を誘導することが可能であることは言うまでもない。

以上のような受け手中心の視点から、ミュンスターは新聞閲読と青少年の社会化に関する調査に取り組んだ。まずベルリン新聞誌研究所の学生を対象に予備調査を行った上で、一九三一年初旬にドイツ青年同盟全国委員会などの協賛を得て本調査が実施された。三種類の質問票が用意され、第一票は青年同盟に属する一八歳から二〇歳まで約四万人の男女会員に、第二票はプロイセン職業学校教員協会によって一四歳から一八歳まで約三万人の男女生徒に、第三票はブランデンブルク－ベルリン地区の一二歳から一八歳まで約三万人の生徒学生に配布された。また、追試的にヴュルテンブルクやフンスリュックなどの国民学校生徒にも実施された。新聞閲読に加えて、ラジオ聴取についても質問されたこの大規模な社会調査は、当時最先端のメディア接触調査である。

未整理の青年同盟員四万人分を除いた分析結果を、ミュンスターは一九三二年春に『青年と新聞』として刊行した。序論で青年の精神的状況の概観と分析概念の整理が行われ、第一部「青年の新聞閲読の諸前提」として送り手と受け手の両面から分析されている。受け手の側では所持金、自由時間、関心事などが調べられ、新聞閲読と理解力レベル、失業の有無、政党など組織への加入、都市化の進展との相関関係が分析されている。この調査で「青年」とは一二歳から二〇歳までのあらゆる階層の男女を含んでいたが、「新聞」の方は日刊紙に限定されていた。年齢別、性別に異なる接触度や関心テーマが詳細に分析され、青年全般でのスポーツ欄への高い関心度、すでに一二歳からセンセーショナルな報道への欲求があること、一七歳以上で政治欄への関心が上昇すること、女性は一般に新聞を「気晴らし娯楽」と見なしていることなどが実証された。ミュンスターは第三部「科学的に確定された結果のまとめと教育的要請」において、新聞教育によって「学校は成人の思考力と批判的判断力を強める準備施設とならねばならない」と提言している(Münster 1932a : 122-124)。

この青年調査をナチズムに対する思想検閲と糾弾したナチ党員ヴィルヘルム・シュタペルの批判も現れたが(Stapel 1931 : 238)、「新しい、批判的な読者世代の教育、政治的に責任のある公民の教育」

(Münster 1932b：678)というミュンスターの要求がナチズム運動と矛盾するわけではなかった。後にミュンスターは『新聞と政策』(一九三六年)でヒトラーの演説から「新聞は、教育の延長の役目をなしてゐる」との発言を引用している。ヒトラーは新聞読者を「読んだものをすべてその儘信ずる者」「何も信じない者」「読んだものを批判的に吟味し、然る後判断する頭脳の持主」の三つに分類していた。もちろん、無批判な第一群が大半で、判断力のある第三群が最少であること、つまり「智慧が無力であり、多数がすべてを決定する時代の不幸」をヒトラーも批判していたわけだが、「時代の不幸」を自らの運動に利用することにためらいはなかった。その言葉を引用したミュンスターが新聞を「国民教育の手段」と呼ぶ総統に共感を寄せていたこともまちがいない(ミュンステル 1940：45-47)。

新聞学の制度化とナチ化

一九三三年一月三〇日、ヒトラーは首相に就任すると、三月には国民啓蒙宣伝省設置法、九月に帝国文化院法、一〇月にドイツ記者法と、言論と文化をグライヒシャルトゥンク(強制的同一化)する法律を矢継ぎ早に打ち出した。ミュンスターのナチ党入党はこれまで暫定的入党制限の最終日、つまりカール・シュミットやハイデガーの入党日よりは数日早い一九三三年四月二九日とされていた。しかし、新しい研究によればナチ政権成立前の一九三二年には入党していたようだ(Averbeck/Kutsch 2002：61)。

ベルリンのドイツ新聞誌研究所も新聞法制部門の強化など、「国民革命」の時局に対応する改組が行われ、ミュンスターはドヴィファットの下で所長代理に就任した。さらに一九三三年一〇月末にミユンスターは一九三三／三四年冬学期からライプツィヒ大学の新聞誌担当教授、新聞誌研究所所長に任命する旨、ザクセン邦文部省より通達を受けている。異例の政治任用というべきだろう。ライプツィヒ大学はビュッヒャー以来のドイツ新聞研究の拠点であり、一九二一年に哲学部の試験科目、さらに国民経済学の学士試験選択科目にも「新聞誌」が導入され、一九二六年にエーフェルトがドイツ初の新聞誌担当正教授ポストに着任していた。このポストは一九三三年まで新聞誌博士論文審査権を持つ唯一の正教授職だったが、エーフェルトはさらに新聞誌の講座化を目指していた。そのため、教授就任講演「新聞誌と大学」でもヴェーバーの社会学的業績や「新聞の心理学」について言及し、理論の体系化を志していた(Everth 1927 : 17ff)。

しかし、エーフェルトは社会民主党系集会へ参加するなど反ナチズムの政治的傾向を隠さなかったため、一九三三年春に所長を解任され、「健康上の理由」で大学も退職に追い込まれた。五五歳の正教授の後任として着任したのが三三歳のミュンスターである。後任の選考委員会では候補者としてベルリン大学のドヴィファット教授、ミュンヘン大学のデスター教授、さらにナチ党推薦で『民族観察者』外交主筆ヴァルター・シュミットの名も上がっていた。まだ教授資格《ハビリタツィオン》請求論文も未提出だったミュンスターが元上司や学会長を差し置いて抜擢された理由として、ナチ党員の肩書きが効いたことは否定できない。ちなみに、ドヴィファットはカトリックの中央党員だったし、デスターも政治的にはカトリック保守主義者だった。もっとも、選考した哲学部の哲学・歴史学委員会にミュンスターの博士論文を審査したハンス・フライヤーがいたことも大きかった。結局、『青年と新聞』が教授資格論文に相当すると見なされミュンスターの招聘が決まった(Straetz 1986 : 82-87)。

一九三四年五月一七日、三三歳の少壮教授ミュンスターは教授就任講演「確信する意志──新国家における国民指導のゲルマン的特性」を行った。そのタイトルからも明らかなように、ナチズムの信仰告白であり新聞学革新の宣言である。「ドイツ新聞学」は国民指導に不可欠な公示の手段と方法を研究する学問として位置づけられ、その三つの課題が定式化された。第一は宣伝と公報の必要性を理解させる「国民教育的課題」であり、第二の課題として「公示の手段と方法の研究」とそのための社会科学的な「影響研究」が求められた。第三の課題としてようやく「国民社会主義的編集者の養成」が登場する(Münster 1934 : 12–22)。この順序からも、ミュンスター公示学における「受け手」重視の姿勢を読み取ることができる。

一方、一九三三年六月二二日ベルリンでは「ドイツ新聞学同盟」DZVが結成され、『新聞学』をデスターとともに共同編集していたヴァルター・ハイデが総裁に選ばれた。この組織は各大学で結成された新聞学連盟を統合するもので学生やジャーナリストにも門戸が開放され、「ナチ学生同盟」NSDStBや「ナチ大学教員同盟」NSDDBと同格の組織と称していた(Fischer 1933 : 254–256)。第三帝国期を通じてドイツ新聞学同盟に君臨したハイデは国家人民党(DVP)所属の元官僚である。一九二三年、国家人民党首で友人のグスタフ・シュトレーゼマンの首相就任により、ハイデは外務省新聞局の役職につき、同時にハノーファー工科大学でも新聞問題の講義を始めた。一九三二年には共和国政府の統合新聞局内政公報主任を務め、一九三三年一月には同首席参事官になっている。ハイデの政治的思想がヒトラーよりもヒンデンブルク大統領に近かったことはまちがいないが、ナチ政権成立時にワイマール共和国の新聞局を第三帝国の宣伝省第四部(新聞担当)へ改組する作業の責任者となった。その功績によって一九三三年五月、すでに大学を定年退職していたハイデにベルリン工科大学名誉教授の称号が贈られている。一九三五年まで帝国出版院総務委員を務めており、編著や監修と称する著作物の数は少なくないが、精彩を欠く論文を含めその肩書きに相応しい学問業績はない。しかし、宣伝省から新聞学研究のために多額の助成金を引き出し、多くの大学に新聞学講座を新設し、新聞学を大学の主専攻科目に昇格させた政治力は無視できない（Bohrmann/Kutsch 1975：805–808）。

ハイデはデスターと共同編集した『新聞学』を学会政治の武器として十分に利用した。一九三三年第六号には宣伝大臣ゲッベルスの論文「ドイツ新聞界における新組織——ドイツ記者法」、ナチ党新聞局長兼ドイツ新聞協会総裁オットー・ディートリヒの論文「新国家における記者」を巻頭に並べている。本章の冒頭で引用した宣伝相への学会謝辞が掲載されるのは次の第七号であり、『新聞学』も国庫助成金を得て隔月刊から月刊に改められ頁数も大幅に増加していった。

こうした新聞学の制度化によって教科内容や課程の標準化が必要となったが、ハイデはこれを組織統一に利用した。一九三四年六月のドイツ新聞学同盟会議で「新聞誌」を名乗っていた研究所の表記をすべて「新聞学」に改めることを決議している（*ZW.* 1934-7：334）。また各大学でばらばらだった教科内容や研究方法を調整するために、一九三四年新聞学同盟ライプツィヒ会議では研究領域の確定が目指された。新聞学の課題についてミュンヘン大学デスター「新聞学の課題の変遷」、ベルリン大学ドヴィファット「ジャーナリスト養成のためのジャーナリスト補習からの教訓」、ライプツィヒ大学ミュンスター「新聞学とジャーナリスト養成」の基調報告が行われた。この三大学の研究所長にナチ党機関紙『西独観察者』（*Westdeutscher Beobachter*）主筆より一九三四年ケルン国際新聞研究所長に就任したマルティン・シュヴェーベを加えた研究所長会議が催され、ハイデはこの会議に統一教科案作成を付託した（ZW. 1934-7：334-336）。まとめられた教科案は新聞学専攻学生指導者フランツ・A・ジックスに送付された後、宣伝省で審査され一九三五年四月三〇日、この新教科案は帝国文部省の布告により発効した。これにより正式な国家試験科目となった新聞学は、以下の六学期課程で行われた（ZW. 1935-6：288-290）。

一学期「公示学的指導手段」：指導手段全般の心理学と技術。指導手段総体（新聞、雑誌、放送、映画、ポスター、演説、演劇など）の取り扱いとその本質的特徴、個別指導手段相互の区別。

二学期「新聞の歴史」：新聞前史。初期新聞。外国の、また雑誌や他の公示的指導手段からの影響力も含めた近代出版の発展。近代ドイツ新聞の歴史。

三学期「新聞学一（理論的構成と実務）」：精神的、経済的、技術的諸力からなる新聞経営の統一性。記者。発行者。記者とそのアシスタント。素材の入手（独自取材、通信員、通信社）。素材の加工（欄組、文体形式、図版形式）。新聞の経済的基盤（経済的構成、経営学、広告問題）。新聞の編集技術。

四学期「新聞学二（政治的投入と公的影響）」：国家と出版。新聞と環境、つまりあらゆる生活領域との関係。読者。新聞の地位構造（帝国出版院、出版同盟など）。新聞統計学。

五学期「外国の新聞状況」：経済的政治的傾向を特に配慮した世界主要国の重要新聞の歴史と現状、ドイツの現状についての記述の研究。外国のドイツ語新聞。

六学期「A：雑誌論」：ドイツ雑誌の歴史と今日の構造。経済的政治的傾向を特に配慮した外国雑誌の状況。「B：新しい出版法規」：新聞と雑誌に関するドイツ出版法の歴史的発展と現状。外国との比較。

導入部に「公示学的指導手段」を置いたこの教科案は、ミュンスターとドヴィファット、すなわち「公示学派」の意向が強く反映されている。ミュンスターはライプツィヒ大学に着任すると、すぐに映画部門、ラジオ部門を研究所に新設していた。ドヴィファットも論文「新聞誌から一般公示学研究への拡大」(一九三四年)で次のように述べている。

「思想および意志形成のあらゆる指導手段とは、新聞、雑誌、ポスター、映画、ラジオ、大衆行進である。あるいは、それを内面的に純粋で真に一体化した国民を創出するという偉大な目標に奉仕する政治的兵士のようなものだと言ってもよいだろう。つまり、そうした対象を科学的に研究するための実践的運用は統一的であって、対象ごとにバラバラな考察方法や分析方法が用いられることなどあり得ないのである。」(*ZW.* 1934-1 : 17)

新聞など活字媒体を研究の中心に位置づけていたデスターでさえ、一九三三年冬学期からミュンヘン大学新聞学研究所にラジオ、映画、レコード、演劇などの研究班を設けていた。しかし、放送研究、映画研究なども教科案に個別課程として組み込むべきとするミュンスターの主張は採用されなかった。「記者教育」の必要性を説いて新聞学の講座化を推進してきたハイデは、印刷媒体を超えた「受け手研究」へ進もうとする公示学の主張を認めようとはしなかった。ハイデは「公示学」の表記を入れることにも反対したが、宣伝省の組織構成、すなわち第三部(放送)、第四部(新聞)、第五部(映画)、第六部(劇場および美術)の存在を盾にとるミュンスターの主張をまったく無視することもさすがにできなかった。

三、政治公示学の浮上

ミュンスターに指導されたライプツィヒ大学新聞学研究所は、ビュッヒャー以来の「ジャーナリストの実務教育はジャーナリストに任せる」という原則を貫き、公示学の研究調査に重点を置いて運営された点でも異色だった。こうしたミュンスターの方針は、記者教育の制度化を通じて大学内で組織強化を図るハイデなど新聞学会主流派と対立することになった。新聞学と公示学の新旧両派の抗争に触れる前に、第三帝国期ミュンスターの業績のうちディシプリンとしての公示学体系を打ち出した教科書『新聞と政策』、参与観察を導入したメディア接触調査「シェーンベルク農村調査」を簡単に紹介しておきたい。ともに戦後の公示学から今日のコミュニケーション学へと展開する学問史上では画期とみなすべき業績だが、それゆえに当時は学会で守旧派から批判され、戦後は「ナチ遺産」として黙殺されてきた。

『新聞と政策――新聞学入門』(一九三五年)は、同年施行された新聞学の新教科案にそって学問体系を示し、国内外の新聞を具体的に調査分析する枠組みを提示した極めて意欲的な教科書である。「はしがき」で、「今日の新聞学研究学生が教師に投げかける凡ゆる質問に、国民社会主義の基礎から答弁を与へることを特別な使命とした」と述べている(ミュンステル 1940)。この「ナチ新聞学」教本の翻訳に内閣情報部嘱託として関わった小野秀雄は、ドヴィファットの教科書『新聞学』(一九三七年)と比較して次のように評している。

「ナチ新聞学の組織体系につき一言しておきたいことは、理論学と実際学の両方面が渾然融和されたことである、ミュンスターの「新聞学入門」に於ては各章理論を展開しつゝ自然に実際的知識の解説を試み、ドヴイファットの「新聞学」に於ては理論展開を極度に制限して殆んど其大部分が実際的知識と、ナチの精神に基づく新聞記者技巧の解説である。従つて従来の新聞学文献の利用はミュンスターに於て多量である。」(小野 1941a：95f)

確かに、ミュンスターの教本はワイマール期新聞学の成果をまとめたものと言えなくもない。だが、新体制の現実を十分に踏まえており、第一章「基礎付け」でも「新聞の自由」を次のように解説している。

「実に「新聞の自由」なる概念は、多くの場合各人をしてそれ〴〵独特の大胆な夢にひたらしたのである。だがその想像が、実際的な価値規範として一旦利用される段になると、その想像が全く何の役にも立たぬ事が解る。それ故に新聞の自由への叫びがこれ迄に諸国民の間に拡まつてはゐるが、如何なる政治組織も国家の影響から絶対的意味に於ける新聞の自由を嘗て認めた事がなく、他方如何なる国家も国家以外の私的影響から新聞の自由を保護する状態になかつたといふ事を証明する事が、新聞学の第一の課題中に包含せられてゐる。」(ミュンステル 1940：3)

こうした「新聞の自由」の現実を直視した上で、「唯金を得んがために公衆生活に於て働く組織」であるアメリカの新聞社と対比して、第三帝国で新聞社が果たすべき使命を次のように示している。

「国民、国家、指導者の三つが合体して一となり、新聞がこの統一体の表現機関となる第一の場合に於てのみ、新聞は「公益」の代表者、一国民の「輿論」の機関たるの資格を有する事となるのであ

る。」(同前：4)

第二章「公示性の総体的領域における新聞」では、まず公示性の概念がメディア効果論から次のように定義された。

「公示性とは、現に「公的に効果を及ぼしてゐる」か、或ひは公的効果を意図して行はれる表示及びその伝達を意味するに外ならない。或る表示が「公的に効果がある」とは即ち、人間の政治的意見構成及び意見培養に影響を及ぼす効果を得るときさう称せられるのである。」(強調は原文、同前：7)

この公示性の定義により、それまでのドイツ語で一般的に「公法学・国家法学説」の意味で使われたPublizistikは「公示学」、すなわち輿論形成学の意味を付与されることになった。さらに、「人間相互の意志の疎通、感化、論議及び通知」の公的領域を「記号」Zeichen概念の導入によって体系化し、各媒体を「公示学の樹」Baum der Publizistikに位置づけた(図2-2)。触覚的、聴覚的、視覚的、視聴覚的、嗅覚的、味覚的という五感による媒体の分類は、メディアを「人間の身体の拡張」として捉えたマーシャル・マクルーハンのメディア論に三〇年も先行していたと言えなくもない。いずれにせよ、公示的行為を記号付与Zeichengebungに還元することでミュンスターは公示媒体の体系的記述を可能にした(Prakke 1961：81)。このように、記号Zeichenと記号媒体Zeichenträgerを区別した分析は、記号signを記号表現signifiantと記号内容signifiéに別けるソシュールの記号論の発想にも近い。さらに「メディア」の原義を資本主義社会における「広告媒体」と考えるなら、視覚的媒体の頂点に「紙幣」Geldscheineが置かれていることも注目に値するだろう。

第三章「新聞製作に働く要素」では、制作技術と社会環境に左右される新聞が異なる政治状況において如何なる影響を受けるかを具体的に説明している。新聞をとりまく諸力の技術的、精神的、政治的、法的、経済的な影響を「作用要因」とした上で、「新聞読者—新聞製作者—国家」の三要因の相関が特に重要だとしている。なかでもミュンスターは「新聞製作の際の決定的要素」を受け手である新聞読者と見なしていた。

「人をして、或る新聞を読ましたり、或ひは新聞中の或る記事を読むやうに強制する手段はない。

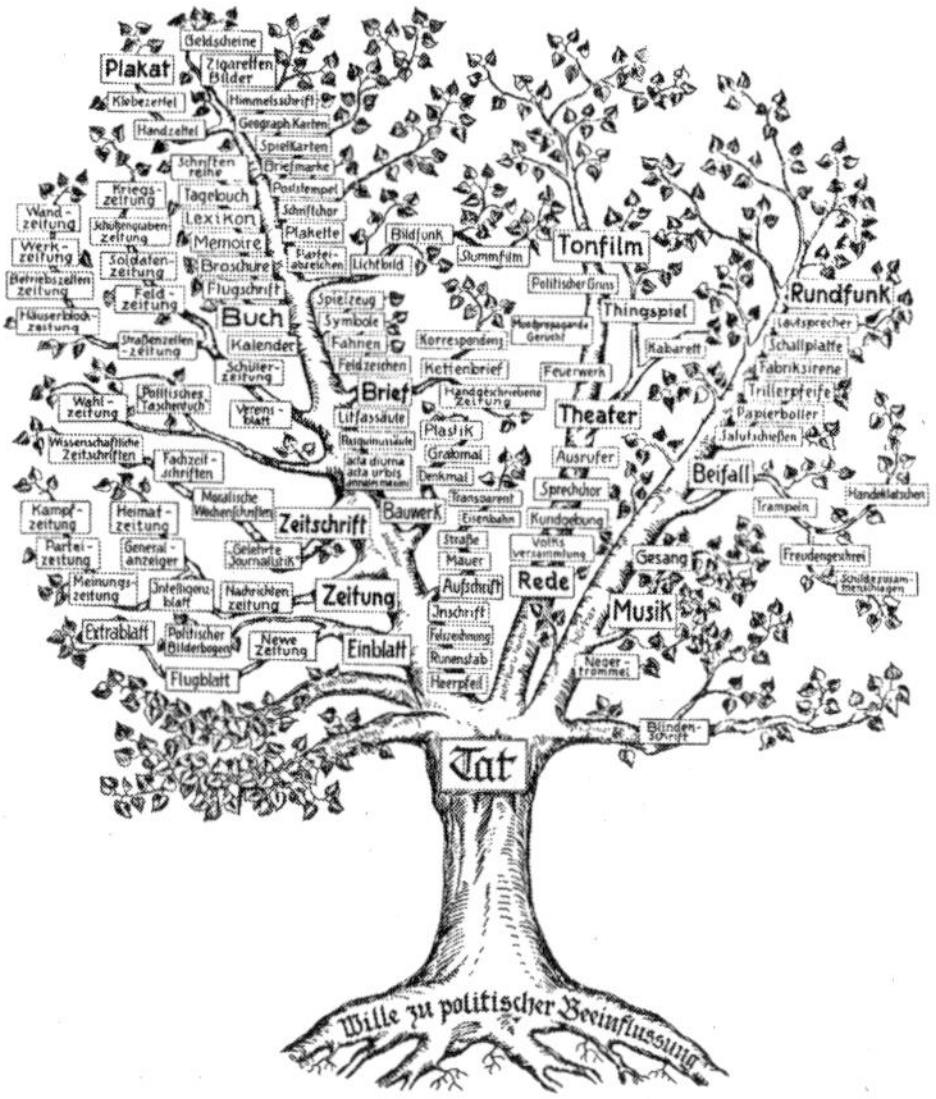

2-2　Baum der Publizistik（Hans A. Münster, *Zeitung und Politik*, Leipzig 1935, S. 11）

人をして新聞を読ましめる最も確実な道は寧ろ新聞の内容及び構成に依って読者を獲得する事である。」(同前：15)

自著『青年と新聞』の調査結果も引用しつつ、読者のさまざまな選択と利用の要因を性別、年齢、性格、理解力、環境生活規範、教養などに別けて分析している。

「新聞は色々な理由から読まれる。即ち好奇心から、娯楽のため、閑暇《ヒマ》潰しのため、習慣から、報道のため、補修的のため、或ひは啓蒙に資せんがため等、然しこれ等の理由は蓋し一般的に観て当を得てゐるであらう。だが新聞読者の群を作り、数的に各々の群にどれ程の人々が所属すべきかを確定せんとする事は蓋し無駄であらう。何故ならば始終同じ理由から読む人はないからである。」(同前：37)

同時代のアメリカで始まっていた「利用と満足」研究の知見とも一致している。つまり、ミュンスターの公示学においてグライヒシャルトゥングを定義するならば、国家による強制的同一化ではなく、あくまでも読者の主体的同一化ということになる。

こうした「作用要因の理論」も思弁的に提示されただけならワイマール期の新聞学を推し進めたに過ぎないとも言えるが、ミュンスターはその科学的実証を求めて自ら受け手調査に乗り出した。これが一九三七年夏の「シェーンベルク農村調査」(Münster 1938：26f)である。

フォークトラント地方バート・ブランバッハのチェコ国境にある小村シェーンベルクが調査地に選ばれた。ミュンスターはウィーン大学講師パウル・ラザースフェルトの『マリエンタールの失業者』(一九三三年)の質的調査法を高く評価していた。この研究で注目されたラザースフェルトは一九三三年九月にロックフェラー財団から研究奨学金を与えられて渡米したが、ユダヤ系のため帰国せず、アメリカにおけるマス・コミュニケーション学の確立に巨大な足跡を残した。ミュンスターが農村調査を始める前年から、ラザースフェルド(以後、ポール・ラザースフェルドと英語表記する)はプリンストン大学にロックフェラー財団が設立したラジオ調査研究室に招かれていた。

ミュンスターはシェーンベルクの村民三〇九人中の成人二二八人に対し、従来のアンケート法と併せて参与観察による直接質問法を採用している。調査目的は、新聞雑誌、書籍やラジオ、映画など個別のメディアが「情報伝達と国民啓蒙の手段」として村落でいかなる役割を演じているかを明らかにすることにあった。六つの学生班が組織され、一九三七年夏の二週間にわたり滞在調査が実施された。質問の回答は個人別カードに記入され、そのデータは一九三八年夏学期のゼミで「ザクセンとチェコスロバキアの国境地帯の公示的問題」として検討された。成人村民の四分の一が新聞を購入し、全住民の三分の一以上がその読者層に含まれた。ラジオは九割の住民が聞いており、ほとんど全ての家屋にラジオ装置があった。この結果は「国境の村における新聞学的抜取調査――シェーンベルクの公示的状況」として一九三八年のドイツ学生職能コンクールにライプツィヒ新聞学研究所の学生研究として提出され最優秀賞を獲得した。また、ラジオ聴取調査の分析も一九三八年ベルリンのラジオ展覧会で公開されている(Münster 1940：48)。

この調査の実際的な意義は、それまでドイツで使われてきた「新聞普及度」Zeitungsdichte の概念を再定義したことである。新聞普及度は該当地域で発行される全日刊紙の平均発行部数の総和と住民数の比率から推定されていたが、地元発行紙のないシェーンベルクの調査は、「受け手側からの分析」の必要性を突きつけた。また、「新聞購読率」(部数／収入ある住民)と「新聞閲読率」(部数／六歳以下の子供を除く読書可能な住民)の違いを峻別し、新聞普及度には環境要因(地理的、交通的要因など)や分布のばらつきを考慮すべきことも提起している。さらに、カッツ&ラザースフェルドの提唱で知られる「コミュニケーション二段階の流れ」仮説と同様に、地域のオピニオンリーダーの役割についても触れられていた。ミュンスターはさらに大規模な実証研究を提案していたが、第二次世界大戦勃発のため実現しなかった。しかし、この調査を出発点としてミュンスターの指導でアルフレート・シユミット『村落の公示学』(一九三九年)など優れたメディア接触調査の博士論文が書かれている。とは言え、ミュンスターの実証研究をその学問的水準のみで評価することはできない。ミュンスターはライプツィヒ大学南東ヨーロッパ研究所所長を兼職しており(Kutsch 1985 : 359)、一九三七年「シェーンベルク農村調査」は明らかにズデーテン問題を意識して行われていた。また、戦時中の一九四三年、ロルフ・フレーナーに与えた博士論文の課題「スロバキアにおける民族混住村落での公示的状況と社会構造」ではドイツ占領政策への貢献がいっそう明白に読み取れる(Straetz 1984 : 54f)。こうした政策課題の解決を目指した研究テーマ設定は、第三帝国成立直後の論文「新国家における新聞と新聞学」で輿論研究こそ新聞学の中心的テーマであると宣言して以来、ミュンスターにおいては終始一貫していた(Münster 1933 : 273)。

以上のような調査研究の成果は、理論的には『公示学——人間・手段・方法』(一九三九年)にまとめられた。「新聞学」の名称を意識的に取り除いたこの著作では、事実の伝達者である「ジャーナリスト」と思想の伝達者である「プブリツィスト」が峻別され、第三帝国の記者はプブリツィストたるべきと主張している(Münster 1939 : 35f)。この「政治的公示学」の観点から、受け手の状況、目的に応じた最適なメディア利用が検討され、ラジオと印刷物と映画の相関関係も論じられている。ここにおいて、ミュンスターはジャーナリスト養成を目的とする活字媒体中心の「新聞学」の古いディシプリンから完全に脱していた。研究対象をラジオや映画にも拡大した公示学の構想は既に一九二〇年代後半から唱えられていたが(Jaeger 1926, Traub 1933)、それはまだ机上のプランに過ぎなかった。その構想を体系化し、その有効性の実証を試みた研究者こそ、第三帝国期のミュンスターだった。

四、戦前「新聞学」から戦後「公示学」へ

しかし、こうしたミュンスターの公示学の前には、長年の悲願だった新聞学の講座化を実現したハイデなど新聞学同盟主流派が立ちはだかっていた。宣伝省第四部やナチ党新聞局に影響力を持つハイデは、ナチ学生同盟とも連携して各大学の新聞学科を統制しようとした。一九三五年、新聞学同盟ハイデルベルク会議では、「全体に目配りしつつドイツの新聞雑誌《プレッセ》に貢献するディシプリンを保持せねばならない」(ZW. 1935-6 : 293)との基本方針が採択され、公示学派への反撃がはじまった。翌一九三六年の同ベルリン会議でハイデは、映画と放送の研究が出版を中心領域とする新聞学のディシプリンに危機をもたらしていると訴えた。その結果、一九三六年冬学期から各大学研究所の放送と映画の部門を解体し、そうした「周辺領域」を扱った博士論文を原則的に認めないことが決定された(ZW. 1936-12 : 624f)。このためミュンスターは映画部門の資料を新たに創った「文化政策と出版」部門に移管し、放送部門の関係資料を学生の管理に委ねることを余儀なくされた(Münster 1937 : 17)。ハイデによって新聞学同盟総務委員に任命されていたナチ学生同盟新聞学指導者カール・クルトは各大学の新聞学学生組織に対しても、こうした「ニューメディア」の研究を抑止するよう働きかけた(Kutsch 1981 : 399)。一九三七年の同ケーニヒスベルク会議ではハイデはより明確に新聞雑誌を中心対象とする新聞学ディシプリンを提示している。「我々は新聞雑誌から始めたし、新聞雑誌にとどまり続ける」(ZW. 1937-7 : 498)。このスローガンは、次のように含意をくんで理解すべきであろう。新

聞学は新聞社、出版社の協力支援でこれまで運営されてきたし、今後もジャーナリスト教育の学科としてやっていけるのだ、と。この新方針をもって各大学に赴いた総務委員クルトに説得され、各大学の新聞学連盟はその受け入れを表明したが、ミュンスターのライプツィヒ大学新聞学連盟はこれを黙殺した（*ZW*. 1938-1：79）。こうした抵抗が出来たのも、ミュンスターが新聞学会の有力会員の中で最も早くナチ党に入党した「模範」党員であったためだろう。ちなみに、ハイデのナチ党入党は一九三七年一二月である。また、ライプツィヒ大学内ではフライヤーをはじめ有力教授に支持された哲学部学部長であり、学生とも調査研究を通じて交流がありナチ学生同盟から支持されていたことも大きい。

これに対して、ハイデは宣伝省を通じてライプツィヒ大学新聞学研究所に「教育・研究領域を出版分野に即時制限しないなら、助成金三〇〇〇マルクを停止する」と圧力をかけた。すでに一九三七／三八年期の宣伝省研究助成金でもベルリン大学の一万マルク、ミュンヘン大学の七二〇〇マルク、ハイデルベルク大学の三六〇〇マルクに次ぐ第四位とライプツィヒ大学は冷遇されていた（Kutsch 1988：366, 635）。また、同期のドイツ新聞出版社同盟の助成金からもライプツィヒ大学は外された（Puder 1983：89）。それでもミュンスターが屈しないとわかると、ハイデはさらにミュンスターの公示学研究を批判する論文を若手に執筆させている。新聞学同盟総務委員クルトと委員代理ホルマンの共著『新聞学への突破』（一九三八年）ではミュンスターの「公示学の樹」を「学問的に耐えない」概念提示として批判し、「シェーンベルク農村調査」の経験的手法を非難している（Kurth/Hollmann 1938：11-12）。さらにクルトは『新聞学』掲載の二論文「新聞学か読者社会学か？」「公示学批判」で、個別の事例をいくら集めても代表的なものにはならないとして、実証研究による受け手分析の意義を否定している(Kurth 1938a : 1938b)。こうした批判論文を読めば、むしろミュンスターの研究水準が当時の新聞学会のそれと比べてどれほど高かったかが確認できる。ミュンスターはクルトの批判内容よりもクルトが自分の教え子であり、かつて助手に採用した人物であったことを無念に思ったはずである。

ミュンスターは、これに反論せず調査研究や公示学的概念を使った博士論文の指導を続けていた。その成果は「ライプツィヒ公示学研究論叢」として次々と公刊された。『公示学の本質と効果』(*Wesen und Wirkungen der Publizistik*, Leipzig 1934-37)、『政治公示学の形態と現象』(*Gestalten und Erscheinungen der politischen Publizistik*, Leipzig 1934-37)、『公示学研究紀要』(*Leipziger Beiträge zur Erforschung der Publizistik*, Dresden 1939-42)である。こうした研究成果の刊行とともに、公示学派から守旧派に対する反転攻勢も準備されていた。反撃の烽火はナチ学生同盟科学専門教育局新聞学部長に就任したカール・ラウが一九三八年二月末にライプツィヒ大学で行った講演である。

「帝国学生同盟指導部新聞学部は国民社会主義的大学の利益のために狭い専門領域の限定をすべて拒否し、学生研究共同体において公示的指導の視野の広い観点であらゆる公示的手段(出版物、映画、ラジオ)の科学的研究を遂行させる。」(Rau 1938 : 12f)

この演説はミュンスターの講演「新聞学と公示学」とともにナチ学生同盟科学専門教育局によって印刷、配布された。もともと、新聞雑誌への研究対象制限は大学の研究に実のところ大きな期待を抱かなかった宣伝省第四部長(新聞担当)マックス・アマンやナチ党新聞部長オットー・ディートリヒから出された要求でもあった(ZW. 1937-11 : 762-764)。しかし、宣伝省やナチ党でも部局間で所轄範囲の競合や権力闘争が繰り広げられており、新聞学に対する公式見解が省や党のレベルで示されていたわけではなかった(Straetz 1984 : 68–70)。一九三七年宣伝省第三部長(放送担当)に就任したハンス・クリークラーが翌三八年二月の演説で独立した科学的な放送研究の必要について述べると、ミュンスターは即座に反応した。電報でライプツィヒ大学での放送研究の実績を伝え、さらに書簡で放送研究が新聞学の周辺領域とされてはならないと、政治公示学の持論を展開した。また、宣伝省助成金による放送研究の寄附講座をクリークラーに申し込み、一九四〇年九月よりライプツィヒ大学で放送研究の講義を開始した。ドヴィファットもこれに同調し、ベルリン大学も放送研究の寄付講座を受け入れた(Kutsch 1988 : 58, 378)。

一九四一年一一月のライプツィヒ大学新聞学研究所設立二五周年祭は、あたかもミュンスターを中心にした政治公示学派の旗揚げ式の様相を呈した。ベルリン大学からはドヴィファットと外国学部講師クルト・ヴァルツ、ミュンヘン大学のデスター門下からはナチ大学教員同盟新聞局長ゲルハルト・バウマン、ミュンスター大学研究所長フーバート・マックス、ライプツィヒ商科大学教授ゲルハルト・メンツなど経験的社会科学を標榜するメディア研究者が集まった。一方、ハイデは情勢の変化を読み取り、組織運営の指導者原理を放棄して一九四二年五月に新聞学同盟大学教員総会をウィーンに召集した(ZW. 1942-6 : 307)。一九三四年以来じつに八年ぶりの総会開催であり、公示学派との妥協が計られた。

この対立は新聞学と公示学の方法論的論争のかたちをとっていたが、その本質はいずれの学問がナチ体制により貢献できるかをめぐって闘われた保守派と革新派の権力闘争でもあった。それゆえ、宣伝省あるいはナチ党から妥協を促す圧力がかかれば、それに応じないわけにはいかなかった。ミュンスターとクルトの二人がハイデに依頼されて取りまとめた統一的ディシプリンは次のようなものであった。

「新聞学は全出版物 gesamte Presse、ならびに情報公示学 Nachrichtenpublizistik に関する研究教育にたずさわる。情報公示とはあらゆる表現形式での情報の発信である。」(ZW. 1942-6 : 307)

「新聞学」の名は残り、クルトの要求で公示学の前に「情報」Nachricht が加えられているが、「あらゆる表現形式」と明記されており、映画や放送の研究への道は再び開かれた。こうして妥協は成立したが、公示学派はその後も会合を重ね、やがてその要求は一九四四年ナチ大学教員同盟内に「政治公示学と宣伝」部会の設立として結実する。この部会を拠点として「新聞学」の改革を唱え、宣伝省や外務省から支持を得るため、政治的宣伝、ラジオ放送、戦争責任問題をこの部会の研究テーマとして取り上げた。部会代表となったクルト・ヴァルツは独自の学会誌を発行することを計画し、ゲッベルスにも接近した。一九四四年ナチ大学教員同盟指導部の更迭にともない、ミュンスター自身が「政治公示学と宣伝」部会長になると、部会名称は「公示学」と改称された(Straetz 1984 : 74f)。ここに、戦後ドイツの「公示学」は出発したといわねばならない。

確かに公示学派の影響研究、受け手研究はナチ体制の支配に役立つ目的で行われたものである。だが、それはアメリカで戦争動員のために組織化されたマス・コミュニケーション研究とどれほどの違いがあるだろうか(本書第三章第二節参照)。その研究成果を適用すべき政治目標が入れ替わっただけではないのか。戦後、政治公示学派のうち、あるものは自由主義者になり、またあるものは共産主義者になっている。ミュンスターの下で雑誌研究部門の講師を務めたゲルハルト・メンツはソビエト占領地区のライプツィヒにとどまり、カール・マルクス大学(旧・ライプツィヒ大学)で公示学研究所の初代所長をつとめた(Jüttemeier/Otto 1988：22)。

メディア学の成立神話

「第三帝国崩壊は同時にミュンスターの輝かしい新聞学のキャリアの終焉を意味した」(Straetz 1984：78)。だが、第三帝国の敗北はドイツ「公示学」のアメリカ「マス・コミュニケーション学」に対する敗北だったと言えるだろうか。

新聞学同盟総裁ハイデは一九四五年一一月二九日ベルリン郊外でソビエト軍に捕まった後、消息を断った(Hachmeister 1986：61)。ドイツ新聞学における「戦犯容疑」の体現者の失踪である。

だが、戦後民主主義的な公示学の発展のためには、「ナチ公示学」の指導者ミュンスターこそ、目立ってはならない存在であった。第三帝国期に各大学で講座化された新聞学は、やがてミュンスターの研究が忘れられたころ、アメリカのマス・コミュニケーション研究を「新たに」取り入れて、公示学を正式に名乗った。そのため長らく第三帝国期の実証研究は意図的に亡却され、公示学の起源は必ずワイマール期のなお観念的な公示学にまで引き戻されていた。しかも、多くの場合その功績はミュンスターではなく、ベルリン新聞誌研究所時代の同僚ハンス・トラウプのものとされた。ミュンスターとトラウプは同い年生まれで、同じように第一次世界大戦後に反革命義勇軍兵士となり、同じように熱烈な国民社会主義者になった。しかし、トラウプは母方がユダヤ系であったため一九三七年のニュルンベルク法で大学の教壇を追われ、その後はウーファ映画研究所で働き、一九四三年にベルリンで病死している。ミュンスターほど第三帝国で華々しい活動をしなかったことが、学問史上では幸いしたのだろう。一方で、「ナチの政治目的を狂信的に守ったミュンスターの科学的公示学は、ライプツィヒを超えて何らかの意義を持ったわけではない」(Bohrmann 1986 : 108)とミュンスターの過小評価は続いてきた。

皮肉なことだが、公示学にとって第三帝国の崩壊はむしろ都合のよい環境をもたらしていた。すでに大学内で正規の学科となった新聞学(公示学)は、政府広報部局や新聞出版社に直接的に財源を依存する必要はなくなっていた。ミュンスターの唱えた映画や放送を含む公示学の総領域がハイデなど新聞学会主流派に受け入れられなかった背景には、宣伝省第四部、ナチ党新聞局はもちろん出版社、編集者団体などとのしがらみが存在していた。新聞業界にとって、ニュース映画もラジオ放送も当面の商売がたきであった。また、ビラやデモ、建築までも「公示的記号媒体」として取り扱うミュンスターの公示学は、新聞記者の社会的威信を高めてくれる学問ともいえなかった。だが、「ドイツ記者法」体制の瓦解とともにドイツ新聞業界も「零年」を迎えたため、もはや新聞学の研究領域の拡大に何らの制約もなくなっていた。旧世代のデスターやオットー・グロートは「新聞」概念を広義にとらえ、現代のあらゆる社会的コミュニケーション手段を組み込んで「新聞学」の名称を維持する道を選んだが、戦後の主流はマスメディアが公共圏で果す公示的プロセスの研究を主張したヴァルター・ハーゲマンの「公示科学」Publizistikwissenschaft に向かった。ミュンスター大学新聞学(のち公示学と改称)研究所所長のハーゲマンは、一九五六年にベルリン大学のドヴィファットと共同で『新聞学』の後継誌『公示学』(*Publizistik*)を創刊している。

こうしてミュンスターの政治公示学から「政治」を取り去った戦後の公示学は、「公共的コミュニケーションの科学」を掲げることで民主主義との適合を図ってきた。だが、民主主義社会においてこそ政治教育は公共的コミュニケーションと不可分なはずである。戦後、第三帝国期のミュンスターの政治公示学は無視されるか、あるいは「政治」の枠に狭く限定されていたと批判的に言及されるにとどまった(Hagemann 1966 : 17)。その「遺産」に研究者の目が向かうのは、戦後西ドイツの公示学(コミュニケーション学)の学問的アイデンティティが問われるようになる一九八〇年代以降のことである。もはや第三帝国時代の展開を無視して戦後の政策科学の発展を語ることはできなくなっていたのである。

極東の同盟国、日本においてもそれは同様であろう。ミュンスターを高く評価した東京大学新聞研究室主任・小野秀雄は、ミュンスター『青年と新聞』も参照しつつ一九三七年には「本学学生の新聞閲読の調査」「壮丁新聞閲読調査」を、一九四一年には「中学校生徒新聞閲読調査」を実施している(東京帝国大学文学部新聞研究室 1937 : 6, 1942 : 3f)。こうした戦時下の調査研究は、戦後のマス・コミュニケーション調査とはたして無関係なのであろうか。だが、幸か不幸か我が国の新聞学は戦時動員体制に大きく貢献したとはいえない。ドイツの政治公示学の受容は戦争激化にともない中断し、内閣情報部で小野が主張した積極的な「輿論指導」ではなく、より消極的な「情報統制」のみが強化された。小野の下で東京帝国大学新聞研究室研究員としてドイツ新聞学を研究した小山栄三も『新聞学』(一九三五年)、『戦時宣伝論』(一九四二年)を残しているが、戦時下ではナチ新聞学の理論を深めるよりも『民族と文化の諸問題』(一九四二年)、『南方建設と民族人口政策』(一九四四年)などに力を注いでいた。

果たして、敗色濃い一九四四年に「戦争責任と宣伝」について研究を続けたミュンスターと日本の新聞学者は比較できるのだろうか。

小野は戦後新設された東京大学新聞研究所の初代所長になり、小山も立教大学教授としてＧＨＱの世論調査に協力し、国立世論調査所で初代所長を勤めた(本書第四章、第六章参照)。ミュンスターは敗戦後アメリカ軍占領地に脱出し、一九五〇年にミュンヘン広告学研究所教授に招聘され、「広告学」確立のために活動した。『公示学』の創刊にもミュンスターは広告部門の専門委員として参加している(Münster 1956 : 78-84)。彼が戦後書いた『近代新聞――ドイツ編』(一九五五年)、『近代新聞――外国編』(一九五六年)も良く出来た教科書として版を重ねた(Münster 1955/56)。

確信的なナチ党員だったミュンスターは、同じく確信的な自由主義者としてヨーロッパ市場統合を目指す著作『市場調査入門』(一九五七年)、『ヨーロッパ市場における広告と販売』(一九六〇年)、『出版――広告における切り札』(一九六二年)を残して一九六三年に亡くなっている(Münster 1957, 1960, 1962)。ミュンスターの助手を務めたゲルハルト・シュタルケは戦後、北ドイツ放送局の総局長となり、一九六六年シュプリンガー・コンツェルンの『ディ・ヴェルト』編集長に就任した(Hachmeister 1986 : 61)。ハイデ派に寝返った教え子のカール・クルトは西ドイツ国防省の新聞・情報本部「外国新聞」担当官を務めた後、一九七三年年金生活に入った(同前)。

ちなみに、新聞学者のうち第三帝国で異色な出世をしたのは初代ナチ学生同盟新聞学指導者フランツ・Ａ・ジックスである。一九三八年ケーニヒスベルク大学新聞研究所所長になり、翌一九三九年帝国治安本部の設置に加わった。ラインハルト・ハイドリヒの幕僚としてポーランド戦に参加し、一九四一年親衛隊上級指揮官、一九四二年外務省文化政治部長、終戦時は武装親衛隊旅団長であった。ニュルンベルク裁判では禁固二〇年の判決がジックスに下るが、一九五二年に釈放され、ポルシェ社に入り広告部門を担当した(Urban/Herpolsheimer 1984：172f)。

ミュンスターは、ナチズムにおける「近代性」あるいは「科学性」を体現した人物であったといえるだろう。むろん「科学的」なナチならよい、と言うわけではない。むしろ、「神懸かり的」なナチを揶揄し糾弾する一方で、「科学的」なナチについて口を閉ざしてきた戦後の学問史に問題はなかったのか。

街頭のスキンヘッドやネオ・ナチよりも、近代的かつ科学的なナチズムこそ、現代に通底するナチズムなのではなかろうか。

後記

初出の一九九三年時点と比べて、ドイツでの「ナチ新聞学」研究は急速に進展した。次章で扱う二〇〇二年の「ノエル＝ノイマン論争」も直接影響しているはずである。

執筆当時、東京大学社会情報研究所の助手だった私には、ハイデのような「学会政治家」こそまず否定されるべき存在に見えた。また私自身が歴史研究からメディア研究に軸足を移そうとしていた時期でもあり、「新世代の政治公示学者」ミュンスターへの高い評価に比べて、「旧世代の新聞史学者」デスターへの評価は厳しくなっている。だが現在の立ち位置からは別の光景も見えるような気がしている。それゆえ、同じテーマで現在執筆すると扱う資料はかなり変化するはずだ。それゆえ、本章は史料的な加筆はせず、学術論文の旧文体をなるべく読みやすくすることに努めた。いずれにせよ、ナチズムにおける「近代性」「科学性」を見つめようとした当時の問題意識はいまも基本的に変らない。

今後、このテーマを研究する研究者の必読図書のみ紹介しておきたい。ワイマール期以降のドイツ新聞学の発展については、Stefanie Averbeck, *Kommunikation als Prozess. Soziologische Perspektiven in der Zeitungswissenschaft 1927-1934*, Münster 1999 が最も包括的である。また、ドイツ新聞学者の経歴や業績などについては、Michael Meyen, Thomas Wiedemann (Hrsg.): *Biografisches Lexikon der Kommunikationswissenschaft*, Köln 2013 が便利である。論文の最後で言及したナチ学生同盟新聞学指導者フランツ・A・ジックスについては、第三章で論じたが、評伝研究としては Lutz Hachmeister, *Der Gegnerforscher. Die Karriere des SS-Führers Franz Alfred Six*, 1998 がいまも基本文献である。なお、本稿で対比的に論じた戦前の東京帝国大学文学部新聞研究室については、吉見俊哉「東京帝大新聞研究室と初期新聞学的知の形成をめぐって」『東京大学社会情報研究所紀要』第五八号(一九九九年)が出ている。

第三章　世論調査とＰＲ——民主的学知の〝ナチ遺産〟

一、協力と継続と沈黙と

「新聞学と比較できる規模の学問分野で、これほど深くホロコーストに関与したものは他に存在しない。」(Stöber 2002 : 101)

二〇〇二年一月にドルトムントで開催されたシンポジウム「新聞学から公示学へ——連続と変革」で、ケルン大学で新聞学史を講じるルッツ・ハッハマイスター教授はこう総括している。だが、ドイツの学会で「メディア学のナチ遺産」論争が勃発したのは、ホロコーストから半世紀以上も経過した二〇〇一年のことである。

そもそも大学や学者の戦争責任の追及は、一九八〇年代に直接の残虐行為や兵器開発に加担した医学者、化学者から始まり、やがてナチ権力を正当化した法学者、教育学者など社会科学系実学に及び、一九九〇年代になって文芸学や歴史学など人文学の領域でも「ナチ遺産の相続人」論争が始まっていた。一九九四年には左翼リベラルのドイツ文学者として知られアーヘン工科大学学長までつとめたハンス・シュヴェーテが実は親衛隊大尉ハンス・Ｅ・シュナイダーだったことが露見してスキャンダルとなった(König/Kuhlmann/Schwabe 1997、レゲヴィー 2004)。また、一九九七年のドイツ歴史家大会では戦後の「進歩的」社会史をリードしたテオドア・シーダー、ヴェルナー・コンツェが第三帝国で行った「東方研究」が厳しく糾弾されている(シェットラー編 2001)。

前章で見たように、新聞学―公示学は「宣伝国家」第三帝国において最も体制から恩恵を受けた学問の一つであった。それなのに、なぜ二一世紀になるまで責任追及は行われていなかったのか。最大の理由は、この学問が戦後はアメリカ輸入のマス・コミュニケーション研究として「民主主義的科学」を装ったためである。確かに、この学問は何度も名前を変えてきた。一九世紀末の大学に新聞誌Zeitungskundeとして登場し、第一次世界大戦後に新聞学Zeitungswissenschaftとして組織化され、映画や放送の発展にともない公示学Publizistikを名乗り、情報社会化の進展にともない現在ではコミュニケーション学KommunikationswissenschaftやメディアMedienwissenschaftも併用されている。この学問分野にとって第三帝国時代とは、戦前の新聞学から戦後の公示学への発展期にほかならない。

こうした学説史における「過去への沈黙」を破ったのは、公示学＝コミュニケーション学会の公式機関紙『AVISO』に掲載されたドルトムント大学教授ホルスト・ペットカー「協力、継続、沈黙――ドイツにおけるコミュニケーション学のナチ遺産について」(二〇〇一年)であった。同年五月ミュンスターで開催された学会年次大会では、パネル討議「過ぎ去らない過去」が行われた。この論争は通常「ノエル＝ノイマン論争」と呼ばれている(Pöttker 2001a : 4-7)。

戦後ドイツのコミュニケーション学がアメリカ産の「輸入学問」であるという主張にとって、エリザベート・ノエル＝ノイマン(一九一六―二〇一〇年)はキーパーソンである。彼女(以下、第三帝国期の旧姓ノエルで略記)は、戦後ドイツを代表する世論研究者であった。否、長らく専門分野を超えて国際的な知名度を誇る唯一のドイツ人コミュニケーション学者だったというべきだろう。一九四七年、欧州屈指の世論調査機関アレンスバッハ世論調査研究所を設立者した後、マインツ大学新聞研究所教授、国際世論調査協会会長ほか数多くの役職を歴任した。その主著『沈黙の螺旋理論』(初版一九八〇年)は、実証研究を踏まえてメディアと世論形成の関係を理論化した名著として、英語、日本語をはじめ各国語に翻訳されている。「沈黙の螺旋」理論とは、次のように要約できる。

メディアが特定の見解を優勢と報じると、それと異なる少数意見をもつ人々の沈黙を生み、その沈黙がメディアの言説の正当性をさらに裏づけ、社会的孤立を恐れる人々は勝ち馬を追うようにその見解にとびつく。こうして螺旋状の自己増殖プロセスが生まれ、圧倒的に優勢な世論が生み出されていく。

これは「ファシスト的公共性」における世論形成プロセスを説明する理論と言っても過言ではない。この理論は一体、どのような知的背景から生まれたのであろうか。

それにしても、『沈黙の螺旋理論』は学術書としては奇妙なことに、原著にも訳書解説にも、著者の生年、学歴や戦前の職歴について一切言及がない(Noelle-Neumann 1980, ノエル=ノイマン 1997)。また同書は一九六五年のドイツ連邦議会選挙の調査から書き起こされているが、古代ギリシャからフランス革命までさまざまな時代と地域の事例を取り上げている。だが、多くの一般読者がこの理論から連想するのは、第三帝国下の国民投票ではないだろうか。本来であればもっとも相応しい考察対象であるナチ党支持や反ユダヤ主義の世論を取り上げないのはなぜだろうか。もっとも同書でナチズム関連の言及は二箇所だけだが存在する。一つ目は、群集心理を扱った第一二章「バスティーユの襲撃」にある。その群衆の本能的行動が引き出される様子を「ナチス・ドイツの宣伝相ゲッベルスがスタディアムを埋め尽くした大観衆に「全面戦争を欲するか」とラリーで応酬させ、彼らを動員していった手口」になぞらえて記述している(ノエル＝ノイマン 1997：129f)。二つ目は、第一五章「法と世論」で一九八〇年代西ドイツの人工妊娠中絶論争を扱った際、カトリック教会の枢機卿が人工中絶を「アウシュビッツ強制収容所の大量殺人にも匹敵する」と語った新聞記事が引用されている(同前：144)。しかし、同書の人名索引にキケロやゲーテはあってもゲッベルスはなく、もちろん事項索引にアウシュヴィッツはない。ナチ時代への沈黙こそがこの理論の出自を雄弁に語っているのではあるまいか。

ノエルはナチ体制下のベルリン大学でエミール・ドヴィファットに新聞学を学び、一九三七年に第三帝国からの公費留学生として渡米し、ミズーリ大学ジャーナリズム学部で世論調査を研究した。一九三八年に帰国すると、博士論文『政治と新聞に関するアメリカの大衆調査』(一九四〇年)を上梓し、その後は夫となるエーリヒ・ペーター・ノイマンとともにナチ党機関紙『帝国』(*Das Reich*)の記者として活躍した。

とはいえ、こうした経歴を知らなくても『沈黙の螺旋理論』に一九一六年生まれの女学生ノエルがワイマール共和国末期に目撃したファシスト的公共性のイメージを読み取ることはできる。たとえば、ノエルの「褐色の過去」をまったく知らなかった私自身も、博士論文『大衆宣伝の神話——マルクスからヒトラーへのメディア史』(一九九二年)でナチ党の「鉤十字」に対して「三本矢」を掲げてシンボル闘争を展開した社会民主党右派の宣伝理論を分析する際、「沈黙の螺旋理論」を次のような文脈で引用している。

「たとえバンド・ワゴン効果の大衆動員であったとしても、「シンボル闘争」はナチ党のテロによる「沈黙の螺旋」を打ち破り共和国支持の世論を形成する手段として必要であった、と論じることも可能なはずである。E・ノエル－ノイマンは世論形成過程のモデルとして「沈黙の螺旋」を次のように説明している。勝利の信念、つまり「神話」をもって語られた雄弁は異なる見解を持つ者の沈黙を生み、その沈黙はさらにその雄弁に拍車をかけるという螺旋状の自己増幅プロセスの中で、ついには特定の見解だけが公共圏を支配する。それ以外の見解を支持する者が沈黙したまま公共圏から消失すると、集団から相対的に孤立した人々や政治的無関心層は自分が社会的に孤立することへの恐怖から、群れとなり勝ち馬を追う「雪崩現象」を生み出す。実際、西ドイツの代表的な政治史家ブラッハーは名著『ワイマール共和国の崩壊』において「民主主義を防衛するための毅然とした意思を、さしあたりは優勢であった暴力行為に抗してでも表明し、それを持続的に示威すること」が重要であった、と民主主義勢力の消極性を批判している。」（佐藤 1992＝2014c：405f）

つまり、「沈黙の螺旋理論」がナチ世論の形成プロセス、つまりファシスト的公共性の体験と不可分であることは、ノエルの詳細な経歴と思想信条を知らなくてもドイツ史の基本知識があれば容易に想起できたわけである。また、このメディア強力効果理論に対しては、少数者が発する声の影響力を過小評価しているという学問的批判もあるが、ノエル自身が戦前―戦後を通じて多数派の側に身を置いて世論を分析していたであろうことは同書を一読すれば気づくはずである。実際、彼女は第三帝国のエリート記者であり、戦後は一貫してキリスト教民主同盟ＣＤＵを支持する保守派だった。

もちろん、すでにノエルの第三帝国期の記者活動についてはノルベルト・フライ／ヨハネス・シュミッツ『ヒトラー独裁下のジャーナリストたち』（一九八九年）で言及されていたし（フライ／シュミッツ 1996：303）、ユダヤ系ジャーナリズムではレオ・ボガートによりノエルのナチ時代の反ユダヤ言説も暴かれていた（Bogart 1991：47-49）。

しかし、彼女の世論研究がナチ体制に由来していると最初に告発したのは、クリストファー・シンプソン「エリザベート・ノエル-ノイマンの〝沈黙の螺旋〟とコミュニケーション理論の歴史的文脈」（一九九六年）である。『沈黙の螺旋理論』には公共空間での実験のためにノエルが開発した「列車テスト」が紹介されているが、シンプソンによればこの調査は親衛隊保安情報部が民情調査のため戦時中に実施していた方法と酷似していた（Simpson 1996：155, 164）。さらに、シンプソンはナチ青年運動への参加を綴った「褐色学生」ノエル自筆の帝国文化院あて上申書から「反ユダヤ主義的」な署名記事まで多数を発掘している。

だが、ノエルの反ユダヤ主義言説そのものよりも問題なのは、アメリカの学会誌でシンプソンが告発してから五年間もそれを黙殺し続けたドイツの学界の反応である。厳密にいえば、それは「黙殺」ではなく「封印」だろうか。シンプソン論文に対しては、ノエル-ノイマンの弟子ハンス・マティウス・ケプリンガーが、その政治主義の過剰を批判する英語論文「ポリティカル・コレクトネスと学問原則」（Kepplinger 1997）で応答している。また、ドイツ語圏の学会誌『公示学』にも、ノエルの非学問的な過去を学会で論争する必要はないと主張するイスラエル・ハイファ大学ガブリエル・ヴァイマン教授のシンプソン論文批判が英文で掲載された（Weimann 1997：97-103）。いずれも英語圏からの批判を封じようとする試みではあっても、ドイツの学会として議論を深める姿勢はうかがえなかった。ようやく二一世紀になって、ドイツ学界の内部から「沈黙」状況に一撃が加えられた。前述のペットカー論文である。

「ドヴィファットやノエルのような新聞学者はナチ・イデオロギーの優れた点を学生や読者に伝達することで、恐怖政治に正統性を付与したのである。この意味で、彼らは白き手の犯罪者《シュライプティッシュテーター》である。」(Pöttker 2001a : 4)

ベルリン大学でノエルを指導したドヴィファットは、ミュンヘン大学のカール・デスターとともに政治的にはカトリック保守派に属しており、両者とも戦前—戦後を通じて新聞学会の重鎮であり続けた。戦後ドイツのコミュニケーション学を担った研究者は、第三帝国期に彼らの下でメディア研究をスタートし、ノエルを含むその多くが学会の次世代指導者におさまっていた。こうした状況のため、「ナチ体制への協力は内心の反発や抵抗を隠すためのアリバイであった」というノエルの弁明にも深い理解が示されてきた。ペットカー論文はこう結ばれている。

「最終的にはドイツ・コミュニケーション学は、ナチ支配の犠牲者とその子孫に対して次のごとく告白することになろう。この学問を代表する何人かは、ヨーロッパ・ユダヤ人をシステマティックに抹殺し第二次世界大戦を引き起こしたナチ体制のために自らの才能を捧げた、と。そして、この学会においてその責任は五〇年間もさまざまな方法で否認されてきた、と。」(同前：7)

この告発に対して、ノエルの弟子たちや学会理事会は「スキャンダラスな中傷」と反発し、引用の恣意性や実証性の欠如について多くの批判が寄せられた。この論争に関わる文書は、学会ホームページ(www.dgpuk.de)で公開されていた。

ペットカーの提起が学問的に実り豊かな論争となったか否か、それに判断を下すにはもう少し時間が必要だろう(と、私は二〇〇二年に書いた。その二年後にこの論争に関する論文集『沈黙することの螺旋——国民社会主義的新聞学に関連して』(*Die Spirale des Schweigens. Zum Umgang mit der nationalsozialistischen Zeitungswissenschaft*)が公刊されているが、社会的に大きな注目を集めたとは言えないようだ。なお、同論集タイトルはノエル＝ノイマンの「沈黙の螺旋」Die Schweigespirale を踏まえたものだが、敢えて訳し別けてみた)。

以下、本稿ではドイツの論争でノエル個人や彼女の反ユダヤ主義にスポットが当たったため浮上しなかった背景に光を当てたい。そもそも女子学生ノエルが一年足らずの留学で、アメリカ流の世論調査を身につけることができたのはなぜなのか。それは本当に「アメリカ的な」——戦後の文脈では「民主主義的な」——学知だったのか。

いみじくもこの論争があった二〇〇一年、ノエル八五歳の誕生日に寄せたウィスコンシン大学名誉教授ジャック・マックロードの英文コメントが『公示学』に掲載されている。

「将来どのような歴史の審判が言い渡されるとしても、ノエル＝ノイマンが過去半世紀に行った世論の調査と理論に対する直接的間接的な貢献の重要さを見落とすべきではあるまい。」(McLeod 2002 : 90)

まことにその通りである。たとえ元ナチであってもその学問的貢献は認めねばならない。だが、同じことは第三帝国の新聞学そのものについても言えるのではあるまいか。そもそもドイツのプロパガンダ研究とアメリカのマス・コミュニーション研究は双子の兄弟ではなかったのか。

二、メディア学の総力戦パラダイム

一九三九年九月一日、ドイツ軍はポーランドへ進撃を開始し、第二次世界大戦の幕が切って落とされた。同月ニューヨークで開催された「ロックフェラー・コミュニケーション・セミナー」の案内状で、財団事務局長ジョン・マーシャルが「マス・コミュニケーション」という学術用語を初めて公的に使用している。この言葉がナチ・プロパガンダに対抗する自らのプロパガンダを指す以上、マス・コミュニケーションはプロパガンダの代替語として登場したと言える。実際、戦時期日本でナチ新聞学の第一人者だった小山栄三にとって、プロパガンダとマス・コミュニケーションが表裏一体であることは自明だった。小山が国立世論調査所所長時代に『東京大学新聞研究所紀要』第二号に執筆した論文「輿論形成の手段としてのマス・コンミュニケーション」では、「戦前」プロパガンダから「戦後」マス・コミュニケーションへの言い換えはこう説明されている。

「輿論指導の手段に関しては第一次世界大戦までは専ら宣伝 Propaganda と云う言葉が使用されていた。然し両大戦を通じ事実的にも意識的にも宣伝とは、「嘘をつく技術」と云う風にとられてしまった。それで宣伝のこの悪い意味を避けるため、プロパガンダと云う代りにマス・コンミュニケーションと云う言葉が使用されるようになったのである。」(小山 1953：44)

現在ではマス・コミュニケーション研究者の多くが意図的に、あるいは無意識的にも忘却しているが、この指摘は歴史的に正しい。

この「ロックフェラー・コミュニケーション・セミナー」に参加した政治学者ハロルド・ラスウェル、社会統計学者ポール・ラザースフェルドなど「マス・コミュニケーション学の創設者」の関心が、欧州戦局と対ナチ宣伝心理戦であったことはまちがいない。すでに一九三七年ロックフェラー財団は、プリンストン大学に放送プロパガンダを分析するラジオ調査室(後のコロンビア大学応用社会学研究所)を設立している。第一次世界大戦後の厭戦ムードからアメリカ世論は不介入主義にとどまっており、公然と行政機構を使った戦争準備に踏み切れないルーズベルト政権に代わって、裏口から思想戦への動員を代行したのがロックフェラー財団だった(Gary 1996 : 124-148)。

ラジオ調査室の音楽部門主任となったテオドール・アドルノをはじめ第三帝国から亡命したフランクフルト学派の研究者たちも、やがて戦時情報局OWIに参加してナチ宣伝の分析やアメリカ参戦に向けた説得コミュニケーション研究に従事した。アドルノとマックス・ホルクハイマーの共著『啓蒙の弁証法』(一九四四年)における「文化産業——大衆欺瞞としての啓蒙」「反ユダヤ主義の諸要素」、レオ・レーヴェンタールとノルベルト・グターマンの共著『欺瞞の預言者』(一九四九年)などはその活動の直接的産物である。こうしたユダヤ系社会科学者のアメリカ亡命によってドイツ新聞学における社会科学的視点が失われたという指摘もあるが(Averbeck 2001)、第二章で見たように政治公示学に限れば、ワイマール期との断絶性をあまり強調すべきではない。

むしろ、アメリカで確立したマス・コミュニケーション研究と第三帝国の政治公示学は戦時動員体制という成立条件を共有していた。マス・コミュニケーション研究の学説史では研究パラダイム確立者として上記のラスウェル、ラザースフェルドに加えて、集団心理学者クルト・レヴィン、実験心理学者カール・ホヴランドを「学祖四天王」に挙げるのが一般的である(岡田 2003：153f)。そのうち、ユダヤ人として一九三三年にベルリン大学教授の地位を追われたレヴィンはもちろんだが、同年ロックフェラー財団の奨学金で渡米していた元ウィーン大学講師ラザースフェルドも広義には「ナチズムからの亡命ユダヤ人研究者」である。

ラザースフェルドはロックフェラー財団のラジオ調査プロジェクトを組織したが、彼の指導で行われた調査研究もナチズムの影に覆われている。たとえば、ハドレー・キャントリル『火星からの侵入――パニックの心理学的研究』(一九四〇年)は、ズデーテン問題で欧州大戦勃発必至と思われていた一九三八年一〇月三〇日に放送されたラジオドラマ「宇宙戦争」の反響を分析したパニック研究である。また、ロバート・マートン『大衆説得――戦債促進の社会心理学』(一九四六年)は一九四三年に人気歌手ケイト・スミスをパーソナリティに起用して行われた戦時公債募集の一八時間連続放送に関するキャンペーン分析である。パネル調査法を使った世論研究の金字塔『国民の選択』(一九四四年)は、欧州大戦介入の是非が争点となっていた一九四〇年ルーズベルト大統領の三選目の投票行動調査である。

心理学者レヴィンも戦略局OSSや海軍調査室ONRの顧問となり、マサチューセッツ工科大学にグループ・ダイナミックス研究所(一九四四年)を設立している。戦時下の栄養改善のためモツ肉消費を奨励する連邦政府の広報実験などを委託され、情報伝達におけるメディア分析の枠組みを「ゲート・キーパー」概念を使って打ち立てた。

もちろん、「学祖四天王」の残る二人、ラスウェルとホヴランドも第二次世界大戦と対ドイツ宣伝に深く関わっていた。ラスウェルの博士論文は、第一次世界大戦のプロパガンダを分析した『世界戦争における宣伝技術』(一九二七年)だが、ナチ台頭期のベルリンに研究滞在する中でその大衆政治学を形成していた。第二次世界大戦中には議会図書館戦時報道調査局長官として新聞の「内容分析法」を確立している。ホヴランドは受け手の心理実験調査に道を開いたが、新兵教育用映画の効果を測定するために連邦戦争局(後の国防総省)で研究に従事している。

このように第三帝国からの亡命研究者を含めて、ナチズムとの宣伝戦=心理戦から生まれたマス・コミュニケーション研究が、「心理兵器」としての直接的、短期的な効果を前提としたのは当然である。ウィルバー・シュラムは、「コミュニケーションの威力は原子爆弾に匹敵する」と述べ、こうしたメディアの影響力を「弾丸効果」bullet effectと名づけている。シュラムも戦時情報局で活動した後、一九四七年アメリカで最初のコミュニケーション学博士課程をイリノイ大学に設立している。こうした狭義なマス・コミュニケーション研究に加えて、防空用高射砲の射撃制御から生まれたノーバート・ウィナーのサイバネティックスや、軍事通信プロジェクトから生まれたクロード・シャノン&ウォーレン・ウィーバー『コミュニケーションの数学的理論』(一九四九年)、原爆設計のためマンハッタン計画において製造開始されたジョン・フォン・ノイマンのコンピュータENIACなど、効率と精度を追求する今日の情報科学パラダイム全体が、ファシズムに対する総力戦の落し子と言えなくもない。

ちなみに、ラザースフェルド、レヴィンはウィーバーやフォン・ノイマンとともに戦後は冷戦下の対ソビエト戦略に向けて開催された「サイバネティックス会議」のコア・メンバーになっている。彼らの戦時研究が戦後科学のスプリングボードとなったことを、スティーヴ・J・ハイムズは『サイバネティクス学者たち――アメリカ戦後科学の出発』（一九九一年）でこう描いている。

「戦時中は、自然科学者も社会科学者も、通常ひとつの班の一員として、しばしば技術者と力を合わせ、特定の学際的な問題に取り組んだ。たとえば、空中で敵機に遭遇した飛行士の行動と疲労と戦術などである。このような戦時プロジェクトを離れるころ、研究者たちは、さまざまな機械類とその設計者への敬意に加えて、さまざまな学問分野間のコミュニケーションや協力にかんするかなりの経験を、習慣とさえいえそうなほどしっかり身につけていた。その点で戦時中の経験は、戦後のサイバネティクス・グループの会議出席者にたいそう役立ったことだろう。」（ハイムズ 2001：19）

こうした科学技術を駆使する現代戦においても、登場した新兵器はすぐ敵側でも開発、採用されるのが普通である。実際、原爆開発はドイツでも進められ、日本でも構想されていた。だとすれば、宣伝戦のイノベーションだけがアメリカに独占されていたと言えるだろうか。そもそも、アメリカより早くから宣伝戦を国策の中心に掲げていたゲッベルスの宣伝省の下には、科学的なメディア研究は本当になかったのだろうか。なかったとすれば、ナチズムにおけるメディア研究体制の欠点とは何なのか。

こうした疑問について、通俗的な回答はすでに用意されている。メディアと世論の研究は民意を重視する民主主義国家アメリカにおいて喫緊の課題であったが、暴力が支配するファシズム体制の下ではコミュニケーション研究への切実な動機など存在しなかったのだ、と。例えば、ノエルはナチ時代の反ユダヤ主義を最初に告発された際、ナチ時代と彼女の戦後研究が無関係であることを次のように弁明している。「ほんの一言半句の批判を漏らしただけで強制収容所に入れられかねない独裁体制において、世論調査が不可能なことは自明だった」(Noelle-Neumann 1992 : 10)。ノエルによれば、世論を論じること自体がそもそもナチ体制への批判を意味した、というのである。だからこそ、マス・コミュニケーション研究は民主主義の科学なのである、と。

だが、こうしたアメリカの戦時スローガンを単純に信じることができるだろうか。それは、民主主義体制の下で学問の自由によってのみ原子爆弾は製造されえたとの謂いに等しい。また、「沈黙の螺旋理論」を引くまでもなく、第三帝国にもヒトラーを支持する圧倒的な世論は存在していた。何を決めたかよりも決定プロセスへの参加の意識を重視するならば、街頭で総統に「ハイル！」を絶叫したヒトラー支持者にも、彼らなりの民主主義が存在したはずである。親衛隊保安情報部や国家秘密警察が密かに収集した膨大な「民情」報告書の存在は、ファシズム体制もやはり民意に依存していたことを逆に裏づけている。

ファシズムの世論生成プロセス、すなわちファシスト的公共性を考えれば、ファシズム体制もまたそれなりに民意を反映した参加型政治、ある種の民主主義と理解しなければならない。第三帝国における公示学の台頭は、そうした民意の存在を前提としていた。戦争協力に向けて国民大衆を導く効果、効率の研究という点において、マス・コミュニケーション学と第二章で見た政治公示学の目的は限りなく接近している。

それでも、「言論の自由」の有無にニューディール体制とファシズム体制の差異を見出す議論も存在しよう。しかし、総力戦体制における自由とは、いずれの場合も「動員可能な自由」を意味していた。たとえば、「専門人」ラザースフェルドのラジオ調査プロジェクトに結局は適応できなかった「教養人」アドルノは、調査対象であるアメリカのマスメディアを「ジャズの自由演奏」に喩えて、「計算され、操作された疑似自発性」と批判している（アドルノ 1973：31）。

他方、内閣情報部参与としてナチ新聞学の紹介につとめた東京帝国大学新聞研究室主任・小野秀雄は、ユダヤ人排斥で悪名高いドイツ記者法の掲載禁止事項と罰則をドヴィファット『新聞学』（一九三七年）を参照しつつ、こう解説している。

「斯くの如き義務強制は一見苛酷な強制であるやうに見えるが、ナチの指導理念を体得してゐる人から云へば、社会法の規定の如きは問題ではなく、現今に於ては記事の差止も大体記者の自由意志に一任し得る程度になつたと云はれてゐる。これがもし事実とすればナチの統制は自治の理想境に到達したものと云へよう。」（小野 1941b：261）

ナチズムのメディア統制に「自治の理想境」を見ることが、まじめに検討されていたわけである。戦後、小野秀雄はGHQの指導により東京大学に設置された新聞研究所の初代所長となり、日本新聞学会（現在のマス・コミュニケーション学会）を設立して会長に就任した。ちなみに、小野の下で戦時宣伝を研究した小山栄三も、GHQの占領政策により新設された国立世論調査所（一九四九―五四年）の所長に就任している（本書第五章参照）。

その小山は自らの学問遍歴である戦前のドイツ新聞学と戦後のマス・コミュニケーション学の違いを、巨視的―微視的、思惟構成的―調査分析的、全体系的―局所調査的、さらにマートンの分類を引用して「マンハイムの知識社会学」から「ラザースフェルドの情報社会学」へと整理している。また、伝達媒体を研究対象と限定したドイツ新聞学と人間の反応＝効果に力点を置いたマス・コミュニケーション学の違いとも指摘している(小山 1969：ii)。しかし、小山が戦後の主著『新聞学原理』(一九六九年)で冒頭に掲げる「マス・メディアの樹木図」(図3-1)は、戦時中に内閣情報部で翻訳刊行されたミュンスター『新聞と政策』の「公示学の樹」(図2-2、本書九九頁)の転載なのである(同前：16)。

　そもそも戦前戦中にナチ新聞学を研究した小野や小山が、戦後すぐにアメリカのマス・コミュニケーション研究にほとんど何らの抵抗なく移行できたのはなぜだろうか。敢えて結論を言えば、ファシズム体制とニューディール体制における行政管理的研究パラダイムの同一性ゆえではなかったか。

3-1　「マス・メディアの樹木図」(小山栄三『新聞学原理』同文館, 1969 年, 16 頁)

三、ジックスのナチ新聞学とノエルのアメリカ世論調査

第二章では第三帝国下で新聞学から公示学への展開に決定的な役割を果したハンス・A・ミュンスターを取りあげた。人文学的な新聞学に満足せず保守的な学会主流派の圧力をはねのけ、実証的な受け手調査を試み、映画や放送の研究に着手し、ドイツ新聞学に経験主義的な問題設定と方法論を導入しようとした政治公示学派の旗手である。

ただし、ジャーナリスト教育により大学内での組織拡大を図る学会主流派の前に、研究領域の拡大を目指す政治公示学派は少数にとどまっていた。さらに言えば、宣伝省、帝国文化院、帝国文部省、各邦政府などの縄張り争いの結果、放送研究や映画研究を取り込むことで新聞学の社会科学化を目指したミュンスターの構想は挫折した。そうした学問領域の分裂を体現する組織として、一九三九年に設立されたフライブルク大学放送学研究所がある（Kutsch 1985）。放送学研究所は宣伝省内での第三局（放送）と第四局（新聞）の管轄権争い、帝国放送院と帝国新聞院の職能利害の対立の中で一九三九年一〇月に成立した。新聞学とは別に新たなディシプリンを目指した「放送学」Rundfunkwissenschaftでは、音響学的な効果研究やアンケート調査も試みられたが、これまでの新聞学研究と関係のない言語学、音楽学の研究者によって運営されたため、公示学が推進した政治的宣伝や外国の放送事情に関する研究にはほとんど着手されなかった。アメリカのマス・コミュニケーション研究がラザースフェルドのラジオ調査室などを中心に政策科学として発展したことと比較すれば、ドイツ新聞学における

放送学の独立化＝周辺化はそうした研究の停滞を示すものであった。

伝統的なドイツ新聞学の戦争責任を検討するとき、まず注目すべき人物は、初代ナチ学生同盟新聞学指導者からケーニヒスベルク大学新聞研究所所長となった親衛隊幹部フランツ・アルフレート・ジックスである。一般には、戦争責任の追及が日本より厳しいとされるドイツだが、学界、特に新聞学―公示学の分野においてそうした俗説は当てはまらない。ジックスについては、大野英二『ナチ親衛隊知識人の肖像』(二〇〇一年)も一章を使って論じている。

一九〇九年マンハイムで家具商の息子として生れたジックスは、一九二一年実科ギムナジウムに入学している。一九二九年にナチ生徒同盟に参加、翌年三月にナチ党入党の後、同年四月ハイデルベルク大学に入学して新聞学を学んだ。ヒトラー政権成立時には、第三二一一〇〇突撃隊指導者、『ハイデルベルガー・シュトゥデント』編集長、ナチ・ドイツ学生同盟政治教育本部委員であり、ハイデルベルク大学新聞学研究所の補助助手に就任した。一九三四年提出された博士論文は『権力獲得闘争におけるナチ党の政治宣伝』であり、哲学博士となった翌年には親衛隊保安情報部新聞部長、ケーニヒスベルク大学新聞研究所講師に就任している。

一九三六年教授資格論文『ドイツにおける異民族少数派の新聞』を提出し、親衛隊少佐、保安情報部世界観的敵制圧部長となり、『出版自由と国際的協同』(一九三七年)を執筆する。一九三八年ケーニヒスベルク大学教授、同新聞研究所所長となり、『ポーランドの新聞』(一九三八年)を刊行した。ヒトラーがポーランドに宣戦布告する一年前である。一九三九年には保安情報本部Ｉ―3部(新聞および博物館)、Ⅱ―1部(世界観的敵)、Ⅱ―2部(生活領域判断)の三部長を兼任し、ポーランド戦勃発と同時に親衛隊諜報部(SD)長官ラインハルト・ハイドリヒの幕僚として前線に赴いた。電撃戦勝利の後、一九四〇年ベルリン大学正教授、ドイツ外国学研究所総裁としてベルリン大学に新設された外国学部長となった。アメリカの地域研究《エリア・スタディーズ》に相当する新たな「外国学」の対象と方法をジックスは次のように述べている。

「外国学の意義を科学的に理解するためには、この外国学が他のすべての精神科学と等しく一の立場と一の方法とを有することを強調する必要がある。外国学にとつては、独逸国の対外発展と対外政策とが、従つて独逸国民が、中心に立つてをり、かくてこの学が民族及び国家を観察するための立場を規定することは自ら明かである。(中略)この方法(民族学および国情研究の方法)の目指すところは、人種的・民族的・空間的所与の事実を研究叙述し、歴史的力を考察し、現に制約を受けてゐる国民と国土の歴史的＝国家的・文化的及び経済的基礎を総括し、その対外政策的作用を認識することである。」(シックス 1942：84f)

ドイツの地域研究が「独逸国の対外発展」、すなわち戦争政策と連動していたことは自明である。当然ながら、こうした外国研究は諜報活動と隣接した。実際、一九四二年に共産主義者のスパイ組織「赤いオーケストラ」との接触により、外国学部長ジックスはゲシュタポの尋問を受けている。

一九四一年には武装親衛隊に志願して「ライヒ」軍団に所属し、機械化前衛部隊を率いてモスクワ侵攻作戦に参加した。同年八月ベルリンに帰任し、国家保安情報部(RSHA)Ⅶ(アルヒーフ)局長としてユダヤ人問題を管轄するほか、ソ連情報の収集センターとしてヴァンゼー研究所を組織した。この研究所で一九四二年一月に「ユダヤ人問題の最終的解決」を決めたヴァンゼー会議が開かれている。

一九四三年ドイツ外国学研究所の外務省移管とともに外務省文化情報部長に就任し、全ヨーロッパの反共宣伝網を組織した。その講演や論説を集めた『ヨーロッパ――伝統と未来』(一九四四年)では、戦後のヨーロッパ連合構想が謳い上げられている。一九四五年カッセル近郊でアメリカ軍に拘束されたが、武装親衛隊旅団長ジックスを担当した戦略情報局尋問官ブルース・L・スミスは、「マス・コミュニケーション学の父」ラスウェルの教え子であった。

一九四七年ニュルンベルク裁判の「モスクワ出動集団」裁判で他の親衛隊上級指揮官とともに起訴され、翌年禁固二〇年の判決が下った。彼の罪状はモスクワ戦での残虐行為であり、ユダヤ人問題を管轄した国家保安情報部文書局長として裁かれたわけではない。

有罪判決から四年後、一九五二年、米ソの冷戦激化と国内の恩赦キャンペーンの中で禁固一〇年に減刑され、同年一一月には釈放された。K・W・レスケ出版社の業務に携わったのち、一九五四年にはドイツ国防軍参謀本部東方外国軍課(FHO)でソビエト諜報戦を指揮したラインハルト・ゲーレンに招かれて西ドイツの諜報組織「ゲーレン機関」および連邦情報局(BND)、さらにCIAのエージェントとして活躍した。冷戦構造の中でアメリカ政府がナチ知識人を積極的にリクルートした典型的な事例である。かつてノエルを批判したクリストファー・シンプソンは、ジックスについても「ナチの頭脳となり、イデオロギー戦争やナチが言う東部の人種問題、そしてユダヤ人問題の最終的解決に関する冷徹な分析を行う情報の専門家」として告発している(シンプソン 1994 : 58)。

ジックスはゲーレン機関本部での勤務から退いた後、一九五七年ポルシェ社広告部で視聴者調査を総括し、統計的調査方法を使ったマーケッティングを導入した。ラインホルト・ベルグラー編『経営における広告主任』(一九五七年)に「企業組織における広告主任」を寄稿し、『企業経営の課題としてのマーケッティング』(一九六〇年)を執筆している。

一九六一年のアイヒマン裁判では被告側証人としてテッナング裁判所で証言している。その後もベルリン検察庁はジックスに対する戦争犯罪調査を継続したが、一九六八年には最終的に審査は中止された。ドイツ屈指の大企業の広報担当重役として、『生産財工業におけるマーケッティング——調査・企画・開発』(一九七一年)を刊行したのち、一九七五年ボイゼンで死去している。

アメリカの計算機メーカーIBMが第三帝国に売り込んだパンチカード機器「ホレリス」が、ユダヤ人の判別と鉄道の効率的な運行を容易にし、ユダヤ人問題の「最終解決」に無比の威力を発揮したことは、今日よく知られている(ブラック2001)。

もちろん、ホロコーストに活用された情報科学テクノロジーは科学的世論調査にも利用された。科学的世論調査の始まりは、一九三五年ジョージ・ギャラップのアメリカ世論研究所設立とされている。それまでギャラップはニューヨークの広告会社ヤング・アンド・ルビカムでメディアのマーケッティングに携わっていた。この世論調査技術の政治利用は同時期にニューディールを掲げたF・D・ルーズベルト政権下で加速化した。長期化する議会審議を打ち切って法案を通すべく、民意のエビデンスとして世論調査は利用された。ニューディール体制で成立した世論民主主義は、即断即決の「非常時」民主主義の別名である。世論調査は大統領が直接ラジオで聴取者に呼びかけて「参加なき参加感覚」を国民に与える炉辺談話 fireside chats と不可分な国民統合システムとなっていた。ちなみに、世論調査がアメリカで始まった一因は、ラジオ放送がヨーロッパや日本のような公共放送ではなく、商業放送として始まったためでもある。ラジオという広告媒体の効果は新聞、雑誌のように販売部数で計測できないため、クライアントへの説明材料として聴取率が必要とされた。

ラジオ聴取率を一九二九年に初めて測定したのはアーチボルド・クロスリーであり、一九四〇年にルーズベルト大統領が「武器貸与法」に対する事前の世論調査を依頼したのはエルモ・ローパーだった。こうした「科学的世論調査の父たち」、すなわちジョージ・ギャラップ、エルモ・ローパー、アーチボルド・クロスリーはいずれも市場調査から世論調査に転進している。そして、第二章の終わりでふれたように、第三帝国で政治公示学の実証研究に着手したミュンスターも戦後は市場調査に転進していた。進行方向が逆だが、同じ経路であることはまちがいない。ハーバート・シラーは第二次世界大戦と世論調査の関係をこう総括している。

「もともと世論調査は、商業的ニーズに応えるために生まれたものだが、第二次世界大戦の急務によってさらに洗練された。(中略)マーケティングの必要が世論調査の生みの親だとすれば、戦争は調査技法の開発をうながす育ての親だった。第二次世界大戦の勃発によって、世論調査の技法にお誂え向きのさまざまな情報ニーズが生じた。」(シラー 1979:136f)

もちろん、アメリカで世論調査を含むマス・コミュニケーション研究が一九四〇年代に急成長した原因は、対ナチ参戦に向けた総動員体制に由来している。ギャラップと並び称されたローパーは一九四二年から戦略サービス局OSS(CIAの前身)の局長代理となり、ラジオ調査など関連研究に大規模な国防予算を注ぎ込んだ。原爆開発のマンハッタン計画と並んでマス・コミュニケーション研究は、戦時体制下のアメリカで軍・産・学の緊密な提携が成功した分野であり、戦後もその提携は続いた。

一九五七年にソ連が大陸間弾道ミサイル成功技術を獲得して、アメリカは「スプートニク・ショック」に見舞われるが、ギャラップはプリンストン大学のシンポジウム「プロパガンダと冷戦」において、「イデオロギー戦争」におけるアメリカの優位を次のように主張していた。

「われわれがロシア人にまさっている唯一の分野は、プロパガンダ案を予備テストし、実際の有効性を測る調査手法だと確信している。」(Gallup 1963：56)

ギャラップにとって、世論調査手法が戦時宣伝テクニックと同じ地平に存在したことは自明であった。そして今日、一般に世論とは「世論調査で計ったもの」(ギャラップ)を指すようになっている。ここの「ギャラップ王国」をマーシャル・マクルーハンは『機械の花嫁』(一九五一年)でこう批判している。

「世論調査は事実調査機関というよりは、むしろ教育機関として機能する度合が大きい。(中略)仲間の人間と〝同一線上〟にいないと大きな不安を感ずるのが大方の人情であって、世論調査とは人びとにその同一線の所在を図示する手段のひとつであるといえる。これはまた広告業者が以前から利用している手法でもある。」(マクルーハン 1991：112)

マーケッティング技術の政治的転用が選挙予測のニュース製造であり、戦争協力への世論動員となった。つまり、今日のジャーナリズムにおける世論調査主義は、総力戦体制において大衆政治の選挙至上主義、番組編成の視聴率至上主義と三位一体となったのである。それは量が質を支配することを前提として、読者、有権者、視聴者の「思考」ではなく「嗜好」を計量し管理する技術である。こうした世論調査による「合意の工学」は、文化を議論する公衆から文化を消費する大衆への変化に拍車をかけた。すなわち、ハーバーマスが批判する「公共性の再封建化」である。
「このような合意の風潮の中でのみ、「人物や製品や組織やアイディアを公衆へ推奨し、公衆の好評を示唆し強請する」ことができるからである。このようにして喚び起こされた消費者たちの気運は、自分たちが論議する民間人として責任をもって世論の形成に参加しているかのような、贋の意識によって媒介されている。」(ハーバーマス 1994：262)

同じようにアメリカ民主主義の世論調査政治を合意製造システムとして批判する言説は、日本でも占領終了直後には存在していた。マルクス主義統計学者・上杉正一郎はこう批判している。ちなみに、上杉正一郎は右翼の東京帝大教授として有名だった上杉慎吉の長男だが、京都帝大で左翼の蜷川虎三から統計学を学んでいる。

「アメリカの世論調査はリンカーンの民主主義ではなくルーズベルトの民主主義以後の産物であった。(中略)「世論調査によると」という口実が、議会の存在に代つて重要となる。」(上杉 1953：47f)

「議会の存在に代つて重要となる」世論調査は、決してアメリカ占領軍が日本に「戦後はじめて」持ち込んだものではない。世論調査が占領政策や民主化教育のために必要だと考えられたとしても、それは「ルーズベルトの民主主義以後の産物」、すなわち大衆動員に向けて構想された「合意製造」の技術として日本でも戦前から知られていた。

それこそノエルが一九三〇年代後半のアメリカで学んだ世論調査なのである。彼女が『沈黙の螺旋』で示した世論の定義もまさしく「ルーズベルトの民主主義以後の産物」であり、敢えて言い換えれば「ファシスト的公共性が生み出す世論」の定義と呼んで差し支えないだろう。

「世論とは、論争的な争点に関して自分自身が孤立することなく公然と表明できる意見である。（中略）固体状になった伝統、道徳、なかんずく規範の領域では、世論という意見や行動は、孤立したくなければ口に出して表明したり、行動として採用したりしなければならない。」（強調は原文、ノエル＝ノイマン 1997：68f）

この「世論」定義で想起されるのは、第三帝国における挨拶「ハイル・ヒトラー」の象徴的効果である。「大衆世論」Volksmeinung とプロパガンダの関係を分析したイアン・ケルショーはこう描いている。

「単純だが、常にくり返される「ハイル・ヒトラー」は――それが自発的であろうと、大勢順応、もしくは強制の結果であろうと――体制支持の外的表示であり、これを拒否することは不服従の表明となされた。反対派と見られたくない者は形だけでも右腕を挙げて「ハイル・ヒトラー」と応じねばならなかった。そして、すべての大きな集会でさし伸べられた無数の腕の波は指導者と民衆との結びつきを強烈に印象づけた。」（ケルショー 1993：63f）

大きな集会で孤立したくなければ、「無数の腕の波」に棹さすしかないという同調圧力の存在である。

いうまでもなく、同調圧力下の世論調査で明らかになるのは、理性的な意見の分布というより情動の風向きにすぎない場合が多い。次章で見るように戦時下の日本でも同じような世論調査は行われている。しかし、いまだに「世論調査は、日本では戦後、新憲法と同様に、連合国軍総司令部（GHQ）によって導入された」（柄谷 2015）との俗説が新聞などで流布している。これもまた、総力戦体制下に成立した世論調査の出自を忘却させるために意図的に流されている「民主主義的」誤謬と言えるだろう。

同じような意図的忘却は多くのコミュニケーション分野で行われている。たとえば、アメリカで「PR業の父」と呼ばれるアイヴィー・リーがドイツの化学コンツェルン、IGファルベンの在米広報を代行しており、一九三〇年代アメリカにおける第三帝国のイメージ戦略の助言者を務めていた事実である(Kunczik 1997：298-305)。その上で、ナチ新聞学者ジックスが戦後に広告、広報分野で活動したことを想えばよい。アイビー・リーの活動を「ナチPR」と呼ばないならば、戦中のジックスは「ナチ広報」に従事したと言うべきだろう。いずれにせよ、ヒトラーの広報を「宣伝」と呼んで批判し、ルーズベルトの宣伝を「PR」と呼んで称揚するようなダブル・スタンダードは、総力戦パラダイムの共通性を隠すことにならないだろうか。

四、過去からの「密輸」と「商標偽装」

結局、「メディア学における〝ナチ遺産〟」とは、第三帝国の新聞学―公示学の学知だけを指しているのではない。それはアメリカの総力戦体制で構築されたマス・コミュニケーション研究の知的パラダイム全体をも指している。

戦後ドイツでは「過去の克服」をめざして、「非ナチ化」が叫ばれた。公示学も第三帝国との連続性イメージを断ち切る必要に迫られていた。ことさらに、アメリカから民主主義的なマス・コミュニケーション理論や世論調査法が新たに輸入された、と喧伝されてきた。ドイツでも「広報研究は第二次世界大戦後に各国で採用されたアメリカの発明である」という教科書的記述がいまも圧倒的である。一九九四年版『広報活動ハンドブック』でアルベルト・エックルは次のように述べている。

「実際の広報活動は、一九四八年の通貨改革と一九四九年の第一回連邦議会と連邦政府の活動開始の後、占領国、とりわけアメリカの実務的提案のもとに開始された。」(Oeckl 1994 : 14)

さらに第三帝国のドイツにアメリカ流のPRが存在しなかったことを論証する論文さえも執筆されている(Scharf 1971 : 164, 176)。だが、戦後ドイツの広報活動は本当に「メイド・イン・USA」だったのだろうか。少なくとも、その理論家や実践家の中にミュンスターやジックスがいたことを忘れてはならない。とすれば、第三帝国の遺産に「アメリカの商標」を貼りつけただけではなかったか。そのため、ミュンスターの政治公示学は学説史から消し去られ、一九八〇年代半ばまで第三帝国期のメディア研究にはほとんど沈黙が守られた。

それとは反対に、第三帝国においてミュンスターと並ぶ公示学の提唱者、ベルリン大学ドヴィファットの下で学んだノエルは戦前の「アメリカ留学」ゆえに陽の当たる道を歩んだとも言える。彼女は自らの経験主義的社会研究をアメリカナイズされた学問の典型と称し、アメリカから「輸入」した概念とアンケート方法を使ったのだ、と誇らかに証言している(Noelle-Neumann 1963 : 316)。だが、アメリカから帰国した後、ナチ党機関紙記者となる彼女が「輸入」した技術と方法が、かくも容易にドイツで普及したのはなぜだろうか。いや、本当にアメリカから輸入されたものだったのだろうか。ラザースフェルドたちドイツ語圏からの亡命研究者の戦時期の成果、つまりその「戦果」が逆輸入されたことはもちろんだが、新しいラベルの下には古い「褐色のラベル」はなかったろうか。こうした問いを呼び起こすことに、「ノエル＝ノイマン論争」の本当の意義はあったはずである。

しかし、ドイツではノエル個人の政治信条がスキャンダル化して報じられたため、こうした問いは十分に理解されなかった。ノエルが反ユダヤ主義思想を抱いていたか否かは実は瑣末な問題であり、それに目を奪われると大きな構造を見失うことになるだろう。その意味で、パネル討議「過ぎ去らない過去」に際してペットカーが述べた以下の文学的な発言は重要である。

「たとえアウシュヴィッツへ向かう列車の機関士が反ユダヤ主義者でなかったとしても、そのことでただ一人のユダヤ人さえガス室から救われるわけではない。」(Pöttker 2001b : 42)

反ユダヤ主義者であろうとなかろうと機関士はただ時刻表通りに日常の業務をこなすだろう。たとえ、機関士がユダヤ人を早くガス室に送りたいと憎悪に駆られていたとしても、列車運行システムは機関士の憎悪の介入を許すものではない。そこに見えるのは、何ら変哲もない日常業務を誠実にこなすことが残虐行為につながりかねない全体システムの恐怖である。そうした状況においては、個人の思想や信条から結果責任を問題にする意義は少ない。もっと文学的につきつめるならば、問いは次のようになるだろう。内心は反ナチでありながら功名心から反ユダヤ主義の論陣を張ったジャーナリストと、ナチズムの理想を信じてその世論を実証研究しようとした学者と、いかがわしいのはどちらだろうか。この問いに私は即答できない。

つまるところ、ノエルの過去を問うことは、彼女が「あの時代」から何を「密輸」したかを検証することなのである。それは、「民主主義的なマス・コミュニケーション研究」が「ナチズムのプロパガンダ研究」の鏡像であったことを暴露するだろう。

戦後はドイツでも「プロパガンダ」が日常語で使われることは少なくなった。「公共圏活動」Öffentlichkeitsarbeit も使われるが、英語の「パブリック・リレーションズ」Public Relations、あるいは「メディア政策」Medienpolitik が多用されている。

「プロパガンダ」や「宣伝」という表現を避けたい気持ちは、戦後の日本人にも理解できるはずである。第二次世界大戦における宣伝戦を同時代に解説した同盟通信社調査部編『国際宣伝戦』(一九四〇年)に次の一節がある。

「要するに宣伝とは「ヒトラーの話」であり、極言すれば「ヒトラーそのもの」ではないか。」

この言葉を難波功士は「プロパガンディストたちの読書空間」で、戦時期日本の宣伝技術者たちの「ナチス崇拝」を象徴する言葉として引用している(難波 2002 : 107)。こうして戦意高揚を担った同じ宣伝技術者たちが、戦後は「アメリカ志向の熱気」の中で「広告への復員」を遂げた経緯についても、難波は『「撃ちてし止まむ」――太平洋戦争と広告の技術者たち』で詳細に論じている(難波 1998 : 172-175)。ブランド商品の広告戦略を情報宣伝に引き写した「政治の広告化」は、終戦で途絶えることなく戦後も世論制御の技術として磨き上げられてきた。

そうした総力戦体制の連続性を隠蔽するためにこそ、「広報＝ＰＲ」を「宣伝＝操作」と切断し、もっぱら民主的コミュニケーションへの啓発を強調する「広報の道徳哲学」(藤竹 1998 : 8)が唱導されたのである。戦前はドイツから宣伝研究を学び、戦後はアメリカからマス・コミュニケーション研究を学んだ日本のメディア研究者において、この「密輸」問題はいっそう深刻な「商標偽装」といえるのではないだろうか。

後記

初出原稿から第二章との重複箇所を大幅に削除した上で、拙稿「ドイツ広報史のアポリア――ナチ宣伝からナチ広報へ」『広報研究』第四号（日本広報学会、二〇〇〇年）の一部を取り込んで加筆した。この論文が執筆された二一世紀初頭において、「密輸」問題を意識する研究者は少なかった。しかし、現在ではドイツでも多くの若手研究者がそれを意識している。例えば『メディアと時代』（*medien & zeit*）二〇一一年一月号の特集「PRのコミュニケーション史基盤」にはMarius Lange, "Ein neues Wort, kein neues Mittel"; Public Relations in der Weimarer Republik und NS-Diktatur などがある。「ノエル＝ノイマン論争」については、以下の論文集が刊行されている。Wolfgang Duchkowitsch, Fritz Hausjell, Bernd Semrad (Hrsg.): *Die Spirale des Schweigens. Zum Umgang mit der nationalsozialistischen Zeitungswissenschaft*. LIT, Münster/London 2004.

現代日本におけるドイツ・メディア学の受容の在り方については、また別の問題があるようだ。日本の読書界で「現代ドイツのメディア論」というとき、第二章と本章で扱った「ナチ新聞学―マス・コミュニケーション学―メディア学」という社会科学的な系譜はほとんど意識さていない。むしろ、フリードリヒ・キットラー、マンフレート・シュナイダー、ヨッヘン・ヘーリッシュ、ノルベルト・ボルツなどポスト・モダン系の「文芸学」「歴史学」的著作がもっぱら翻訳されているためである。ドイツ文学者・大塚直は、この流れを次のように紹介している。

「いわゆる〈六八年世代〉に重なるが、もはや単純に政治的なリベラル左派とは呼べない非主流派系の哲学者／文学研究者らを中心に一九八〇年代頃から勃興し、九〇年代を迎えると再統一以降の新しいドイツ思想として世界的にブームを巻き起こしてゆく。」（大塚 2007：147）

こうした「哲学者／文学研究者」たちのメディア論においても、第三帝国への言及は必ずしも多くない。それは「メディア研究のワイマール化」を意味していると言えるのかどうか。今日、私の関心はそこにある。

Ⅱ　日本の総力戦体制

第四章　情報宣伝――「十五年戦争」を超える視点

一、総力戦パラダイムの「戦後」とは

「先の戦争」を文化の領域で考える場合、その射程範囲から「太平洋戦争」を「アジア・太平洋戦争」と呼びかえることに違和感はない。実際、思想戦、宣伝戦、情報戦と呼ばれた文化の主戦場は、太平洋よりも中国大陸や東南アジアであったからである。だが、戦争の継続期間から「十五年戦争」という呼び方には問題が多い。一九三一年九月一八日満洲事変勃発から一九四五年九月二日降伏文書調印までに「戦時」を限定することで、見えなくなってしまうものが余りに多いからである。東アジア地域全体を見わたせば、一九四五年で戦争状態が終わったとは到底言えないはずである。それでは中国内戦、朝鮮戦争、さらには東南アジア諸国の民族解放戦争を視野の外に追いやって、軍事占領下に「平和の時代」の虚構を描くことにならないだろうか。「十五年戦争」は朝鮮半島でさえ使用されず、中国では一般に「八年抗日戦争」と呼ばれている。日本「国内向き《ドメスティック》」の戦争理解にすぎない。その枠組みが、日本人の東アジア理解の躓きの石になっているようにさえ思える。

それ以上に問題なのは、「十五年」という期限を設定することで、あたかも「玉音放送」を境として戦時と平時が明確に区分できるような断絶の歴史意識が強化されたことである（佐藤 2005）。だが、

総力戦において平時と戦時の区別が曖昧となることは、すでに戦前から左右のイデオロギーを超えた常識であった。日中戦争勃発時に情報委員会が発行した時局宣伝資料『国防と思想戦』では次のように宣言されている。

「思想戦、経済戦、外交戦は平時に於ても不断に行はれて居る。只平時に於ては戦時の如く露骨なる形を取らないで、常に裏面に於て巧妙且執拗に行はれてゐるのである。(中略)要するに思想戦は平戦両時を通じて間断なく行はれる一種の文化戦争と云ふべきである。」(情報委員会 1937a：3f)

こうした「文化戦争」理解は、戦前を代表するマルクス主義哲学者・戸坂潤も共有していた。同年執筆の「戦争ジャーナリスト論」でこう分析している。

「戦争は社会秩序の或る特殊の象面や位相であって、社会秩序以外のものではない、と共に、いつからそして又どこからが戦争で、いつから又どこからが常軌の社会秩序であるかの区別も、近代戦に於ては次第にその絶対性を失って来る。」(戸坂 1967：203)

「戦前」から断絶することなく連続した文化とマス・コミュニケーションの領域では、「十五年戦争」という戦後的枠組みによって見えなくなってしまう事実が少なくない。それゆえ、メディア史研究で敢えて「戦後」をいうならば、それは第一次世界大戦後を考える方がまだしも合理的である。第一次と第二次の大戦は、二〇年間の休戦期間を挟んでいるとしても、ヨーロッパにおいては総力戦の第一幕と第二幕に過ぎない。もちろん極東地域においてもシベリア出兵(一九一八—二二年)、山東出兵(一九二七—二八年)、満洲事変(一九三一—三三年)、日中戦争(一九三七—四五年)と戦争の火種が絶えることはなかった。

第一次世界大「戦後」のマスメディア

「マスメディアとプロパガンダの時代」は第一次世界大戦とともに幕を開けた。後に電波戦とも呼ばれ、対外的な思想戦の主役となった「放送」も第一次世界大戦中の新造語である。「放送」という訳語の公文書初出は、一九一七年一月インド洋航行中の三島丸が「ドイツの仮装巡洋艦に警戒せよ」と発信所不明の「送りっ放し」の電波を傍受し、これを「放送を受信」と記載した報告書とされている。

さらに、日本で全国紙が台頭するのもこの「戦後」で、『大阪朝日新聞』『大阪毎日新聞』はともに一九二四年元旦号で百万部達成を宣言している。出版の大衆化も同様であり、満洲事変、日中戦争の戦時景気を踏切板として日米開戦まで発行部数は急成長を続けていた(佐藤 2002)。

もちろん、メディアの検閲を担当した内務省警保局や情報局などの組織、治安維持法や軍機保護法などの法規は敗戦により一九四五年中に廃止されている。しかし、言論統制はGHQ占領下でも、場合によってはそれまで以上に厳しく、実施された。民間検閲支隊(CCD)や民間情報教育局(CIE)などの組織と「プレス・コード」「ラジオ・コード」などの遵則が存在していた。つまり、日本のメディア史において一九四五年は「零年」ではなく、情報戦争に大きな断絶は存在しなかった。

こうした戦前＝戦後を貫くメディア環境の連続性を明らかにする研究は、近年数多く積み重ねられてきた。それでもなお、「暗い戦前」と「明るい戦後」の分断を強調する歴史記述はメディア研究においても依然有力である。ある意味、それはメディア史研究が「マス・コミュニケーション研究」の枠組みで行なわれる限り、繰り返される宿命といえるかもしれない。前章で見たように、マス・コミュニケーション研究はGHQの指導により「民主化の科学」としてアメリカから「戦後」輸入されたという起源神話を研究パラダイムとしているからである。

以下、本章の目的は「戦前―戦中」を中心に日本の思想戦、情報戦、宣伝戦に関する言説を俯瞰することで、マス・コミュニケーション研究の戦後パラダイムを脱構築することである。結論から言えば、日本のマス・コミュニケーション研究も戦時体制の遺産であり、「アメリカ製」のラベルをつけて「戦中」から「戦後」に密輸されたもの以外のなにものでもない。

第一次世界大戦という衝撃

そもそも日本に「思想戦」という概念が輸入されたのも、第一次世界大戦中のことである。この史上初の総力戦で、参戦国は国内の大衆動員のためはもちろん、敵対国の戦意を低下させ中立国の協力を取りつけるために積極的な情報宣伝を展開した。この戦争では戦車、毒ガス、潜水艦、飛行機などの新兵器が出現したが、空中散布ビラ、無線通信、戦意高揚映画など大衆向けの「ニューメディア」が続々と動員された。こうして空中と海底が加わった三次元空間の現代戦は、心理や思想を標的として四次元空間にも前線を拡大し続けた。実際、銃後における宣伝の効果は、前線での目に見えない毒ガスの威力に擬せられた。「総力戦」Der totale Krieg の名づけ親であり、ドイツ帝国の国家総動員体制を構築した参謀本部次長エーリヒ・ルーデンドルフは『総力戦論』(一九三五年)で次のように述べている。

「新聞、「ラヂオ」、映画、その他各種の発表物、及び凡らゆる手段を尽して、国民の団結を維持する事に努力すべきである。政治が之に関する処置の適切を期する為には、人間精神及び国民精神の法則を知り、それに周到なる考慮を払わねばならぬ。」(ルーデンドルフ 1938：53f)

この総力戦の文脈で、報道とは「異なる手段をもって継続される戦争」に他ならず、そうした思想戦には平時と戦時の明確な区別は存在しなかった。国民一人一人の主体性を動員して自ら進んで戦争に参加させるために、検閲は時局問題のみならず日常生活全般におよび、やがて思想戦の前線は個人の記憶や歴史認識にまで拡大する。なるほど、ルーデンドルフは合同会社として映画会社ウーファ(Universum-Film-AG)をドイツ軍部主導で設立しており、プロパガンダの技術と組織については正しく認識していた。しかし、「人間精神の法則」、すなわち大衆心理の動向については理解を欠いていたというべきだろうか。

いずれにせよ、「戦場で勝ちながらも宣伝で破れた」というルーデンドルフの弁明が信じられた敗戦国ドイツでは、敗因となったプロパガンダを分析するため大衆心理やメディアへの学問的関心が戦後急速に高まった。ドイツの大学で新聞学が制度化され始めたのも、第一次世界大戦を起点としている(本書第二章参照)。

この戦争で痛みの少ない勝利を得る日本でも、情報宣伝研究は対ドイツの宣戦布告とともに開始された。陸軍省は一九一五年一二月に臨時軍事調査委員会を設置し、各国の情報収集を開始している。一九一八年国家総動員に関する調査統一機関として軍需局が内閣に設置され、一九二〇年には臨時軍事調査委員の永田鉄山中佐を中心に「国家総動員に関する意見」がまとめられた。また、明治以来ドイツをモデルとしてきた日本陸軍にも、「宣伝によるドイツの敗北」は強い衝撃をもって迎えられた。ルーデンドルフの下でドイツ国防軍新聞班を指揮したヴァルター・ニコライ大佐の『世界戦争ニ於ケル情報勤務ト新聞ト輿論』(一九二〇年)もいち早く翻訳されている。

そうした文献調査のみならず、第一次世界大戦の一局面でもあるシベリア出兵では、日本軍も身をもって「赤化」防止の思想戦を体験していた。一九一七年ソビエト革命勃発によりロシアが連合国から脱落すると、翌年日本政府はシベリア出兵を宣言し、北満洲、シベリアに七万を超える兵力を展開した。これに先立って、一九一八年七月一七日、内務省警保局図書課長から報道を一元的に統制する「戦時検閲局官制案」が関係省庁に提示され、その三日後には「臨時新聞局」案と名称を変えて再提案されている。欧米の戦時情報機関と同じく、この「臨時新聞局」にも検閲のみならず、新聞などへの情報提供という積極的機能が付加されていた。しかし、この内務省案は陸海軍の了解が得られず、結局成立をみなかった(有山 1995:222–224)。日本の戦争動員がまだ総力戦のレベルに達していなかったことも一因であろう。

二、「情報」という軍事用語

「戦後」という時間意識が今日の日本国民の記憶から消し去られてしまったのは、第一次世界大戦の世界史的意義と総力戦体制の連続性だけではない。「情報」という言葉が本来「敵情についての報、告」を意味する軍事用語であった事実も、今日ほとんど忘却されている。

明治の新造語「情報」の初出例は、陸軍省官房御用の酒井忠恕が翻訳した『仏国歩兵陣中要務実地演習軌典』（一八七六年）であり、フランス語 renseignement の訳語として登場する（小野 2016：11）。新聞紙上では一八九四年一二月五日付『東京日日新聞』の記事「東学党の撃退」に確認できる（三上 1997：26）。「仁川より派遣の中隊の情報と右の報告に依りて察すれば賊は漸次全羅道に退却するものの如し。」新聞紙面での初出例は、三上も述べているように、今後も更新される可能性が高い。実際、本章「後記」で挙げた小野厚夫『情報ということば』（二〇一六年）では、これより一週間前の一一月二九日付『日本』の旅順戦の報道を引いている。

いずれにせよ、「情報」が正しく定義されたのは、森林太郎（鷗外）のクラウゼヴィッツ『大戦学理』（軍事教育会、一九〇三年）翻訳以降である。鷗外訳の第六章「戦の情報」に、「情報とは、敵と敵国とに関する我智識の全体を謂ふ」とある。

つまり、ドイツ語 Nachricht（情報）は英語 intelligence（諜報）の意味でも使われていた。実際、「情報」という新語が英語辞書に登場するのは、『英和・和英軍事用語辞典』（一九〇二年）が最初である（三上 1997：34）。「軍事用語」以外では明治期の英和辞典において、information の訳語に「消息、訴訟、知識」が当てられており、「情報」は見当たらない。

「情報」を冠する組織としては、一九〇四年ロシア人捕虜を管理する「俘虜情報局」が登場する。ハーグ陸戦条約（一八九九年）の第一四条に設置が定められたもので、第一次世界大戦の際にもドイツ人捕虜に対して設けられ、さらに三度目の俘虜情報局は日米開戦後の一九四一年一二月二九日に設置された。もちろん、この「情報」は「敵と敵国とに関する我智識」である。英和辞典での「情報」は第一次世界大戦中、斎藤秀三郎『熟語本位 英和中辞典』(一九一五年)で intelligence の訳語として登場する。さらに、information の訳語としては藤岡勝二『大英和辞典』(一九二一年)が初出とされる。この両辞典の間、一九一七年にアメリカ政府は反ドイツ世論を組織する「公報委員会」Committee on Public Information(通称クリール委員会)を組織し、一九一八年イギリス政府は対独戦時宣伝を統括する「情報省」Ministry of Information を設立している。いずれも明らかに軍政的な intelligence を扱う組織だが、その看板に民政的な information が掲げられたわけである。当然ながら、日本では「知識省」でなく「情報省」と意訳された。これに対応する情報部が日本の外務省に設置されたのは一九二一年八月であり、第一次世界大戦を契機とした「社会の軍事化」の中で日本語に「情報」は定着した。

戦前の典型的な使用例は、外事警察資料第九輯に収められた「情報学概論」(一九三六年)である。これは朝鮮人コミュニスト・潘海亮が南京で発行したスパイ工作教本「金元鳳派革命軍官訓練教科書『情報学概論』」を内務省警保局がハングルから翻訳したものである。「自序」でその内容はこう紹介されている。

「本書の内容は七篇に分け第一、諜報業務篇、第二、特務工作篇、第三、工作実施篇、第四、通信方法篇、第五、麻酔と暗殺篇、第六、ゲペウ篇、第七、郵電検査篇として体裁をなして居るが、情報学と偵探学の参考書の欠乏にて材料の蒐集が困難であつた。」(内務省警保局編 1936＝1994：2)

尾行や盗聴から破壊工作までが具体的に解説されている戦前の『情報学概論』と同様に、「情報」

という和製漢語を輸入した中国や韓国では、今日もそれは諜報的ニュアンスが強い言葉である。いずれにせよ、総力戦による社会全体の軍隊化(規律＝訓練化)は知識全体の軍事化に対応しており、その意味では現代に続く情報化も第一次世界大戦以来の流れに位置づけることもできる。

軍事化としての情報化

明治憲法は第二九条で「法律ノ範囲内ニ於テ言論著作印行集会及結社ノ自由」を認めていたが、その「法律ノ範囲」は新聞紙法(一九〇九年)、出版法(一八九三年)、治安警察法(一九〇〇年)、軍機保護法(一八九九年)などで厳しく制限されていた。第一次世界大戦後は、国際共産主義との思想戦を意識した治安維持法(一九二五年)が加わった。

だが、こうした防御的な言論統制に対し、攻勢的な情報宣伝の体制整備も、その萌芽はやはり第一次世界大戦期にあった。一九一七年に外務省は臨時調査部官制を公布し、一九二一年には情報部を設置している。陸軍省も一九一九年に大臣官房に情報係を置き、一九二〇年に陸軍省新聞班へ昇格させている。海軍省も一九二三年に軍事普及委員会を組織した。前年の一九二二年ワシントン軍縮会議で「主力艦対米六割」を飲まされた敗因を国内輿論の支持不足に求めたためである。そのため一九三〇年ロンドン軍縮問題の輿論指導のため機密費を使った新聞社幹部への猛烈な接待攻勢が展開された。『新聞之日本』一九三〇年一月七日号は「各紙編輯幹部を交々招待し――海軍省大童の諒解運動」と第一面トップで伝えている。

「席上海軍側は特に「米国から来る電報は警戒して貰い度い、巧妙な宣伝が伝へられ輿論の統制の上に思はぬ障害となるから」と云ふ意味の可成りデリケートな問題に就いて熱心説明し其の取扱方について希望(?)を述べた様子である。」

東京朝日新聞社編輯局長・緒方竹虎の証言によれば、ロンドン会議に先立ち山梨勝之進海軍次官、末次信正軍令部次長から高級料亭・築地錦水に招かれ、そこで「補助艦七割を支持」の輿論指導で合意した、という。さらに会議開催中も山梨次官から「うなぎ飯」によばれたことも回想している。

「軍縮会議の始まる前に、海軍側と「決裂に導いてもやるのか」「いやそれはやれない」「それじゃ七割を主張しても、通らなかった時には新聞だけが残されて困るじゃないか」という問答をやったが、結局そういうことになって、新聞だけが引込みのつかないことになってしまった。」(緒方 1969：77)

最終的に補助艦総括で対米比六九・七五パーセントの妥協案が成立したが、原則の七割に固執する「艦隊派」の反発は収まらなかった。さらなる輿論指導の強化にむけ、海軍省は一九三二年に軍事普及委員会を軍事普及部へと拡大改組している。

こうして一九三〇年代までに情報宣伝部門はまず各省ごとに組織強化されたが、その統合では海外への情報発信を制御するための国策通信社問題が契機となった。一九三一年満洲事変に関する情報発信の混乱から一元的な国家情報機関を求める声は急速に高まっていった。当時、日本の二大通信社は外務省の資金援助を受けた日本新聞聯合社(聯合)と、広告事業と政友会系地方紙の組織化で成功した日本電報通信社(電通)であった。聯合はロイター、AP、電通はUPと提携しており、それぞれの背後に外務省、陸軍省がついたため、満洲事変報道ではしばしば内容が食い違った。このため、まず国策通信社設立が外務省と陸軍省を中心に協議され、一九三二年関係各省と聯合、電通の協力で満洲国通信社が設立された。

この国策通信社問題は一九三二年五月に外務省と陸軍省の間で連絡調整するべく組織された時局同志会、さらに同年九月に外務省に設置された官制によらない情報委員会によって議論が続けられた。ようやく一九三六年六月、聯合と電通が合併した社団法人・同盟通信社が業務を開始した。この国策通信社を監督するため情報委員会は、一九三六年七月一日に官制による内閣情報委員会となった。官制化に先だって六月一二日、「情報」の定義に関して以下の閣議諒解が行われている。

「情報委員会官制第一条ニ所謂《いわゆる》「情報」ノ中ニハ「啓発宣伝」ヲ含ムモノトス」(内川編 1973：643)

さらに一週間後、六月一九日に閣議決定された文書「情報委員会ノ職務」においては、「啓発宣伝(輿論指導)」の表記が使われている。すなわち、啓発宣伝とは輿論指導のことであり、その上位概念である「情報」には輿論指導のための報道も含まれていた。この文脈において、「情報宣伝」という言葉は使われることになった。

情報委員会は一般国民に向けて同六月三〇日発行の『週報』第三七号に「国家と情報宣伝」を掲載している。そこで「情報宣伝と言ふ言葉」は次のように説明されている。

「国外に於けると、国内に於けるとを問はず、或る事件のニュースが入手された場合之を情報と云ふ。或る意思を発表し、又或る事件や事実の内容を発表するのは報道である。情報は之を発表する側からすれば一つの報道であり、又報道を受ける側からすれば情報である。宣伝と云ふ言葉は巷間やゝもすれば或る事を針小棒大に吹聴すること、或は相手方を胡麻化すこと等と云ふ一種の誇大又は欺瞞の観念の意味に取扱はれる傾向がないではなかつた。併《しか》し真の宣伝は「或る目的達成の為正しいことをその儘に、普《あまね》く伝へて一般の理解と共鳴を求める」ことでなければならない。即ち宣伝は其れ自身公正なる目的を有してゐるのである。此の意味に於て帝国の内外に対し真意、政策の徹底を図り、輿論の形成に努めると云ふのが政府の行ふ宣伝の本義である。」(情報委員会 1937b：2f)

情報委員会は日中戦争勃発の約二か月後、また国民精神総動員実施要項が決定されたちょうど一か月後の一九三七年九月二四日に内閣情報部へと改組された。所轄事務に「各省ニ属セザル情報蒐集、報道及啓発宣伝」が書き込まれた。

かくして「思想戦」を担う国家組織が構築されたが、そこで陸軍が主導権を握ったことは確かである。そもそも「思想戦」という言葉を広く国民に知らしめたのは、陸軍省新聞班が一九三四年に頒布した陸軍パンフレットの一つ『国防の本義と其強化の提唱』だった。「たたかひは創造の父、文化の母である」から始まるこのパンフレットは大いに注目され、論壇でも熱い議論が行われている(陸軍省新聞班編 1934)。こうした陸軍の広報活動を経済学者・小島精一は一九三四年一〇月一八日付『読売新聞』で「軍部のニユー・デイル」と評している。

「此の種の進歩的ニユー・デイルが軍部の圧力によつて、現実政治の日程にもたらされるといふことは、わが為政者や産業指導者に対する好個の刺戟剤として歓迎するものである。」

戦後の「陸軍悪玉論」から陸軍軍人の言説はファナティックな反動の象徴として取り上げられる傾向が強いが、志願兵を基盤とする海軍と異なって、意欲に劣る徴募兵に依存する陸軍は、国民世論の動向に最も敏感な大衆組織だった(佐藤 2004：217)。

一九三〇年代前半に陸軍省新聞班長をつとめた鈴木貞一(のち企画院総裁)の日記を分析した佐々木

隆は、当時の陸軍省新聞班の仕事を大きく二つに分類している。一つ目は陸軍省記者クラブである「辛酉倶楽部」に記者を集めて行う公式、非公式な会見・懇談である。二つ目として非公式な会食や往来訪など新聞記者との私的な接触・交際があった。特に、後者の「飲み食い」には陸軍省機密費が使われており、日常的な情報交換のやり取りを通じて「情報幕僚としての親軍記者」が育成されたという。とはいえ、親軍的な記事がすべてこうした操作や懐柔の結果とみるべきではない。どの新聞社にも親軍的な記者がもともと数多く存在していたからである（佐々木 1999：343）。その意味では「権力を監視するジャーナリズム」という今日の規範から当時の新聞記者を見ていては、陸軍省新聞班のような情報組織の影響力を過大評価することになるだろう。

新聞記者と同じことは雑誌編集者についても言える。一九三九年四月五日に陸軍省の新聞班は情報部に改組されたが、その当時の様子を『改造』編集部の水島治男は次のように回想している。

「それ〔新聞班から情報部への格上げ〕以来、硬派、総合雑誌の四社（中公、改造、文春、日評）と軍報道部との関係は、毎月定例会議を持つことになってきた。それは気味がわるいとか性にあわないというようなものではなかった。報道部配属の軍人の一人一人は話のわかる連中で、お話をきいているど、どうしても暗々裡に牽制され、飼いならされて行くことになる。」（強調は原文、水島：109）

水嶋は一九四四年に「横浜事件」で逮捕された編集者だが、その水島が「報道部配属の軍人の一人一人は話のわかる連中」と証言するわけである。このとき、陸軍省情報部に配属されていた鈴木庫三少佐は、支那事変二周年記念パンフレット『国家総力戦の戦士に告ぐ』（一九三九年）で「思想戦力の強化」を次のように訴えていた。

「新聞、雑誌、放送、映画、演劇、演芸等言論思想の指導宣伝に任ずる人々は積極的に国策に協力し、特に日本精神の顕揚、時局認識の徹底、国民精神総動員運動の実践事項の促進等に努力すると共に、大いに対外思想戦を強化すること。」(陸軍省情報部 1939：96)

さらに、官吏、教育者、学者・評論家、青壮年男女、在郷軍人、女性、青少年にそれぞれの思想戦強化策が訴えられているが、最後には「軍部のニユー・デイル」と呼ぶにふさわしい「進歩的」提言が置かれている。

「国民負担の公正を期して国内調整を行ひ、経済組織、社会組織等の弱点を芟除《せんぢょ》して相手国の思想攻撃の乗じ得る様な隙を与へないこと。」(強調は原文、同前：98)

「相手国の思想攻撃」予防のための「国民負担の公正」は、鈴木少佐が唱えた「国内思想戦」の核心であった(佐藤 2004：284-286)。思想戦をめぐる当時の議論については、内閣情報部主催の思想戦講習会を中心に第六章で検討する。

一九四〇年七月に新体制運動を提唱した近衛文麿により第二次近衛内閣が成立すると各省庁情報機関を統合して情報局を設置する方針が決定された。これと並行して、情報統制の法整備もすすめられた。特に一九四一年三月公布、五月施行された国防保安法の第八条に「情報」が法律用語として初登場している。

「国防上ノ利益ヲ害スベキ用途ニ供スル目的ヲ以テ又ハ其ノ用途ニ供セラルル虞《おそれ》アルコトヲ知リテ外国ニ通報スル目的ヲ以テ外交、財政、経済其ノ他ニ関スル情報ヲ探知シ又ハ収集シタル者ハ十年以下ノ懲役ニ処ス」

この法案の議会審議では「其の用途に供せらるる虞あることを知りて」という、いかようにも拡大解釈できる文言に批判が集中した。一九四一年二月三日に衆議院の委員会で田村秀吉(民政党所属の弁護士、戦後は大政翼賛会推薦議員として公職追放)は、「政治上の謀略」として乱用される危険性を指摘している。田村はその第八条を「一番危険な法条」と批判していた(上田 1986：124)。そもそも「情報」が何を意味するのかも明確でないことを、同二月一八日に貴族院国防保安法案特別委員会で小原直(岡田啓介内閣司法相、戦後は第五次吉田茂内閣法相)が問題視している。

「此処ニ謂フ「情報」モ其ノ意味ニ於テ私共ガ日常既ニ使ッテ居リマスルノミナラズ、既ニ官制ノ上ニ於テモ内閣情報局ガアリ、モト外務省或ハ陸海軍省等ニモ情報部ト云フ言葉ガアッテ、情報ト云フ言葉ハ大凡ノ概念ハ我我ニ分ルノデアリマスガ、既ニ新シイ法律上ノ言葉トスルト、此ノ言葉ニ一定ノ意義ヲ附ケナケレバ適用上困ルコトガ沢山出テ来ル。」(速記録：12)

「情報」の定義をただす小原に対して、政府委員の三宅正太郎(司法次官)は「普通情報ト云フコトデ通ッテ来マシタノデ」と定義を回避している。しかし、「情報」の定義が曖昧なままでは「政治謀略」によるフレームアップに利用される危険性がある、と小原は食い下がっている。

「今日ノヤウニ所謂高度国防国家ト云フモノヲ組織シタ国家ニナッテ来ルト、其ノ政府ナリ政府ノ局部ノ為ニ都合ノ悪イ事ハ、所謂高度国防国家カラ見レバ、国防上ノ利益ヲ害スベキモノデアル、斯ウ云フコトニナルノデアリマス、(帝国議会ノ議員ガ)其ノ意見ヲ作ル為ノ材料ヲ集メタノデアルカラ、第八条ノ、国防上ノ利益ヲ害スベキ用途ニ供スル目的ヲ以テ情報ヲ収集シタル者トシテ、此ノ条文ニ当ルト云フコトニナル虞ガアル、サウ云フコトハ考ヘテ居ラヌト言ハレルデアリマセウガ、アナタ方ハ御考ニナラヌカモ知レナイケレドモ、法ヲ作ッテシマフト、サウ云フコトヲ考ヘ得ル余地ガ出来テ来ル、サウシテ之ヲ屢々《しばしば》問題ニ出ル政治謀略ニ使ハレル虞ガ必ズシモナイトハ言ヘナイト思フ」(同前)

三宅は「サウ云フ風ニ法律ヲ曲解スルコトハ勿論厳重ニ避ケナケレバナラヌコトデゴザイマス」と答弁しているが、政府が国防保安法の「情報」を最大限の幅で拡大解釈したいと考えていたことはまちがいない。実際、気象情報も経済情報も戦時下には軍事情報として統制されたし、小原が指摘するように高度国防国家において軍事に関わらない情報などあるはずはなかったのである。

重要なことは、こうした戦時情報システムの構築によって「言論弾圧」は「情報統制」へと変質したことだろう。一九三〇年代前半から左翼言論、自由主義言論の内務省による出版弾圧が行なわれてきたが、一九三七年の内閣情報部成立を契機としてメディア業界は統制団体に組織されていった。統制経済の下で各メディア企業は「戦争景気」を謳歌しつつ、今日まで連続するメディア・システムが急ピッチで構築された。

特に「言論の自由」の旗手と目された新聞の変貌が象徴的である。一九三八年秋以降、内閣情報部は内務省警保局を通じて各地の零細新聞の「自主的な」整理統合に向けて指導を開始した。一九四一年には地域の販売網を統合する新聞共販制が導入され、一九四二年新聞事業令に基づく統制団体「日本新聞会」が設立された。こうして一九四二年七月情報局は新聞社の「一県一紙主義」を発表し、全国紙、ブロック紙、県紙からなる今日の日本型新聞システムが確立した。一九三八年五月に約七〇〇紙あった普通日刊紙は、一九四二年には五五紙に統合されていた(里見 2011：4f)。

この新聞システムの連続性は、同じ敗戦国であるドイツと比べれば一目瞭然だろう。降伏後のドイツでは非ナチ化政策により既存紙の継続・復刊は一切認められず、ドイツの新聞企業は「零年《シュトゥンデ・ヌル》」から出発した。これに対して、日本の新聞企業に一九四五年の「零年」はない。新聞は「八月一五日」を含め、一日も途切れることなく国民に情報を伝え続けた。言論統制の効率化の目的で生まれた情報管理システムは、敗戦後日本を軍事占領したGHQにとってもまた不可欠なものであり、占領軍統治にほとんど無傷で組み込まれた。唯一の例外は、国策通信社である同盟通信社が監督官庁である情報局廃止とともに、共同通信社と時事通信社に分割されたことである。もちろん、戦時体制＝占領体制に有効に機能したこの情報管理システムが、その後の高度成長時代にも適合的であったことは改めて指摘するまでもあるまい。

三、「情報」需要の軍民転換

「軍事化としての情報化」プロセスを内閣情報部—情報局へ至る過程として概観してきた。だが、こうした国家情報組織の最大の成果は軍事用語「情報」を人口に膾炙させたことだろう。それを具体的に検証するため、一九二六(昭和元)年以後の『東京朝日新聞』(一九四〇年九月の『大阪朝日新聞』との統合以後は『朝日新聞』東京版)を使って「情報」の頻度と用例を調べてみた。図4-1は「朝日新聞昭和戦前記事データベース」(二〇〇五年二月アクセス)で、一年ごとに「情報」を全検索した結果である(二〇一八年現在の紙面データベース・聞蔵Ⅱとはシステムが異なるため、あくまで参考資料として扱う)。破線グラフは各年ごと年末の任意な一日の夕刊を含む総頁数である（サンプルとして一二月八日分を採用したが、日米開戦の一九四一年はその前日とした）。新聞建頁の減少に逆行するように、一九三七年の内閣情報部、一九三九年の陸軍省情報部、一九四〇年情報局と組織化の進展とともに「情報」関連記事が増加している。建頁は一九三六年の一日二四面建て（朝刊一六面、夕刊八面）をピークとして減少し、一九四四年には夕刊なしの二面建て（つまり一枚ビラ）に至っている。新聞建頁の急速の減少を考慮すると「情報」記事の比重は日米開戦後の紙面でも実質的に高まっていたといえる。

さらに「情報」関連記事の量的拡大に加えて、その報道内容についても確認しておきたい。昭和改元が一九二六年一二月二五日のため、昭和元年はわずか一週間である。昭和最初の「情報」を見出しに含む記事は、同年一二月三〇日秩父宮ニューヨーク到着の外電に登場する「国務省情報部長ヒュー・ウィルソン」である。その他にも記事中に「外務省情報次長」「満鉄情報部長」「各府県労働情報事務主任官会議」など官職名を含むものは多い。また、その内容も当然ながら広義に軍事関連と言える。例えば、一九二七年四月一二日付の中国国民党「北伐」への対応に関する記事の見出しは、「陸海軍と外務　聯合協議――情報を持寄つて対支方針を打合せ」とある。

この協議のメンバーは、陸軍省軍務局長の阿部信行少将、参謀本部第二部長（課報・課略担当）の松井石根少将、海軍軍令部第三班長（課報担当）の米内光政少将、外務省アジア局長の木村鋭市である。木村には『支那排外運動の真相』（新日本同盟、一九二五年）の著作もあり、そこに持ち寄られた「情報」は、課報のニュアンスを強く帯びている。また、ジュネーヴ海軍軍縮会議を報じた「刻々到る各国情報に気をもむ米大統領」（同二月一六日付）や「日露漁業交渉情報聴取」（同一〇月二日付）の見出しもやはり「敵情」に近い用例である。さらに、内務省関連の記事「東京に設ける刑事情報部」(同四月一六日付)なども、日本共産党がコミンテルン日本支部である以上、「敵と敵国とに関する我智識」を扱っている。「敵情」以外では、「関西震災対策」(同三月八日付)、「霧島丸破片か」(同三月二六日付)の災害情報、「貴族院研究会内の情報報告」(同一一月一五日付)の政局情報などの使用も確認できるが、災害も政局も

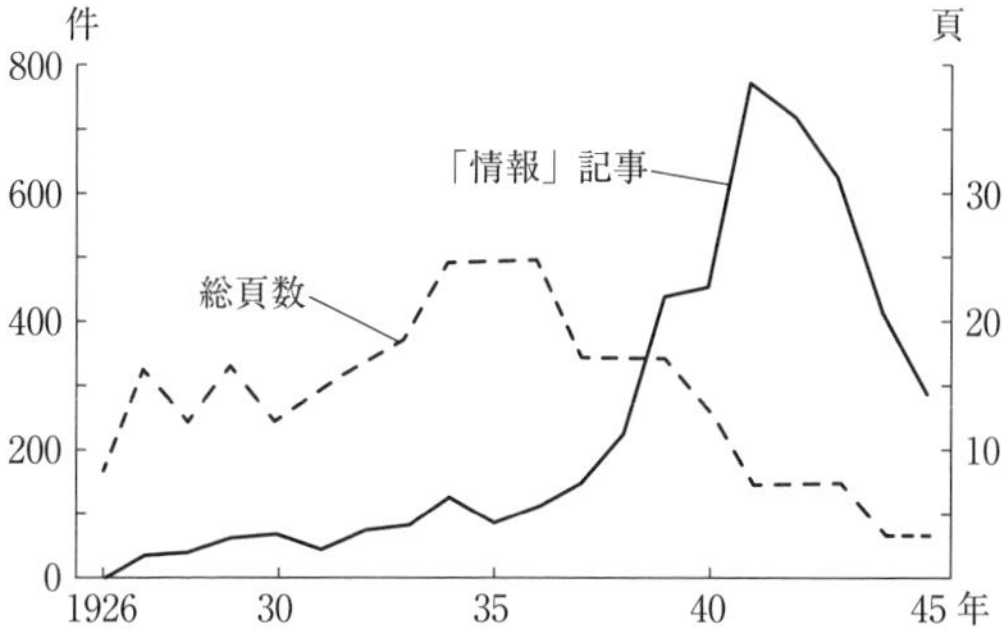

4-1 「朝日新聞における“情報”記事と建頁数(1926～45)」

戦争のアナロジーとして記述されやすい分野である。今日の「一般的」用例ではスポーツ関連の「各狩場よりの情報」(同一〇月九日付)、「各地の積雪」(同一二月二一日付)の二例が確認できる。つまり、一九二七年度の「情報」関連記事を分類すると、官職名が四割強、広義な軍事情報が四割弱、災害、政局、スポーツ関連などその他で二割といえる。つまり、昭和初頭において「情報」はまだ一般的な日常語というより、政治・軍事用語にとどまっていたと考えてよい。

だとすれば、新聞における「情報」頻出度の上昇は、とりもなおさず社会の軍事化、非常時化を意味した。その後「情報」が大きな見出しになったニュースは一九二八年の済南事件、一九三〇年のロンドン軍縮会議、同年一〇月の台湾原住民蜂起「霧社事件」などであるが、一九三一年満洲事変勃発が「情報」使用でも転機となった。柳条湖事件を伝える紙面の見出しにも、

「情報」の大活字が躍っている。「日支風雲の情報に動く　顔面筋肉を引緊め対策を練る陸軍省」(九月二〇日付)。戦線の拡大に従って「陸軍省発表情報」の書き出しで戦況報道が続々と掲載された。

その後、すでに概観したように思想戦を目的とする情報組織が強化されるとともに、新聞記事における「情報」使用は増加を続けている。一九三九年六月一七日付『東京朝日新聞』社説「情報機構の活用」は、翌年末に実現する情報局へ拡大改組、つまり各省情報機関の一元化をいち早く提言している。こうした「情報」記事、すなわち戦争ニュースの増加を望んだのは、新聞企業ばかりではない。女性の社会参加を求める有識者もこれを大いに歓迎していた。一九三九年七月一〇日付「女性の声」で、藤田たき(津田塾英学塾教授、戦後は同大学長)は内閣情報部に対して「婦人情報官の任命」を提案している。

「情報、宣伝の強化の必要を痛感した内閣情報部ではす丶んで民間からも人材を求めることになり既に一、二民間情報官の任用をみたとの事であります。(中略)内閣情報部は国民の半数をしむる婦人に対しても同じやうな協力の道をひらかんとしてゐるかを質問したいのであります。」

それにしても、これまで日本の情報宣伝組織は比較ファシズム論の視点から、もっぱらドイツの「啓蒙宣伝省」との比較が優先されていた。しかし、社会主義大衆運動の「宣伝」propagandaを掲げたドイツよりも、「情報」informationを掲げた日本の内閣情報部―情報局は、イギリスの「情報省」やアメリカの「公報委員会(クリール委員会)」、あるいはGHQ「民間情報教育局」とまず比較すべき組織だろう。

第一次世界大戦の戦勝でいったん廃されたイギリス情報省は一九三九年第二次世界大戦で再発足し

ている。ヒトラーがポーランドに進攻する約二か月半前、ロンドン発特電で「英情報省近く設置」(一九三九年六月一四日付)が報じられている。その三日後の六月一七日付続報を読むと、情報省設置が即ち戦争状態を意味したことがわかる。

「チエンバレン首相は十五日の下院で情報省の設立問題に関し次の如く言明した。政府は平時に於ては情報省は新設しないことに決定した。然し外務省の内部に外国宣伝部を設置するに決し前駐伊大使バース卿がこれを管掌することゝなつた。」

ここで「情報」と「外国宣伝」がほぼ同じ内容を意味していることは明らかである。確かに当時の大衆向け読み物では同盟国ドイツの宣伝省が華々しく取り上げられたが、指導者向けの参考文献では英米の情報組織を解説したものが少なくない。先行研究がある宣伝戦の成功例は、第一次世界大戦の勝者、つまり英米に学ぶほかなかったからである。ケンブリッジ大学の心理学者F・C・バートレットの『戦争と宣伝』(*Political Propaganda*, 1940)は、「情報心理学」の副題をつけて一九四二年に高田書院から翻訳出版されている。企画院外情協議会の指示でまとめられた米山桂三『英国の精神動員』(東亜研究所、一九四二年)も、イギリス情報省に関する調査である。また、アメリカの公報委員会に関する研究書、J・R・モック/C・ラースン『米国の言論指導と対外宣伝』(*Words that won the war; the story of the Committee on Public Information 1917-1919*, 1939)も一九四三年に汎洋社から刊行されている。同書は情報局情報官・箕輪三郎の翻訳を基にしているが、公報委員会は「合衆国の宣伝省」と評され、実態に即して「戦時情報局」と意訳されている。

いずれにせよ、戦時期日本の情報局は「大衆運動の宣伝省」というより「思想戦の参謀本部」と呼ぶ方がふさわしい。例えば、一九四二年二月二〇日付「名実共に〝思想戦参謀本部〟としての活動を開始」の記事である。それまで日比谷の帝国劇場に間借していた情報局が三宅坂の旧参謀本部に引越したことを伝えている。だが、その四か月後のミッドウェー海戦で制海権を失うと、積極的な対外宣伝活動は短波放送を除いてほとんど困難になり、結局は国内向けの言論統制や防諜対策のみが強化された。敗色濃い一九四四年七月、情報局は旧参謀本部からさらに霞ヶ関の内務省四階、五階に転居する。まさしく検閲と防諜が中心となった内向きの機能に応じた居場所というべきだろう。

この内務省移転と同時に、朝日新聞社主筆だった緒方竹虎が情報局総裁に就任する。緒方の唱えた「民意暢達」のスローガンにもかかわらず、この時期に国民が体験した「情報」の記憶は大本営発表の戦果報道への不信感、敵機来襲を伝えるラジオの「情報放送」への恐怖感に集約されていた。最初に「情報放送」に踏み切ったのは、一九四四年七月八日に北九州地区への敵機襲来を伝えた福岡放送局である。同八月からは情報局の指令により、警報発令地区内に情報放送が行われることになった。東京地区の第一報は同年一一月一日である（日本放送協会編 1965：525）。銃後の国民にとって「情報放送」は命に関わる必需番組となり、ラジオ受信契約者は都市空襲の被害が本格化する一九四五年まで増加を続けた。

一九四五年四月、緒方の後任として下村宏が朝日新聞副社長から日本放送協会会長を経て情報局総裁に就任した。このように報道機関トップが情報局総裁を務めた戦時下の「言論統制」に、言論機関がもっぱら被害者であったことを含意する「言論弾圧」という言葉は不適切である。言論統制が軍部の強制だけで成立したとは考えられないからである（佐藤 2004）。

情報局は一九四五年八月一五日の「玉音放送」以後も存続し、一九四五年一二月三一日の勅令第七三三号によって廃止となった。同一二月三〇日付『朝日新聞』は、情報局の廃止を次のように伝えている。

「情報局の設置が時代の勢であつたとすれば解消もまた時代の勢によるものといへよう。情報局管掌事務は廃止と共に各省へ分割移譲されることになるが、その要領は国内新聞発表関係は内閣へ、国際関係(文化、報道)は外務省へ、国内文化関係は文部省へ、用紙配給関係は商工省へ、放送関係は逓信院へ、輿論調査関係は内務省へそれ〴〵移ることになつてゐる。」

情報局は廃止となったが、各機能は各省に分散されて存続した。情報部の名称を終戦後も残したのは外務省だけだが、国家主権のない占領下の日本で国民の多くは敗戦とともに忌まわしいニュアンスを帯びた軍事用語「情報」を忘却しようとした。その一方で、GHQでメディア統制を担当した民間情報教育局(CIE)が果たした役割も無視できない。民間情報教育局が占領軍の軍事組織であったことはいうまでもない。この軍事組織は「日本社会の民主化」のために、PRの普及活動を展開した。この広報活動の中で、かつての軍事用語「情報」は「教育」を連想させる言葉に「民主化」されていった。

しかし、民間情報教育局で世論調査を指導したハーバート・パッシン中尉(後にコロンビア大学社会学部教授)は「民間情報教育局」の訳語について次のような違和感を三七年後の来日講演で表明している。戦時中の日本語辞書を日本人より使い慣れた外国人ならではの発言である。

「当時は誰がつけた名前だかわかりませんけど、私が考えるには情報という翻訳は間違いだと思うんです。情報はインテリジェンスという意味ですから。だけど違う意味でのインフォーメーションの意味だったんですからね。つまり広報の意味だったんです。情報じゃなくてね。とにかくそうなってしまったんです。本当はインフォーメーションの方で、マスコミとの関係だったんです。」(パッシン 1983 : 4f)

占領体験を回想するパッシン教授の言語感覚では、一九八〇年代でも「情報」はなお軍事用語だったことがわかる。

サンフランシスコ講和条約発効後の一九五二年九月、吉田茂内閣は内閣総理大臣官房調査室(一九五七年に内閣調査室と改称)を設立した。国家情報機構の必要性を訴え、その設立に尽力したのは戦時下の情報局総裁、吉田内閣で官房長官、副総理をつとめた緒方竹虎である。内閣調査室は、一九八六年に現在の名称「内閣情報調査室」と改名された。「情報」が組織名称に復活するまで情報局廃止から四一年が経過していた。さらに二〇〇一年中央省庁改編により、内閣情報調査室長(政令職)が廃され内閣情報官(法定職)が新設された。一九三七年勅令第五一九号の「内閣情報部官制」で初登場した情報官は、一九四五年「情報局官制」廃止から五六年ぶりによみがえった。

とはいえ、戦後の「情報」イメージは高度経済成長の中で大きく変容していた。梅棹忠夫「情報産業論──きたるべき外胚葉産業時代への夜明け」(『放送朝日』一九六三年一月号)を嚆矢とする情報社会論のインパクトは特に大きい。ただし、梅棹自身は「情報の定義をめぐって」次のように語っている。

「わたしが最初「情報産業論」という論文をかきましたのは、一九六二年の末であったかとおもいます。そのころ、情報ということばはあったんですが、そのことばでおもいおこされる内容というのは、まずそれは軍事機密情報であった。あるいは産業情報。要するに秘密くさいもの、なにかくらい影がともなうことばだったんですね。」（梅棹 1991：281）

だが、「情報宣伝」の軍事的記憶がうすれるにつれて、「情報社会」というビジネス用語は一九六〇年代に急速に普及していった。梅棹自身も大いに驚いていた。

「これはめざましい変化でありまして、わたしはこんなにじょうずにこのことばがふつうのことばとして定着するとは、じつはあまり期待はしていなかった。もっともっと抵抗があるだろうとかんがえておりました。世間は、わりにじょうずに、日本語の語彙のなかに情報ということばを、くらい影をはらいおとして、透明な意味でとりこんできたようにおもいます。」（同前）

実際、情報社会研究は、社会科学研究の分野で戦後日本が世界に先がけて取り組んだ領域でもある。だが、その研究の目標となっていたのは、高度国防体制から高度経済成長を貫いて高度情報社会に至る情報理論の「高度化」だった。それの学知こそ「宣伝＝マス・コミュニケーション」の研究であったことを忘れてはならない。

四、情報宣伝から世論調査へ

小山栄三の宣伝研究

戦時下に情報局のもとで思想戦に従軍したデザイナーたちが、戦後の広告業界に「復員」し、消費社会のプランナーとして活躍した経緯については、難波功士が丹念に調査している。その中心となったのは、一九四〇年一一月に内閣情報部などの資金援助で設立された国策宣伝の企画製作者集団「報道技術研究会」である。そこにはグラフィック・デザイナーの山名文夫、原弘、コピーライターの新井静一郎はじめ、広告業界の指導者たちが結集していた(難波 1998)。軍事用語としての「情報宣伝」を、産業用語の「広告コミュニケーション」に変換したプロフェッショナルたちである。

戦時下の報道技術研究会には宣伝実務家のみならず、理論的指導者として小山栄三や米山桂三といった研究者も参加していた。この二人は「戦後」日本のマス・コミュニケーション研究を方向づけた研究者と言っても過言ではない。小山栄三は国立世論調査所所長、立教大学社会学部教授、日本世論調査協会会長、日本広報協会理事長など歴任し、米山桂三は慶應義塾大学法学部教授、同新聞研究所所長、日本新聞学会(現・日本マス・コミュニケーション学会)会長をつとめている。

以下では、両者の戦時期著作を検討しつつ、その「宣伝＝マス・コミュニケーション」研究の一貫性を確認しておきたい。戦中には戦意高揚目的の出版物、いわゆる「宣伝もの」が出版ブームとなっており、他にも数多くの宣伝論が存在している。しかし、ナチ宣伝の表面的な紹介や時局便乗の精神論が多かった「宣伝もの」のなかで、学問的姿勢を保持した研究書は極めて少ない。小山は「戦前」にナチ新聞学の最良部分を輸入消化した研究者であり、米山もまた総動員体制下の英米政治学を正確に受容していた。まず、小山の略歴と業績を簡単に紹介しておこう。

小山栄三(一八九九—一九八三年)は東京帝国大学文学部社会学科および法学部政治学科を卒業後、一九二七年に同文学部副手を経て、一九二九年に小野秀雄が主宰する文学部新聞研究室の研究員に採用された。一九二四年の卒業旅行では海軍省主催の南方視察団に加わり、ミクロネシアを実地見学するなど民族学的調査にも早くから関心を示していた。ドイツ新聞学の膨大な先行研究をまとめた『新聞学』（一九三五年）刊行の後、立教大学経済学部教授に就任している。さらに調査研究のフィールドを求めて、小山は一九三九年に厚生省人口問題研究所研究官（調査部長）となる。やがて、新聞学と民族学の両分野に通じた専門家として一九四二年には企画院調査官を兼任し、一九四三年には文部省民族研究所所員（第一部長兼第四部長）となった。この時期、『南方建設と民族人口政策』（一九四四年）など人種学や人口学の著作や翻訳も数多く残している。その一方で、『宣伝技術論』（一九三七年）、『戦時宣伝論』（一九四二年）をまとめ、一九四〇年に内閣情報部主催の第二回思想戦講習会で「思想戦と宣伝」を講演している（本書第六章参照）。

こうした「戦前」の研究と「戦後」の活動との連続性を考えるなら、小山においても第二章で扱ったドイツ新聞学 Zeitungswissenschaft の受容が鍵となる。小山が師事した小野秀雄の研究は、文字通り新聞紙を中心としたワイマール期の新聞学であり、それは歴史学・文芸学的色彩を強く帯びていた。それに対し、一世代若い小山は第三帝国で台頭した同世代のハンス・A・ミュンスターの公示学 Publizistik からより多くを学んでいた。メディアを「政治的に影響を与へんとする意志の伝達媒体」と考える公示学派は、旧世代の新聞学主流派と異なり研究対象を新聞紙に限定せず、映画、放送からポスター、デモ行進まで可能な限り拡大した。またナチズムの政策科学を目指して、アンケート調査や参与観察など社会学や心理学の手法を貪欲に取り入れており、小山は彼らの研究をリアルタイムで追いかけていた。内閣情報部が思想戦講習会で使用した「情報宣伝研究資料」にはドヴィファット『新聞学 上』（第五輯）とミュンスター『新聞と政策』（第一四輯）が含まれているが、翻訳は内閣情報部嘱託・小野秀雄の指示で小山が担当したものだろう。第二章でも触れたが、ミュンスターの「公示学の樹」(図2-2)は「マス・メディアの樹木図」(図3-1)として、戦後の小山の主著『新聞学原理』(一九六九年)にほぼそのまま採録されている。前者で「政治的に影響を与へんとする意志」と書かれた文字が、後者では「表現意志」に書き改められているだけなのだ。

小山は旧世代のドイツ新聞学より同世代の公示学派が目を向けた放送研究に関心を示していた。そのことは、日米開戦の半年前に小山が執筆した「国家宣伝と放送」でも確認できる。

「国家の戦時体制の確立は「放送」をして国家の統制目的に協力し、民衆を広義国防戦線に動員し、国民の統一ある強固な意志結束を実現するための思想戦に於ける第一線的任務を負担せしめること、なつた。娯楽提供の機関としての「放送」は国民指導教化の機関としての「放送」と変化発展したのである。」(小山 1941：5)

この文章に続いて、「国民受信機《フォルクスエンプフェンガー》」製造発売を公表した際の宣伝大臣ゲッベルスの演説が引用されており、それを小山はこう解説している。

「今日の如き自己批判と、社会評価の分裂してゐる危機の時代に於ては社会を全体的な統一へと鍛接する諸力——精神作興及びそれによる民族的統一の結合紐帯の強化は宣伝によつて始めて可能となる。而して民衆に直接働きかける最強の思想的武器は「新聞」と「放送」である。」(同前：5f)

特に興味深いのは、ここで小山が「新聞は〝読む放送〟であり、放送は〝聴く新聞〟である」とした上で、その両者とも「国家意志を国民意識にまで浸潤せしめる機関」、すなわち「宣伝機関」として考察していることである(同前：6)。ここにおいて、宣伝と報道は同義となる。

「「民衆」を組織して新に結束した「国民」を作ることが報道機関の使命なのである。」(同前：12)
この観点から、小山はラジオ放送を「最も鋭利な、最も大衆化された、而も最も近代的な宣伝手段」(同前：16)と評価している。
それから半年後、日米開戦直後に小山が執筆した「現代戦に於ける放送の性格」では、具体的な宣伝の目標が与えられたため、そのラジオ論で「政治的に影響を与へんとする意志」(ミュンスター)はより明確になっている。

「今やラジオは戦争遂行のための最強の而も最重要な装置と考へられるに至つた。それは第一に国民に必勝の信念を涵養し、国論統一を実現するために為政者が民衆に直接話し掛け得る最も簡便な手段である。第二にそれは敵性国家に対する神経戦争《アングスト・クリーク》の最大の武器であり、第三にそれは占領地域民族に同志的一体感を形成するための対民族工作の主要な一部門になつてゐるからである。」(小山 1942a：5)

こうした政策科学的な発想は、第三章で確認したようにアメリカの戦時動員体制下に確立したマス・コミュニケーション研究のパラダイムと同一である。マス・コミュニケーション研究は第一次世界大戦の産物であるナチ宣伝研究のアメリカにおける鏡像として誕生した。第三帝国の政治公示学もアメリカのマス・コミュニケーション研究も同じ戦時動員の操作主義パラダイムの上に展開されたのである。ここでは小山の戦時宣伝論に、その操作主義パラダイムを確認しておきたい。小山は日中戦争勃発後の一九三七年一二月に刊行した『宣伝技術論』序文をこう書き起こしている。
「課題とする所は、一定の目的に向つて大衆の思惟を集中せしめる精神動員の方法であり、輿論を人為的に形成しようとする手段の工作であり、民衆に行動の指針を与へる社会統制的操縦根拠の理解である。」(小山 1937:1)

さらに、国民の精神動員は戦略の一部であるとした上で、宣伝理論の意義をこう述べている。

「戦争は戦略の理論によつて導かれる。同様に宣伝も宣伝の技術的理論によつて導かれなければならない。宣伝の理論なくして宣伝活動はあり得ないからである。宣伝の科学的体系を確立して、宣伝の実践に理論的規準を与へようとするのが本書の主なる目的である。」(同前:4)

小山は章立てで、ルドルフ・ザイフェルト『一般宣伝学』(*Allgemeine Werbelehre*, 1936)の宣伝過程論を利用している。それは宣伝過程をその時間的契機の段階に従って「宣伝作用―宣伝活動―宣伝効果」の三部門に分割する枠組みである。これは同じく戦時体制下のアメリカでハロルド・ラスウェルが考えたマス・コミュニケーション研究の枠組み、「統制研究―内容分析―媒体分析―受け手分析―効果研究」と相似的である。小山にとって、ともに宣伝の「効果」を最重視したナチズムの公示学からニューディールのマス・コミュニケーション研究への歩みは何ら違和感を覚えるものではなかったのである。

米山桂三の輿論研究

「戦時」と「戦後」の研究が、あるいは小山以上に一貫している「啓発宣伝(輿論指導)」の研究者として慶応義塾大学教授・米山桂三をあげることができる。敗戦後は人類学・人口学研究から撤退した小山に対して、米山は一貫して輿論/世論の政治学に踏みとどまった。もっとも、モーリス゠スズキが指摘するように、小山の場合も外部の「民族」にも向けていた「計測する科学」の視線を、内部の「民衆／国民」に集中しただけともいえるだろう(Morris-Suzuki 2000)。

米山桂三(一九〇六―七九年)は一九二九年慶應義塾大学法学部を卒業した後、同学部助手に採用され、アメリカ経由でロンドン大学、ベルリン大学に約三年間留学した。一九三三年帰朝後、母校で「政治心理学」などを担当した。戦時下には政治宣伝の専門家として多くの論説を新聞や雑誌に執筆している。戦後は一九四六年一〇月より法学部教授のまま慶應義塾大学新聞研究室主事、翌年五月から同研究室主任教授を兼ね、一九六〇年に主論文「世論の本質」で法学博士となっている。

戦時の主要著作は『思想闘争と宣伝』(一九四三年)にまとめられている。第一部「宣伝とイデオロギー」で第二次世界大戦初期の英独ソ宣伝戦を論じ、ボルシェヴィスト宣伝やファシスト宣伝に対するデモクラット宣伝の強度を指摘している。英米の民主主義＝輿論政治は原則的に反対意見を表明する「宣伝の自由」を否定しないが、総力戦体制ではファシスト宣伝との差異が縮小することも米山は正確に指摘している。

「事実、英米デモクラシーの下に於ける、行政部の独裁化・言論統制の一元化的傾向は、蔽ふべくもないところであると同時に、特に、政府のなす宣伝のイデオロギー的基礎付けといふ傾向と相俟って、宣伝の自由の原則には、尠からざる制約が加へられるに至つたことは事実である。しかしながら、それにも拘らず、デモクラット的宣伝の形態的特徴は、依然として、存続されてゐるかの如くである。」(米山 1943：68)

第二部「戦争と輿論と宣伝――イギリスの戦時精神動員批判」は副題に「批判」とあるにもかかわ

らず、イギリスにおける輿論政治の強度が高く評価されている。

「恐らく、国内輿論の統一、或は、国民の輿論の全面的支持なくしては、近代的総力戦の遂行は不可能であらう。言葉を換へていへば、近代的総力戦を遂行するためには、一部少数有識者の意見を、国民全体の支持する輿論なるかの如く装つて、総力戦態勢整へりと自負するが如きことは、全く、不可能なことである。」(同前：75)

米山は輿論を「集団全体の利害に関する公的問題について、多数構成員の懐く意見の綜合である」と定義し、戦時下の俗耳に入りやすい定義——たとえば「輿論とは、全く、宣伝の与ふる刺戟に対する応答」——を退ける(同前：96f)。しかし、輿論の動きは現実の社会変化より「遅延」する傾向があり、戦争においては対応の遅れは致命的なので、民主主義国家でも宣伝による国論統一は不可避となる。

「近代戦の勃発に際し、特に、輿論の国が宣伝の国となる所以である。これに反し、近代的独裁国家の多くは、平生から、宣伝によつて、国民の精神生活の戦時態勢化が行はれてゐるから、(中略)この場合、人格に基礎を置く「輿論」の統一をも企てない限り、長期戦に於て、その脆弱性を暴露する危険があるのである。しかるに、わが国民の間では、その国体上、国民は、天皇帰一といふ意識に強く支配されてゐるから、近代的独裁国家に於けるとは別な意味で、国民の精神生活の戦時態勢化は、比較的容易である。」(同前：105f)

ここで米山が注目するのは世間一般で人気のあった同盟国ドイツの宣伝省ではなく、むしろ敵国イギリスの情報省であり、その輿論形成力の強度を高く評価している。

「イギリスは、右の如き民主的方式の維持を通して長期戦態勢を整へつつあつたのであつて、灯火管制や児童避難の如き、直接国民の日常生活に関係ある問題については、特にその効果は大きかったのである。（中略）近代的戦力戦に於ては、大衆層の者も、総力戦態勢を整へる上には重要なる要素なのであるから、何とかして大衆層の者をも、輿論の構成に参画させなければならないのである。」（同前：121f）

大衆を輿論形成に参加させるため、またそうした大衆輿論が出来上がるまで「一時的の対策として、精神動員上、宣伝が重視される」（同前：122）べきだと断じている。つまり、英米の輿論研究を十分に学んだ米山は、当時量産された俗流「宣伝もの」とは異なり、ゲッベルス流の自己宣伝、「絶対の宣伝」などは信じていなかった。むしろ、米山が英独宣伝戦の教訓として主張したのは市民的《ブルジョア》輿論に対する「大衆に於ける輿論」、本書の言葉でいえば「ファシスト的公共性における世論」の重要性である。卒業論文がイギリス労働党と輿論の関係を論じた「社会党の若干考察」であったことも、米山が市民的公共圏の限界を正しく理解できた理由だろう。

その上で米山は第三部「宣伝・ラジオ・写真」で、「時間と空間を克服する」ラジオの機能を特に高く評価している。「ラジオの力」によって「生活の複雑性、生活領域の広大性、しかして、社会的変動の急激性にも拘らず、人類の社会生活が、よくその混乱を避けつつ、将来への発展を約束し得る」（同前：173）。米山はラジオ放送の戦況ニュースについて次のように述べており、そのメディア論はあくまでも現実主義的だった。

「戦時下、戦捷ニュースほど、国民を歓喜せしめるものはないが、自国の蒙つた損失の発表が、却つて、国民の奮起を促すこともあるのである。（中略）実に、銃後の国民は、戦況ニュースを通して、はじめて、自分達も、戦闘に参加してゐる気持になるのであるが、そのために、却つて、充分戦況ニュースが与へられないといふやうなときには、国民の不安が昂まり、デマや流言蜚語が流布される原因となるのである。」（同前：176）

その事例として英独のラジオ宣伝戦を分析し、以下の教訓を引き出している。

「ラジオが、宣伝に用ひられるといふ場合には、決して、その放送内容は、教育家の御談義であつてはならないのであつて、聴取者がそのまま受け容れて、直に以て、聴取者の確信としてしまふやうな、極めて通俗的な内容であることを必要とするのである。」（同前：182）

同じように効果を意識する日本の宣伝論として、第四部「宣伝の概念・語源・語義」では戸澤鉄彦『宣伝概論』（一九四二年）と小山栄三『戦時宣伝論』のみを「闇夜に灯」と米山は高く評価している。しかし、輿論指導の手段として宣伝のみに着目するドイツ公示学、つまり小山の宣伝論の限界について次のように論評している。

「輿論は、むしろ、宣伝からは区別せられるべき、教育・啓蒙・討論の結果構成されるものであると解されるのであるから、宣伝が輿論の構成に、影響は与へ得るとしても「輿論指導」の手段、すなはち宣伝であると解することは出来ないのである。」（同前：220f）

こうした民主主義的動員の発想は、思想戦の実践にかかわる提言、つまり第五部「東亜共栄圏と宣伝」においても確認できる。やみくもに「亜細亜よ、目覚めよ」と叫びつつ「日本文化」を押しつける対外宣伝には、痛烈な批判を浴びせている。

「一部の認識不足な論者は、依然として、日本の道義的声明を以て、最上の宣伝であると誤認し、極端なる楽観主義に陥つてゐるかと思ふと、他の一部の認識不足な宣伝実践家達は、ただ意味もなく、宣伝といふ言葉に陶酔してしまつて、やれポスター、やれ新聞、やれラジオ、やれ映画と、華々しくは見えるが、東亜共栄理想の実現には、何等貢献するところのない宣伝を、乱発してゐるのを見掛けるのである。」(同前：253)

その上で、具体的な宣伝実践として、米山はアジアでの日本語普及活動についてこう述べている。

「まづ、手始めとして、機械・技術の名称や商業用語を日本語で教へ込み、物の面から、次第に、東亜文化圏の一員たらしめるやうに、努めるべきであると思ふ。」(同前：240)

これこそ、「戦後」高度経済成長下の日本がアジアに経済進出する際の文化戦略であった。また、対外宣伝映画についても「独善的に、日本の景色や生活を描いた記録映画」を批判して次のように対案を提言している。GHQ民間情報教育局が「戦後」日本で展開した広報活動と軌を一にする発想である。

「或土着住民の青年が、日本へ留学し、その間に、日本の大産業や近代的諸施設を見聞し、また、或時には、日本の美しい人情風物に接し、彼は非常に偉くなつて、故国へ帰つて大成功をするといふやうな筋書の中で、日本を紹介すれば、一層有効であらうと思ふ。殊に、この場合、その青年が、日本へ留学して偉くなつたために、故国に帰つて恋の勝利者となつたといふやうにでも仕組めば、一層訴求力も強いのである。」(同前：268)

情報宣伝から世論調査へ

かくして、小山や米山の「戦時」宣伝論は、摩擦なく「戦後」マス・コミュニケーション研究に直結した。ファシズム体制とニューディール体制は、行政管理的研究パラダイムにおいて総力戦体制の下位区分に過ぎない。小山は、敗戦直後にGHQから出頭命令を受けたことを「世論調査の陣痛期」でこう回想している。

「終戦直後マッカーサー司令部から突然「出頭せよ」の命令が伝達されてきた。当時は日比谷のGHQ司令部前には、まだ戦車が四、五台たむろしていて、ものものしい風情であった。追放《パージ》が始まったばかりの時なので不安な気持ちで出頭すると直ちに三階の一室に通された。そこにはすでに五、六人の士官が列席していて、かわるがわる私に質問の矢を浴びせかけてきた。「日本の世論は戦前、戦中、戦後とどう変ったか」、「全国民の世論を調べるにはどんな方法があるか」等がその項目であった。一応質問が終ったら彼等は退室し、しばらく待たせられたが再び入室した時には、彼等は威儀を正し、「今度日本政府が世論調査機関を設けることとなった。ついてはその長にGHQは君を推薦することにきめたからしっかりやって欲しい。GHQは出来る限りの援助をする積りだ」とのことであった。」(小山 1982 : 1)

この面談は敗戦後二か月、一九四五年一〇月のことである。翌一一月一日GHQ民間情報教育局長ケン・R・ダイク准将の口頭要請により、情報局に企画資料部輿論調査課が置かれ、小山栄三は情報局参与に就任した。翌月の情報局廃止にともない輿論調査課は翌一九四六年内閣審議室に移管され、さらに組織を強化して一九四七年総理庁官房審議室輿論調査部、やがて一九四九年六月総理府国立世論調査所に発展した。小山の「戦後」最初の著作は『輿論調査概要』（一九四六年）だが、その第三章「輿論指導と宣伝」は『宣伝技術論』（一九三七年）の再説であると序文に明記されている。

一九五六年、小山は同志社大学より『広報学——マス・コンミュニケーションの構造と機能』（一九五四年）で博士学位を授与された。その「学位論文審査要旨」で主査を務めた同志社大学教授・和田洋一は次のように書いている。

「当時、日本の学界全般が新聞現象の科学的研究にたいして冷淡ないし無関心であつた事情の下において、著者がこの新たな学問領域の重要性を認識し、処女地に鋤を打ちこむ仕事をつづけ後進のために研究の視野と方向をあたえ、戦後のマス・コンミュニケーション研究の隆盛に先立つて、日本の新聞学樹立のための素地を作つた功績は、何人も認めねばならないところであろう。（中略）広報なる言葉は、昭和廿二年四月公布の地方自治細則の中に、はじめて法律用語として用いられたが、広報の意味するものは宣伝とほゞ同一であつて、しかも必ずしも同一ではない。「広報」とは「マス・コンミュニケーションをコントロールして与論形成を行おうとする努力である」と著者は述べているが、パーソナルな、口から耳への宣伝ではなしに新聞、雑誌、パンフレット、ビラ、映画、ラジオ、テレビ等、マス・メディアを通しての宣伝が広報である。」（和田・園・臼井 1956）

米山桂三の場合も、同じようにアメリカ占領体制に適合的だった。敗戦の半年後、米山は『思想闘争と宣伝』と同じ版元から『輿論と民主政治（民主主義講座Ⅰ）』（一九四六年）を刊行している。その結論部「戦争と輿論」で、ファシズム国家の敗因は次のように分析されている。

「戦争が総力戦的となればなるほど、異質化せる国民各層の戦争遂行への協力を必要とするので、輿論政治の確立こそは近代的総力戦遂行の鍵であると信ぜられる。(中略)煽動——彼等(ファシズム国家の指導者)はこれを戦時宣伝とか戦時輿論指導と呼んだ——によつて群衆化せる烏合の衆が、どうして近代「総力戦」の担当者たり得よう。これ等の国々が近代総力戦の敗者として一つ一つ戦線から脱落して行つたのも蓋し当然である。」(米山 1946:58f)

ここには何らの「転向」も存在しない。「戦時」精神動員の研究が「戦後」輿論参加の研究に直結していたことが確認できる。米山桂三は「新聞研究所の設立にあたって」(一九六一年)で、終戦直後GHQ民間情報教育局に呼び出され、慶應大学に新聞学部を設置するよう指令を受けたことを回想している。米山は自ら新聞研究室主任となり、さらに一九四九年一月GHQ民間情報教育局の世論社会調査課の顧問に就任した。一九五一年には、同世論社会調査課所属の日系二世・石野巌と共著で『広告の社会学』(電通広告選書)を刊行している。戦後の研究を小山は政府広報、米山は商業広告に拡げたが、その出発点はいずれも戦時宣伝にほかならない。

ナンシー・スノー『情報戦争』(二〇〇三年)は、アメリカにおける情報政策とプロパガンダと世論操作は三位一体であり、第一次世界大戦のクリール委員会から現在まで一貫していることを描きだしている。本章は、日本の情報化においても同じ連続性が確認できることを明らかにした。この「情報戦争」を「文明の衝突」と呼ぼうが「文化外交」(本書第七章を参照)と呼ぼうが、それが今なお継続していることは否定できない。情報の戦場において、私たちはいまだ明確な「終戦」を目にしてはいないのである。

後記

初出原稿（二〇〇六年）から第六章および第七章との重複部分を削除し、ほぼ同時期に執筆していた「戦後世論の成立――言論統制から世論調査へ」（『思想』二〇〇五年一二月号）の内容を加筆した。「情報宣伝」に関わるメディア史研究も初出時から格段に進んだ。たとえば、有山輝雄『情報覇権と帝国日本』Ⅰ・Ⅱ・Ⅲ（吉川弘文館、二〇一三・一六年）、山本武利『日本のインテリジェンス工作』（新曜社、二〇一六年）などが代表的な成果である。外務省情報部に関連しては、戸部良一『外務省革新派――世界新秩序の幻影』（中公新書、二〇一〇年）が詳しい。しかし、こうした新しい研究成果は本稿には反映されていない。「情報」について、小野厚夫『情報ということば――その来歴と意味内容』（冨山房インターナショナル、二〇一六年）が刊行された。小野は日露戦争後は軍事領域以外での「情報」使用例も増えていることを指摘している。だが、平時における政治や経済、スポーツなどの領域での転用は、社会現象すべてを軍事的アナロジーで理解する発想法の一般化であり、「社会の軍事化」の指標とも見なせる。もちろん、一九二三年関東大震災の報道における「情報」頻出も、戒厳令下にあり朝鮮人虐殺事件など一種の内戦的様相を呈していたことを考えれば、こうした災害情報が軍事用語でないとは言えない。小野は、戦前から一般的な、つまり非軍事的な「情報」の利用があったことを強調しているが、一方で電波工学者・関英男の回想も引用している。関は一九五三年にマサチューセッツ工科大学から帰国し、information theory に「情報理論」という訳語を当てた人物である。その経緯について関は『情報処理入門』（東海大学出版会、一九八一年）でこう回想していた。

「その頃まで、情報という言葉は軍事スパイや警察関係以外では使用されておらず、一種のタブー用語のセンスを一般の人々がもっていたために歓迎されませんでした。とくに通信学会の中でその空気が強く、Information Theory 研究委員会は「インホーメーション理論研究委員会」と命名されました。今日、情報化社会などといって積極的に使われるようになったのは、裏にわたくしの宣伝力があったのです。」(関 1981：5f)

もちろん、関が工学分野で初めて information を「情報」と訳したわけでもなく、関個人の「宣伝力」を過大評価することはできない。しかし、理科系であっても「情報」という言葉の軍事的ニュアンスに抵抗感があったことの証拠にはなるだろう。

第五章　メディア論——電体主義の射程

一、ラジオ文明と現代化

前章では第一次世界大「戦後」の情報化、すなわち総力戦体制のメディア史を概観した。それはラジオ放送が始まる一九二〇年代を「現代化」への転換期とする議論である。つまり「印刷メディアの近代化」から「電子メディアの現代化」への移行であり、政治経済史的にいえば「総力戦体制における階級社会からシステム社会への移行」（山之内 1995）を意味する。国家と社会の境界が曖昧になり、公共圏と親密圏の相互浸透も進む総力戦体制において、メディアに求められる機能は伝達 communication から統合 integration へと重心が移動した。そのため情報の評価においても内容の真偽より印象の強弱こそが重要となった。第一章で扱った「ファシスト的公共性」も、そうした総力戦体制下でのシステム社会化を背景として浮上した。

こうした総力戦体制期におけるシステム社会化論の先駆けとも読める奇妙な論文が存在する。赤神崇弘（良譲）「全体主義と電体主義」（一九四〇年）である。著者の明治大学教授、赤神良譲（一八九二—一九五三年）は、戦前のジャーナリズムで活躍した社会学者である（石田 2006）。電体主義論文の核心部分をまず引用しておこう。

「個人は独立の意識と生命とを有するが、社会、国家、民族は、更に高次の意識と生命とを有するものであり、高次の生命は低次の生命の組織結合によつては生ずるが、その質をば全く異にする。低次の生命によつて成し遂げられぬことでも、高次の生命によつて容易に遂行し得る能力を具有するものであつて、斯くして獲得されたる力は、更に個人に再分配され、その個人の可能力即ち電圧を高めて来る。而も高められたる電圧は、更に国家、民族即ち全体の電力を高次のものとなし創造と分配とが、交互に行はれ行くものと観念される。従つて最早、電体は個人の手段でもなく、個人が電体の手段でもない。反対に電体の目的は個人であり、個人の目的は電体となつて来る。」（赤神 1940：35）

この赤神論文では「電体」そのものが明確に定義されておらず、ラジオ放送による国民統合プロセスが直接論じられているわけではない。とはいえ、「電体主義」はラジオ（電波）と映画（電影）、次いでテレビ（電視）を基軸とした今日に至るクロス・メディア社会を理解する上で、またコンピュータ（電脳）文化の系譜学を構築する上で無視できない概念である。しかし、赤神論文の掲載誌が国際反共連盟発行の『反共情報』（一九三八年一〇月創刊）だったこともあり、「電体主義」概念は戦後ほとんど顧みられることはなかった。本章の目的はこの電体主義論文をメディア史から読み解くことである。そのために、まず先行する一九二〇年代の「ラジオ文明論」を検討し、次いで具体的なクロス・メディア状況を「ラジオ的雑誌」（佐藤 2002）である『キング』を例に確認し、最後に電体主義の現代的な意味を考察しておきたい。

新城新蔵の脱文筆社会論

日本でラジオ定期放送が開始された一九二五年には様々なラジオ論が発表されたが、以下では特に比較メディア論の視点をもつ室伏高信「ラヂオ文明の原理」(『改造』一九二五年七月号)と新城新蔵「ラヂオ文明」(『東京朝日新聞』一九二五年八月一四日)を取り上げる。だが、一九二五年のラジオ論としてこれまで注目されてきたのは、『中央公論』(「「常識の知識化」と「知識の常識化」号」、一九二五年六月一五日増刊号)の特集「文芸の映画化と音楽のラジ《ママ》オ化」だろう(津金澤 1998、吉見 1995)。タイトルが特集と同じ長田秀雄、室生犀星に加え、荻原朔太郎「芸術の映画化に就いて」、上司小剣「科学と芸術との抱擁」、菊池寛「文芸の映画化未し」、田辺尚雄「音楽のラジ《ママ》オ化」が並んでいる。特に長田論文は映画との比較を強く意識している。

「キネマは芸術の冷凍であり、ラジ《ママ》オは、人類の世界の意識を、彼の一身に凝集させる仕事である。言を換へて云へば、キネマは縦の連続であり、ラジ《ママ》オは横の拡がりである。」(長田 1925：365)

「縦の連続」とは時系列的なつながり、「横の拡がり」とは空間的なひろがりを意味するが、現実の社会現象とからめて論が展開されているわけではない。

それに比べて、理学博士・新城新蔵の「ラヂオ文明」論はより具体的で判りやすい。この四年後、京都帝国大学総長に就任する新城の論説に、今日も量産されるメディア進歩史観の原型を見出すことができる。

新城新蔵(一八七三—一九三八年)は会津若松市に生まれ、東京帝国大学卒業後、ゲッティンゲン大学に留学している。専門は宇宙物理学であり、また中国古代暦術の第一人者として一九三五年中華民国上海自然科学研究所所長に就任している。専門書以外に『迷信』(一九二五年)など一般向け啓蒙書も執筆している。

「正にラヂオ流行の世の中である」と書き出されたこの論説が『東京朝日新聞』に掲載された約五か月前、一九二五年三月二二日、社団法人東京放送局のラジオ放送が開始された。普通選挙法成立はその七日前である。翌一九二六年に東京放送局は大阪放送局、名古屋放送局と統合されて日本放送協会になった。ちなみに、三月二二日が放送記念日に制定されたのは戦時下の一九四三年のことである。京都に住む新城がラジオを毎日聴いていたわけではない。新城はラジオ放送が「有閑階級の娯楽や相場師の道具」に止まることなく、誰でも自由勝手に聴ける「民衆的普へん的」放送となることを要求している。そこには普通選挙法成立後の大衆民主主義に対する期待を読み取るべきだろう。

「もと〳〵万人に公開の空間に電波を伝達せしめて居るので、これを一定の加入者のみに限つて聴かせようといふのは根本において間違つて居る。」(新城 1925)

それゆえ、放送は「国家又は地方自治体其他の公共団体が経営するのが本来」だと述べている。その上で、やがてラジオ文明が成熟すれば印刷媒体はおろか文字文明までも不必要となるという。

「若しラヂオの放送と聴取とが十分に普及し便利なものに発達すれば、差当り新聞紙の印刷の如きは大部分をやめることが出来る様になるであらうと思はれる。(中略)新聞紙の普及と印刷術の発達とのためにやがて製紙原料の供給難を訴ふるに至つては文字文明も又漸く行き詰まれるものと云はなければならない」(同前)

用紙難を救うのがラジオ文明だというあたり、昨今の電子書籍論者のエコロジー感覚とよく似ている。むしろ、おどろくべきは当代きっての教養人に「文字」「文筆」への固執がまったくないことである。宇宙物理学が極端に長い時間軸で歴史をとらえるためだろうか。

「一体言葉に現したる思想をわざわざ複雑なる符号にて記録し更にこれを読みて再び言葉に飜訳し其意味を了解するといふのは甚だしく廻りくどい方法で現代的ではない。」(同前)

あるいは、古典的教養主義者の新城はプラトンの文字批判をドイツ留学中に読んでいたのかもしれない。文字利用が記憶力を衰えさせ、書物への依存が高まることの弊害が、『パイドロス』ではエジプト王タモスが文字の発明者テウトに発した言葉として紹介されている。

「人々がこの文字というものを学ぶと、記憶力の訓練がなおざりにされるため、その人たちの魂の中には、忘れっぽい性質が植えつけられることだろうから。それはほかでもない、彼らは、書いたものを信頼して、ものを思い出すのに、自分以外のものに彫りつけられたしるしによって外から思い出すようになり、自分で自分の力によって内から思い出すことをしないようになるからである。(中略)彼らはあなたのおかげで、親しく教えを受けなくてももの知りになるため、多くの場合ほんとうは何も知らないでいながら、見かけだけはひじょうな博識家であると思われるようになるだろうし、また知者となる代りに知者であるといううぬぼれだけが発達するため、つき合いにくい人間となるだろう。」(プラトン 1967 : 134f)

こうした文字や書物への批判は珍しいものではない。新約聖書「コリント人への第二の手紙」(3-6)の文字批判はさらに有名だろう。パウロは文字で書かれた律法をこう批判している。

「神はわたしたちに力を与えて、新しい契約に仕える者とされたのである。それは、文字に仕える者ではなく、霊に仕える者である。文字は人を殺し、霊は人を生かす。」

パウロの「文字」批判が「手紙」によって行われているのは皮肉だが、そこには対面接触コミュニケーション、つまりミサ儀礼による神との霊的コミュニケーションを重視する姿勢が読み取れる。

こうした文字批判は古典古代から存在していたわけであり、新城の文字批判にオリジナリティを認めることはできない。さらに言えば、理系知識人には特に珍しい発想でもない。これから約六〇年後、NHK教育テレビ番組《ハロー！　コンピューター》に出演した坂村健(当時東京大学講師)は、「ワープロを使うと字がかけなくなる」との批判に「だったら何だというんだ」と応じている。

「いったい文字とは何のために書いているのかと考えれば、情報の伝達、意志の疎通、人と人とのコミュニケーションのためである。あくまでも目的はコミュニケーションのための手段である。字を書くことが目的ではない。」(坂村 1986：81)

一つの見識ではある。新城も新聞の速報はことごとくラジオ・ニュースに取って代えてよい、保存が必要なものはレコード化して蓄音機で聴けばよい、という。

「レコードが今日の印刷書物の如くに軽便になり、蓄音機とラヂオ受話機とを両のポケットに携帯し得る様になつたとすれば、我々は一切の文字を無用の長物として一掃することが出来、文字によらざる実質的文明は更に長足の進歩を見るに至るであらう」(新城 1925)

今日のスマートフォンを連想させるわけだが、そうしたウェブ情報も今日なお圧倒的に「文字」を媒介としており、その点では自然科学者が夢見たポスト文字文明はいまだ実現していない。

だが、ラジオ放送の「民衆的普へん的」イメージの方は書物や雑誌など活字メディアに転写された。その一例として次節では一九二五年創刊の「ラジオ的雑誌」を検討するが、書物でもその翌年の円本ブームに「ラジオ的書物」は確認できる。『現代日本文学全集』(改造社)を追って売り出された『世界文学全集』(新潮社)の一九二七年二月一五日付『東京朝日新聞』掲載の広告文が典型的である。

「世界文学に親しむは、朝に汽車電車を利用し夕に活動ラヂオを享楽するものの義務だ。屋根にアンテナを張つて書斎に本全集を具へないのは恥辱だ。従つて本全集の成果は、日本の民衆の世界に於ける文化的レベルを表示する好箇のバロメータァだ。見よ、各国各時代の代表傑作を網羅して全日本に放送せんとする此の一大マイクロホンの前に、全民衆・全家庭が狂喜して壱円を投じつゝある事実を。是れ本全集の絶大なる成功を語るものに非ずして何であらう‼」

この円本全集を読むためには最低限の活字的教養は不可欠だが、その大量販売にはラジオの「民衆的普へん的」イメージだけで十分だった。いずれにせよ、ラジオ放送開始と出版大衆化の時代に書かれた新城の論説は単なるポスト活字を超えて、ポスト文字の文明論として突出していた。だから、「ハズれた予言」として忘却されてきたのだろう。新城は次の一文で擱筆している。

「娯楽用の楽耳翁たるに止まつてはならぬ。一切の文明を負担する雷耳王を以て任じなければならぬ。」(新城 1925)

「雷耳王」というより「楽耳翁」、より正確には「楽耳王」を目指して同年創刊された大衆雑誌が『キング』である。実際、室伏高信も後述する「ラヂオ文明の原理」でラジオ聴取者を「『キング』の読者以下」と名指ししている。

「政談演説のごとき類ひのものと雖もその水準は今日あるよりも遥に以下にと引き下げられなくてはならぬ。そこには多くの少年の聴手、老耄者、低脳なる婦人の聴衆の無数がある。ラヂオの前に立つものは常に斯くのごとき無知なる大衆を相手とするものでなくてはならない。その標準は「キング」の読者以下である。」(室伏 1925：47)

二、活字文化の放送化

大日本雄弁会講談社が社運を賭して一九二五年に創刊した日本初の「百万雑誌」『キング』については、すでに拙著『『キング』の時代——国民大衆雑誌の公共性』(二〇〇二年)で詳細に分析した。この「一家に一冊」をめざした廉価な雑誌が一般庶民にとってラジオ受信機の機能的代替物だったことは、ここで繰り返し強調してもよいだろう。

「家族の中心にあるべきメディア」のイメージは『キング』一九三一年新年号附録『明治大正昭和大絵巻』の「大正十四年」(図5-1)と、同年『キング』創刊を告げるポスター(図5-2)を比較すれば一目瞭然である。高価なラジオ受信機での聴取を擬似的に実現したメディアが「ラジオ的雑誌」、『キング』である。新城新蔵とよく似た楽観的なラジオ文明論、たとえば北畠利男「トテモ素晴らしいラヂオの将来」も創刊から半年後の『キング』一九二五年七月号に掲載されている。北畠はラジオ文明では「新聞も学校も不必要」になると放送熱を煽っている。

「東京帝大の講堂に於て、伯林大学でアインシュタイン教授の講義してゐるのをそのまゝ聴くことも出来る。各学校には教師や博士をそれぞれに傭はなくともよくなる。例へば東京帝大に各博士連は集つて、一定の時間に講義すれば、全国の各大学ではそのまゝ聴講が出来る訳だ。いや何も学校まで

5-1　吉郡二郎「初放送」『明治大正昭和大絵巻』(『キング』1931年新年号附録)

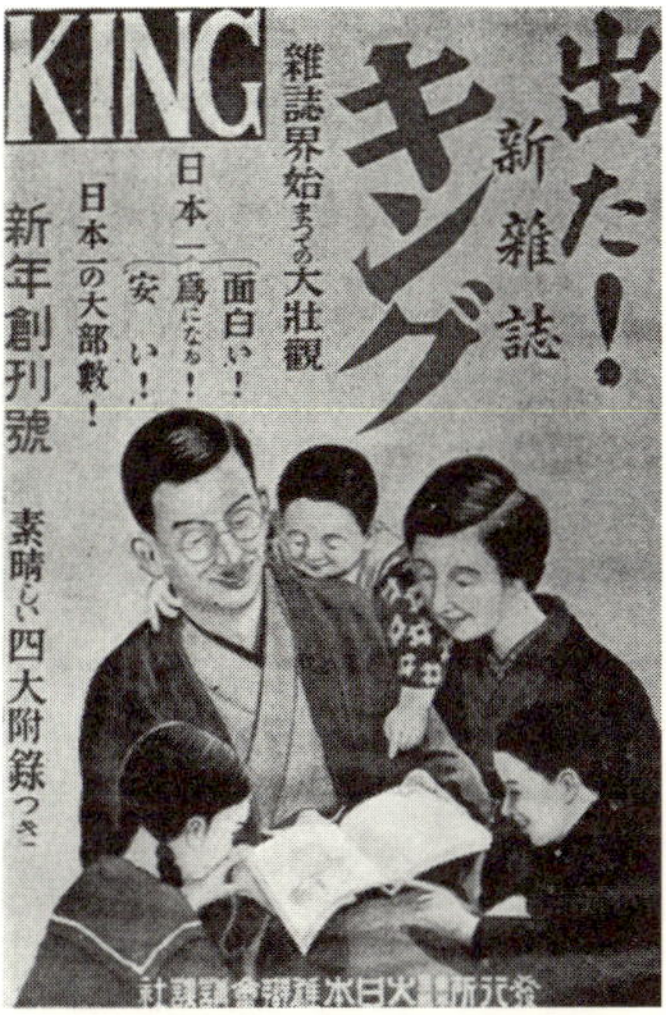

5-2　『キング』創刊当時の四色刷り大ポスター(『講談社の歩んだ五十年』明治・大正編，講談社，1959年，621頁)

行かなくともい丶、自宅に居つて自由に勉強出来る、そして学問をする費用が大変安くなる。」(北畠 1925：194)

こうしたラジオの教育利用という発想も特に珍しいものではない。レーニンが識字率の低いロシアでの社会主義建設に期待したのもラジオ放送(無線電話連絡)だった。一九二二年五月一九日付でスターリンに宛てた手紙「無線工学の発展について」が残されている。

「無線電話連絡によって生きた人間の言葉を可能なかぎり遠距離につたえることが、われわれの技術でまったく実現可能である。(中略)社会科学について講義をする能力をもったわが国の少数の共産主義的教授たちに、連邦のすみずみまで、何百という地方に向けてこれらの講義をおこなわせるようにするほかには、活路

はない。」(レーニン 1959：373f)

レーニン没後もこの指針が忠実に実行された様子は、日本プロレタリア演劇同盟中央執行委員長の村山知義が「ラヂオ戦線(時代探訪3)」『中央公論』一九三一年六月号で紹介している。一九二七年第一五回ソビエト共産党大会で教育人民委員(教育相)のアナトリー・ルナチャルスキーは「教育五ケ年計画」を報告したが、そこでは「ラヂオとキネマこそ大衆教化運動の先頭部隊である」と述べられており、ラジオ受信機設置数を三五倍に増やす計画が発表されていた。

「広場、街角、辻、クラブ、学校、兵営等々には洩れなくラウドスピーカーが備へつけられてあるが、更にあらゆる住宅に極めて低廉な設備費と聴取料で放送が聞かれるやうになつてゐる。そればかりか自動車にラウドスピーカーを設備した移動的なもの教化車さへあつて、偏鄙《ママ》な隅々迄出掛けて行くのである。」(村山 1931：200)

ロシアではラジオが活字メディアの代替物と期待されたが、比較的に識字率の高かった日本ではまず廉価な大衆雑誌がラジオの代替物となりえた。つまり、ソビエトに「プロパガンダ的(活字的)ラジオ放送」があり、日本に「アジテーション的(ラジオ的)雑誌」があったということになる。それは有名なレーニンの「プロパガンダ/アジテーション」の定義を踏まえての謂いである。

「宣伝家は、主として、印刷された言葉によって、扇動家は生きた言葉によって、活動する。」(強調は原文、レーニン 1969：148)

村山論文の結語もこのレーニンの定義を踏まえて読まれるべきだろう。

「〔日本のプロレタリア文化運動では〕独自のラヂオ・グループやラヂオの出版物が急速には出来な

い迄も各種のニュースや機関誌に支配階級のラヂオ戦線に対する闘争が活潑に現はれるやうになるのは決して遠いことではあるまい。」（村山 1931：201）

もっとも日本のプロレタリア文化運動はインテリ中心であったため、「ラジオ戦線に対する闘争」も非大衆的な理論雑誌で展開された。そして、プロレタリア文化運動の理論雑誌で槍玉に挙がったのは、ラジオ放送そのものよりも「ラジオ的大衆雑誌」を発行する大日本雄弁会講談社であった。その具体的事例については拙著『『キング』の時代――国民大衆雑誌の公共性』の第三章「「大衆」の争奪戦――プロレタリア的公共性とファシスト的公共性」で詳しく論じている（佐藤 2002：66-93）。

一方、『キング』一九二五年八月号には「『キング』を読みこなす六歳の神童」が紹介されている。ラジオを聞くように『キング』の頁をめくるだけなら神童でなくても可能である。一般に「ラジオを聞く」とは断片的な聴取を意味するのであって、ラジオを注意深く聞き続けることでも、その内容を理解していることでもない。逆に言えば、「思考のための聴取」は読書と同じく持続的な注意力の集中を必要とするが、ラジオ放送は「ながら聴取」が可能なメディアなのである。つまり、ラジオ聴取の目的は、まず情報への接触であり、その理解は二次的だった。同じことが、国民大衆雑誌『キング』の読者についても当てはまる。試験勉強の気晴らし、通勤電車の暇つぶしなどにも利用された『キング』の内容は、注意力の持続性を必要としないレベルにとどまっていた。さらに、雑多で断片的な雑誌の誌面内容は、どこから聞いても楽しめるラジオ的な構成であった。すなわち、多くの『キング』読者にとって「『キング』を読む」ことは、国民大衆的公共性に自分も接しているという安心感、あるいは「想像の共同体」へ参加した満足感をもたらすものであった。『キング』一九三二年二月号は自ら「天下の公器」たることを社告でこう宣言している。

「雑誌は天下の公器であります。国民文化の普及、民衆教化の徹底に重大な使命をもつ天下の公器であります。我国全雑誌の約八割に及ぶ発行部数を持つ小社九大雑誌の社会に及ぼす結果を考ふるとき、私共は自らの双肩にかゝる責任の重きに、思はず慄然として感奮興起を禁じ得ないのであります。」

この社告は満洲事変勃発から四か月後のことだが、ラジオ受信契約数は一〇〇万世帯を突破していた。この段階でラジオはこの「百万雑誌」と肩を並べたことになる。だが、ラジオ受信契約者一〇〇万の内訳は、市部住民六〇万に対し、郡部住民は四〇万で、職業的には商業従事者四二パーセント、公務員・自由業者三七パーセントで、農業従事者は四パーセントに過ぎない。一九三五年には、ラジオ受信契約数は二〇〇万世帯を越えて『キング』の発行部数を完全に凌駕するが、同年のラジオ普及率は市部で三六・八パーセント、郡部で八・一パーセントである。つまり、『キング』が圧倒的なシェアを誇った郡部では、なお『キング』は「代用ラジオ」として機能していた。実際はラジオを聴けない大衆もまた「ラジオ的雑誌」によって、「ラジオの読者」となっていたのである。

これまで雑誌研究は出版学の一領域とされてきたこともあり、『キング』とオーディオ文化の関係はあまり注目されることはなかった。しかし、大日本雄弁会講談社はその社名が示す通り、「雄弁」と「講談」という「発話の活字化」ビジネスにおいて急成長した特異な出版社である。また、市民的=文筆的な学生の雄弁文化に大衆の講談文化を接合することで、『キング』は「大衆の国民化」メディアとなった。さらに、『幼年倶楽部』から『雄弁』に至る「九大雑誌」のラインナップは、識字教育の社会化プロセス全体をおおっている。そうした世代別雑誌を統合する総ルビつき『キング』は、発話メディアと活字メディアの性格を併せ持っていた。『キング』が教養主義インテリ層にも受け入れられた理由も、それが集中力を要する活字メディアではなく「ながら読書」も可能なイージーリスニングの雑誌だったからである。

一方で、絶え間ないラジオの音声が人間の内面的思考の持続性を阻害し内省の機会を減少させたと、マックス・ピカートは『われわれ自身のなかのヒトラー』(一九四六年)で批判している。

「ラジオはたてつづけにもろもろの事物や出来事をのべつもなく並べたてるから、人間はもはや、みずから一つの連続性を、しかも内的連続性を保有することが自己の本質に属するものであることを考えてみる余裕さえない。(中略)内部世界においても外部世界においても、万事が襤褸屑《ぼろくず》同然に切ぎれになってしまっている。持続しているのは、ただラジオの間断のない騒音だけである。(中略)このような装置があるために、ヒトラーにとっては、彼が自己の――とりもなおさずヒトラーの――姿にかたどって、人間の存在をラジオという装置から製造することはいとも容易であったのだ。」(ピカート 1965：37-39)

さらにピカートは、内的関連性のない雑多な番組を流すラジオこそが、ガス殺人の前後にモーツァルトを演奏させたアウシュヴィッツに象徴される現代文明そのものなのだとも言い切っている。読書人である近代人に対して、現代人は「ラジオ人」だというわけである。

こうした「ラジオ人」批判は、『キング』に従来加えられた「卑俗な娯楽・実用と忠君愛国・義理人情思想とをないまぜにしてそそぎこむ」という『昭和史』(岩波新書)の激しい講談社文化批判と平仄

5-3 「キングレコード第一回発売広告」(『キング』1931年2月号)

が合っている（遠山ほか1955：89）。当時の知識人が『キング』に加えた批判は、ラジオの雑多性《ヴァラエティ》への批判と同質だった。「あらゆるものをつめ込んでいる雑誌」は、ニュース、音楽、教養講座、料理番組と何の連関もなく並べられた「ラジオ番組」と同じ編成原理に立っていた。

この「ラジオ的雑誌」の延長上に「雑誌王」野間清治は、一九三一年「キングレコード」を発売した（図5-3）。今日の講談社系列企業（通称・音羽グループ）の中では（株）キングレコードだけが『キング』の名残をとどめている。それは民間放送が認められなかった戦前の日本で、レコード化した『キング』を放送する、試みだった。その当時、レコードも雑誌も「プレスされた」パッケージ・メディアとして出版法で管理された。両者は一見まったく異なるメディアだが、その機能は等しかった。たとえば、「〇月の新譜」と広告されるレコードは、発売日の定期性において雑誌販売の手法を模倣していた。さらに、フローな情報媒体である（聞き流され、読み捨てられる）ラジオ放送に対して、ストックされる（収集され、反覆利用される）レコードは、記録性において活字メディアに近かった。だとすれば、雑誌とレコードが、活字メディアと放送メディアの接点として輻輳することも意外ではない。敢えて言えば、「活字放送」たらんとした『キング』が必然的に生み出したのが「プレスされたラジオ番組」がキングレコードなのである。このキングレコード広告のイラストを前出のラジオ「初放送」のイラストや国民大衆雑誌『キング』創刊時のポスターと比較してみればよい。それはラジオ＝大衆雑誌＝レコードの機能的等価性を図像的に視覚化しているといえるだろう。

三、ラジオ文明の文化ペシミズム

『キング』創刊の半年後に書かれた室伏高信「ラヂオ文明の原理」は、ラジオ放送の開始をロシア革命とともに総力戦が産み落とした世界革命ととらえていた。

「レニンの世界革命が失敗に終つてから、一つの更に大なる、そしてより根本的なる世界革命がきたのである。世界戦争の果実が今に熟したのである。」(室伏 1925：30)

その世界革命は蒸気文明から電気文明への、あるいは機関車の世紀から自動車の世紀への転換を意味する。おそらくレーニンが一九二〇年二月二日に第七次全ロシア中央執行委員会で述べた言葉、「蒸気の世紀はブルジョアジーの世紀、電気の世紀は社会主義の世紀」(レーニン 1958：340)を踏まえての記述だろう。

それに加えて、レーニンが一九二〇年一一月二一日に「我が国の内外情勢と党の任務」で提示した公式、「共産主義とは、ソヴェト権力プラス全国の電化である」(レーニン 1959：422)も、「無線的新世界」を語る室伏は知っていたはずである。

「世界戦争に於ける無線の需要、従ひて真空球の利用の発達は、無線的新世界のために、一つの刺激と機会とを与へたものである。世界戦争なくば尚ほ遠き未来に属すべかりしところのものが、こゝ数年の間にもちきたされたのである。」(室伏 1925：32)

世界のラジオ化はまずケーブル通信による大英帝国の情報独占の瓦解を意味した。それは蒸気、石炭の世紀に君臨したブルジョア帝国とその個人主義的階級文化の破綻をもたらすはずだった。

「新聞紙もまた今や滅びんとす。ラヂオの祭壇に捧げらるべき第二の小羊は疑もなく新聞紙である。(中略)新聞の任務は報導と批評と広告とである。ラヂオはそれ等の凡ての職分を兼ねてゐる。」(同前：34)

むしろ、時間と空間の限界を超える効率性において、一九世紀市民社会の新聞紙は二〇世紀大衆社会のラジオ放送に到底およばない。

「新聞紙が明日伝へるところのものをラヂオは今日伝へるのである。新聞紙が一つの地方に伝へるところのものをラヂオは世界に伝へるのである。(中略)文章の時代が早くも終りを告げて口舌の時代が再びきたのである。」(同前：34f)

かくして新聞紙が伝えるのは「生ける現実」ではなく「死せる過去」、「ニュース」ではなく「歴史」であり、「今日」のものではなく「昨日」のものになる。新聞紙は世界史の秒針であることをやめて、再び日刊の年代記に戻っていく。

「世界都市人の生活は瞬間的である。日刊新聞は今や低くき文明である。時代の要求は「瞬間的新

聞」である。「デエリイ・ニユウス」ではない。モメンタリイ・ニユウスである」(同前：39)
室伏によれば、新聞紙は一九世紀の地方的小社会の要求であり、二〇世紀の高度文明の原理はラジオによる知的統一である。
「ラヂオはたゞ一つなる頭脳である。新聞紙が幾つかの頭脳であるのに対してたゞ一つなる頭脳である。(中略)凡ての新聞紙が地方新聞であるのに対し、ラヂオは常に世界的ラヂオである。」(同前：37)
二〇世紀の大衆を「ラジオ人」と呼んだスイスの文明批評家マックス・ピカートの文章をすでに引用したが、それより二〇年も前に日本で「人間のラジオ化」は予見されていた。
「世界のラヂオ化であり、人間のラヂオ化であり、凡てのもののラヂオ化である。ラヂオ文明と、われ〳〵の名づくるところのものは、世界の、人間の、そして凡てのもののラヂオ化を意味する。(中略)ラヂオ的大社会、ラヂオ的高度文明の時代が始まつてきたのである。」(同前：40)
だが、ラジオ文明が生み出す大衆社会は受け手主体の社会ではなく、少数の送り手が専制するエリート社会だと室伏はいう。そこでは「社会的独裁」が必然化する。
「Elite の時代がきたのである。少数の撰まれたるものが笛吹き、民衆の駄馬が踊るのである。シヤアラタン〔大ぼら吹き〕が世界に叫んで「人民主権」が自在に舞台に踊るのである。こゝには最早代議士の時代も過去である。」(同前：43)
ラジオ文明の下で一九世紀的な議会主義は機能しないが、その対抗文化として生まれた社会主義もその意味を失う。ラジオ聴取者にとって資本主義か社会主義かの区別は重要ではないのである。中央集権化した官僚機構はどちらの場合にも存在するからである。

「社会主義者はやがてラジオ《ママ》の国有を主張するであらう。ブルジョア・ラヂオに対して国有ラヂオの時代は可能である。(中略)それは、けれど、民衆の大群にとつては何の変化でもない。ラヂオの官僚化である。ブルジョア・ラジ《ママ》オに対する官僚ラヂオである。」(同前：44)

普通選挙法が成立した大正デモクラシーの絶頂期に執筆された室伏論文は、ラジオによる全体主義の到来を予見している。それは「凡ての個人的なものが滅びて集団的なるものが凱歌をあげる」(同前)集産主義の必然的帰結である。室伏はブルジョア(市民)的かつ閉鎖的な新聞に対して、大衆的かつ独裁的なラジオを対置する。もちろん、大衆的であることと独裁的であることは矛盾しない。

「ラヂオは常に大衆的であると私はいふた。独裁的であり、そしてまた大衆的である。独裁的であることと大衆的であることとは、しば〳〵矛盾する二つの観念のごとくいはれてゐる。それは、けれど、最も見易きの誤謬である。独裁は大衆的である場合において可能である。大衆的であるものはまた常に独裁的である。」(同前：45f)

つまり、参加と動員、民主主義とファシズムは表裏一体なのである。その参加＝動員を可能にするために、「官僚ラヂオ」は思想の自由市場に統制経済を導入する。

「思想のトラスト、宗教のカルテル、芸術のシンジケエトがこゝに可能なのである。(中略)こゝに人々は最早如何なる治安維持法も、如何なる特別なる言論圧迫の方法も必要ではない。凡ての支配階級はラヂオを支配し、それによつて思想を支配することが可能であるからである。」(同前：46)

すでに引用したように、室伏はラジオ文明の被支配階級を「「キング」の読者以下」と名指ししている（同前：47）。そこには、読書人の市民的公共圏へ大挙押しかけた大衆読者の受け皿となった新聞紙の大衆化に対して、「賤民的公共性」の言葉を投げつけたニーチェ思想も影響している。
「ニイチエが罵しりて「新聞文化」と呼びなしたところのものは更に益々低下して新らしい「ラヂオ文化」なるものがとつて代るのである。俗悪、低調、煽動、要するに三行評論的なるものが時代の生ける力であり、指導であり、原理であり、文化であるのである。一方にキネマ女優がある。他方にラヂオ俳優がある。キネマ女優とラヂオ俳優とが、今や時代の二つの星である。」（同前）

ラジオ文明の全体主義を予言する論文の末尾には、電影女優と電波俳優がスターとして登場する。だとすれば、この時代精神を「電子メディアによる全体主義」、すなわち「電体主義」と名づける人物がいたとしても何ら不思議ではない。

以上で概観した新城と室伏の「ラジオ文明論」は楽観的であれ悲観的であれ、まだラジオ受信機がほとんど一般に普及していない一九二五年の「未来予測」であった。一九三〇年代に入るとラジオ普及は本格化し、ベルリン・オリンピック大会の一九三六年には全国普及率二二・四パーセント、市部では四二・一パーセントに達している。この普及段階では新城流のオプティミズムは影をひそめ、室伏の文化ペシミズムに連なる議論が多くなった。代表的なものとして長谷川如是閑「ラヂオ文化の根本問題」（『中央公論』一九三六年九月号）を挙げてもよいだろう。長谷川は「量が質を支配する」ラジオ文化は、「巨大性に依頼するエジプト式建築に似たもの」と表現している。この量的威力は理性的というより感覚的で、如是閑の言葉を使えば「原始的」な効果をもたらす。それは一般には群衆心理的に作用するが、ラジオの場合はそうした群衆心理を制御する方向にも働くのだという。

「二・二六事件の際の戒厳司令部の放送は、ラヂオの量的威力を、群集心理的発動を抑へるために有力に使用された一例であつた。」(長谷川 1936 : 95)

ラジオの統制機能を同様に評価する記述は、山川均「ラヂオを聴く」(『経済往来』一九三五年二月号)にもみられる。

「米や鋼鉄や靴下や石油を統制するやうに、人々の頭を統制する必要があるときに、ラヂオは最も有効な手段を準備したものだといふことだ。」(山川 1935 : 336)

その限りでは、室伏の予測通り、「官僚ラヂオ」は長谷川のような自由主義者にも山川のような社会主義者にも支持されていた。むしろ、群衆心理的な混乱状況を引き起こす悪性メディアとして当時注目されたのは、活字メディアの怪文書である。社会学者・赤神良譲は「怪文書心理学」(『維新』一九三五年一〇月号)をこう書き起こしている。

「近時日本社会に於いて、殊にその非常時が叫ばれ出して以来、甚しく怪文書の横行を見るに至つた。横行を見るに至つたのみではなく、その怪文書なるものが、社会に有力なる動因となり、そこに社会的行動を衝動づける様になつて来た。」(赤神 1935 : 32)

こうした怪文書の横行とラジオの普及が同時進行した一九三〇年代の新聞界の変容についても、クロス・メディア的な相互作用の中で考察されるべきだろう。たとえば、『東京日日新聞』社会部記者などをつとめた山浦貫一は「新聞戦線異状あり」(『中央公論』一九三六年九月号)をこう書き起こしている。

「伯林東京間のオリンピック通信戦を見るにつけ、電波は完全に地球の空間を征服したことを思はせる。十二語の電信が、一分何秒でオリンピック、スタヂアムから編輯局に届く。（中略）ラヂオはスタヂアムから実況放送をやる。音響は国内と同じく判然してゐる。」（山浦 1936：337）

また、国際電話と電送写真によって「資本力と人手の揃つた新聞社」の優位が決定的となったことを山浦は指摘している。だが同時に、二・二六事件以後の大新聞社は政治的に萎縮して、もっぱら娯楽欄、スポーツ欄、家庭欄に力を注ぐようになったという。

「いくら新聞が外道に陥つてもキング的記事だけ掲げて、これでも新聞であると誇称する訳には行かぬ筈である。」（同前：343）

山浦の見立てでは、新聞記事の「キング」化、すなわち「ラジオ的記事」の増加も新聞社の電波利用が引き起こした「異状」なのである。

四、全体主義から電体主義へ

赤神良譲の電体主義論文は「国体の社会科学的明徴」をめざして、一九四〇年六月近衛新体制運動の最中に執筆されている。同年一〇月大政翼賛会が発足し、この総力戦システムは「一九四〇年体制」とも呼ばれている。

赤神はまず左翼陣営におけるファシズム理解の交通整理から始める。ファシズム＝反動思想、ファシスト＝「資本家階級の走狗」という古典的定義をまず紹介する。しかし、政策や手段においてファシズムは自由主義、民主主義、社会主義と必ずしも異なったものではない。最大の相違点はファシズムが「社会のための個人」を強調するのに対して、それ以外が「個人のための社会」を唱えることだという。

「彼等〔社会主義者〕は「個人」を目的とし、「社会」を手段としてゐるのに、ファッシズムは「社会」を目的とし、「個人」を手段として見ることである。」（赤神 1940：33）

ファシズムにおける「社会」とは「現に活きてゐる個人の総和ではなくつて、絶え間なく再現してゐるところの、そして世代の限りなき篩《ふるい》によつても統一され、歴史的内在的目的を有してゐる実在」である。その「篩」とは「服従と規律と労働」、つまり「政治的には愛国的服従」、「経済的には統制的生産配給消費」と「規律的労働」、「社会的には階級的協同」、「文化的には国粋的復古」だとする。この意味で、ファシズムの最も重要な特質は「たゞ一つの個人主義に対して全体主義を堅持してゐること」であり、それは「民族中心主義」として具現化する。

ファシズム＝全体主義をそう定義した上で、それは個人主義を含む部分主義（正）に対する全体主義（反）という弁証法的構図で理解されるべきだという。赤神は次のような概念図を示している。

一、部分主義
- a 英雄主義
- b 個人主義
- c 階級主義
- d 国際主義

二、全体主義
- e 氏族主義
- f 国民主義
- g 民族主義
- h 世界主義

「英雄主義は、社会を少数の英雄と多数の愚衆とに分け、哲人政治を謳歌した。個人主義は、社会を原理的に互に自由で平等である多数の個人に細分した。」(同前：34)

こうした概念をメディア論の具体的イメージで把握するには、室伏のラジオ文明論と接合するのがよいだろう。この「部分主義」に一九世紀的新聞紙(印刷メディア)、「全体主義」に二〇世紀的ラジオ(電子メディア)が対応する。英雄(個人)主義に対する氏族(国民)主義について赤神は詳論しないが、「自我が技術と溶け込む、電気によるエデンの園」を論じたマーシャル・マクルーハン『メディア論──人間の拡張の諸相』(一九六四年)の以下の言葉を想起させる。

「文字文化がすでに極端な個人主義を育てあげていたところへ、ラジオがそれとは真っ向から対立する、深い部族的関与の血族の網目という古代的経験を復活させたものだから、文字文化的西欧は、両者の相克の中で、集団的責任というより大きな感覚に何らかの妥協点を見出そうとした。(中略)電信とラジオはこの国家主義《ナショナリズム》を中性化したが、その代わりにもっとも強烈な古代部族の亡霊を呼び覚ましたのである。」(マクルーハン 1987：313)

つまり、活字的「英雄＝個人」に対するラジオ的「氏族＝国民」の復権である。以下、蠟燭・ランプの下で読書する「個人」主義と配電システムの下で映画・ラジオを楽しむ「国民」、ストックされる知識の「階級」格差とフローな発話の「民族」共同体、抽象的文字情報を媒介とする理性の「国際主義(インターナショナリズム)」と具象的身体表現を媒介とする感性の「世界主義(グローバリズム)」と整理することができる。

こうした文脈であれば、印刷メディアの英雄主義は「教養主義」と置き換えてもよい。教養主義は社会を少数の教養人と多数の浅学者とに分けるものである。この自由で平等な個人とは、「財産と教養」をもった市民（読書人）階級のエリートに他ならない。個人主義が教養市民の階級的思想であるとすれば、「英雄主義＝個人主義」が「階級主義＝国際主義」と結合することも理解可能である。

「階級主義は、社会をブルジョアジーとプロレタリーアとの二大階級に分離対抗せしめて、その階級闘争を教唆するものである。」（赤神 1940：34）

この階級闘争から生まれた共産主義組織がコミンテルン（共産主義インターナショナル）である。階級主義を媒介として個人主義は国際主義（インターナショナリズム）と接合される。つまり、市民階級に属するか労働者階級に属するかの違いはあっても、自らを絶対化する個人主義（自由主義）も国際共産主義も、その目標は同じ「部分主義」の枠組みに収まることになる。こうした「部分主義」（個人主義、階級主義）と「全体主義」（国民主義、民族主義）を綜合する担い手として赤神が注目していたのは、統制性の思想を体現する「経営労働者」だった。それは電体主義論文の一年後、『反共情報』一九四二年六月号に発表された「知識階級の心理」から読み取れる。これまでの知識階級の特徴を「日本の社会問題をば先《ま》づ丸善書籍株式会社の洋書棚から発見しようと努める」模倣性などから厳しく批判した上で、その「統制性」に注目している。

「この統制性は知識階級の社会的生産関係内に於ける労働の役割が、指導的であり、統制的であり、経営的であるからであると思ふ。」（赤神 1942b：20）

資本主義の発展は「資本」と「経営」の分離を必然化してきたわけだが、赤神は「資本」と「労働」を組織化する「経営」こそが現代において最重要だと主張している。

「実に経営は資本よりも、また労働よりもより重要であり、従つて重要視されねばならぬ。今経営に於いて誤謬があるか、資本も労働も空費されるであらうし、而も資本と労働とは経営を介することなしに結合することは困難であり、且つその効果をあげ得ない。これ故に経営は生産関係に於いてその王座を実際に占むべきものである。（中略）吾々はこの統制性の思想を、既にその産業を高調してゐたサン・シモン及び組合主義の先駆をなしたシャール・フーリエに発見し、或はファッシオ、ナチスに於ける統制経済に、等しくこの型を把持することが出来ると思ふ。」（強調は原文。同前：21）

なお、この論文は半年前に明治大学出版部から同タイトルで刊行されていたが、そこで「或はファッシオ」の前に「近くは米国のテクノクラシー（Technocracy）に、又ロシアの計画経済に」が挿入されている（赤神 1941：49）。つまり、経済思想の概念でいえば、ここで赤神は集産主義 collectivism の世界観を表明している。集産主義は集団全体の相互依存を強調し、個人より集団の目標を優先する世界観の総称であり、ソビエト共産主義やナチズムはもちろんアメリカのニューディールまでその一語で包括することができる。

赤神の弁証法的な世界史理解では、第一次世界大戦を生み出したのは個人主義（正）に対する国民主義（反）、その極致である帝国主義に他ならない。この帝国主義に対する「反」として登場した部分主義が、国際共産主義と国際連盟主義である。この両者に対する「反」としての新たに登場する「正」こそ、民族主義としての全体主義なのである。

この「民族」は、過去に属する「氏族」でも未来に属する「世界」でもない。第一次世界大「戦後」の現代に属しており、個人が民族のために自ら犠牲になった戦争経験において一般化されたものだという。個人の総和を超える全体の中核に民族を見出すことで、全体主義は成立した。

「個人主義が若しヘーゲル流に考へて「正」であるとすれば、当然全体主義は「反」でなければならず、然らばそこに創造されて来る者は「合」に当る電体主義(仮に私はさう呼んで置く)でなければならない。」(同前：35)

つまり、一九四〇年当時の日本が向かうべき方向も電体主義、すなわち個人主義と全体主義の止揚だ、と赤神は主張していた。赤神自身による電体主義の説明は本章冒頭で既に引用した。個人から民族へ高次化された可能性(電圧)は再び個人へと配電され、その相互作用が繰り返される。その結果、「電体は個人の手段でもなく、個人が電体の手段でもない。反対に電体の目的は個人であり、個人の目的は電体となつて来る」(同前)。

「然らば抽象的の電体は、具体的には依然として民族であるか？　民族は文化関係であり、民族の高調は文化の調高《ママ》となり、遂に文化の排泄物たる文化財に拘泥することによつて、巴里が捨てられ、敗北が肯定されることによつて、正に没落して来た。」(同前)

この電体主義者にとって、「民族＝文化」を再生産する社会システムだけが重要なのであり、文化財などは「文化の排泄物」に過ぎない。その上で、赤神は「民族、国民、人種の三位一体的存在」、すなわち「皇民」こそ電体の本質なのだと結んでいる。その先には「八紘一宇」というグローバリズム(世界主義)が想定されていた(本書第六章第四節を参照)。

赤神の「皇民」観は「民族論と圏族論」(『反共情報』一九四二年一月号)から読み取れる。人種を「生理関係の概念」、国民を「政治関係の概念」、民族を「文化関係の概念」と定義した上で、「独逸の国民概念は民族概念より狭小であるのに、日本のそれは反対に、民族概念が却つて国民概念よりも狭小である」とする(赤神 1942a：52)。それは東欧諸国を中心に国外に分散する「民族ドイツ人」を抱えた第三帝国、それと反対に朝鮮人や台湾人など他民族を含む日本帝国の差異の指摘である。こうした民族主義と国民主義の齟齬を乗り越えるべく、「社会進化の大法則の示す」上位概念を「圏族主義」と名づけている。

「それ〔圏族〕を「生存関係の概念」であるとする。生存関係といふのは、地縁的に共存共栄の関係に入らなければ生存し得ざるやうに運命づけられてゐることである。」(同前)

赤神は日本国民が狭小な民族意識に固執するのは時代錯誤であり、「大東亜建設戦の途上に、小地雷を散設」するようなものだと警告している。

「今や、区々たる民族意識に拘泥すべきではなくつて、より大なるより優位の圏族意識を創造すべきである。而もこの圏族主義は、日本建国の大理想たる八紘為宇の精神に添ふものであり、今後大東亜指導原理でなければならない。」(同前)

この「圏族意識」に基づく国家は、「日本社会性の分析」(同一九四二年八月号)で「民族国家」に対して「共栄国家」と呼ばれている。そこでは国家形態の進化モデルが第一次から第七次まで、「氏族国家―都市国家―帝国国家―封建国家―民族国家―共栄国家―世界国家」として示された。日本の場合、「明治維新に至つて民族国家の形態をば備へ、昭和維新によつて共栄圏国家へと邁進しつゝある」という。

「諸外国が、その発展の段階を変ずる毎に、その主権の所在を変転せしめてゐるのに、独り我が日本社会のみが、依然、人種と民族と国民との三位を持して、万世一系であったのである。(中略)故に又第六次国家の建設も、日本国家はたゞ進展し進化することであると信ぜられる。こゝにも日本政治の世界に冠絶する所以のものが明にされ得るのである。」(赤神 1942c : 7)

結論として言えば、こうした日本主義的な綜合の方向づけが「電体主義」という言葉を、戦後の社会科学用語として使えないキズモノにしている。とはいえ、一九四〇年の電体主義論にその時代特有の政治的バイアスがあることを批判しても、あまり生産的な議論とはならない。むしろ、この概念の可能性をメディア史から検討して本章を終えたい。

そもそも赤神は個人主義と全体主義を止揚する新しい世界観になぜ「電体主義」の名称を与えたのだろうか。「電力」「電圧」「配分」という言い回しからも赤神が「電体」で表現しようとしたものは、今日の言葉で言えば「電子ネットワーク」なのだろう。それを「日本社会」と等号で結ぶために不可欠な「大衆の国民化」メディアとして、当時であればラジオがまず連想されたはずである。その意味で電体主義とは「ラジオ文明の集産主義」である。二〇世紀を集産主義の展開史として描いたロバート・スキデルスキーは、『共産主義後の世界』(一九九五年)で次のように述べている。

「第一次大戦は大きな分水嶺だった。大戦前には集産主義の夢があった。大戦後には集産主義のプロジェクトが現われ、そしてそれは集産主義の悪夢へと変じた。(中略)大戦は集産主義的組織が作動することを示し、集産主義者たちが権力を奪取することを可能にする革命的状況を生み出した。」(スキデルスキー 2003 : 71)

第一次世界大戦以後、後発資本主義国家も電化を国策として「蒸気的」世界秩序に挑んだ。一九三

○年前半における各国の電灯普及率は、イギリス四四パーセントに対してアメリカ六八パーセント、ドイツ八五パーセント、日本九○パーセントという数字もある（橋爪・西村編 2005：53）。

ラジオ放送もまた第一次世界大戦を踏切板として、一九二○年代前半に各国で一斉に始まった国民化プロジェクトであった。だとすれば、ラジオ文明の集産主義、すなわち「電体主義」概念の射程は今日にまで及ぶはずだ。電子テクノロジーはラジオからテレビ、そしてインターネットへと展開したが、第一次世界大戦後に成立した「電体主義」は今日なお私たちのメディア社会を規定する理念といえるのではないだろうか。

後記

初出原稿（二〇一一年）は『メディア史研究』第三〇号の特集「歴史のなかのクロス・メディア」で依頼されたものである。二〇一一年当時のクロス・メディア状況にふれた冒頭部分を削って、第一次大戦後のラジオ論から引用を増やした。同じテーマで「ラジオ文明」を概説的に論じた拙稿として、「ラジオ文明とファシスト的公共性」（川島真・孫安石・貴志俊彦編『戦争・ラジオ・記憶』勉誠出版、二〇〇六年、増訂版二〇一五年）がある。もちろん、『『キング』の時代——国民大衆雑誌の公共性』の第三部「「ラジオ的雑誌」の同調機能《グライヒシャルトゥンク》」が本稿の基礎となっている。

第六章　思想戦——言説空間の現代化

一、「閉ざされた言語空間」の連続性

近代日本の言論史研究には、戦時期と占領期との間に大きな「断絶」が長らく存在していた。「戦後の国民意識の形成の第一歩は、戦時宣伝の緊縛からの解放という形で開始した」(粟屋 1981：248)という総括が違和感なく行われ、戦前と戦後の言説空間はまったく隔絶したものと理解されるのが一般的であった。

一方、戦後にアメリカ占領軍が行ったメディア統制や検閲の研究も盛んになり、戦後日本の情報システムの形成過程に関心が示されている。その先駆者の一人、江藤淳は「民主主義」、「言論・表現の自由」が極度に物神化され拝跪の対象となる一方、現実の言語空間は逆に厳格に拘束されて不自由化し、無限に閉ざされていくという不思議な状況を指摘した(江藤 1989：130)。こうした戦後日本の言語空間の起源として、江藤はアメリカ占領軍の検閲体制を研究し、その占領計画を次のように理解した。

「まず日本を「実効ある検閲の網の目」によって包囲し、その言語空間を外部の世界から完全に遮断する。しかるのちに「広汎」な検閲「攻勢」によって、この閉ざされた言語空間を占領権力の意のままに造り変える。」(同前：118)

この計画にそって占領軍は、検閲機構の存在を秘匿しつつ、「大東亜戦争」の呼称を禁止し日本国民に「太平洋戦争」史観を組織的に浸透させた、と江藤は主張する。しかも占領下の検閲は、戦前の日本で行われた検閲とはまったく異質なものだと断定する。戦前の検閲はタブーに触れることを禁じて価値の共有を要求したものだが、占領軍の検閲はタブーへの接触を通じて共犯関係に誘い込むための検閲であったというのである。

この理解が正しいとすれば、アメリカ占領軍の検閲は主体性と自主性をシステム資源として動員するという意味において極めて「近代的な」性格をもっていたといえよう（山之内 1993：157）。近代的権力の特徴が暴力、公開懲罰から規律、隠蔽への移行の中に透視されるとすれば、情報宣伝における近代化とは、公開性ではなく監視（見えない検閲）を伴う「閉ざされた言語空間」の形成である。

だが、こうした近代的言説空間は「戦後」あるいは「占領期」に起点を置くべきものであろうか。江藤は「眼に見える戦争は終ったが、眼に見えない戦争、思想と文化の殲滅戦が、一方的に開始された」（江藤 1989：132）と表現しているが、実はこの表現こそ、戦時、つまり総力戦期の日本で繰り返し叫ばれた「思想戦」のスローガンであった。占領期の検閲を戦前の「公然たる」検閲に対して、「秘かな」検閲と呼ぶなら、あるいは「防衛的」言論政策に対して「攻撃的」言論政策と呼ぶなら、こうした監視権力は戦時動員体制下の日本でも明らかに構想されていた。また、戦時動員体制で組織化された通信社、新聞社、放送社、出版社など各種メディアがほとんど無傷で変更されることなく戦後に引き継がれた事実こそ、終戦を終着点とする、あるいは出発点とする歴史叙述が無視してきたものである。今日、こうした断絶の「神話」を乗り越える連続説のメディア史研究は少なくないが、その先駆的研究が「同盟通信社解体」を扱った有山輝雄の「占領期メディア史研究」であることは象徴的である(有山 1993：358)。

この占領期から現在に至る日本のメディア体制——おそらく、社会システム全体——の「閉鎖性」を批判的に問題にする場合、戦時動員体制下で構想された思想戦の連続性を見落としてはならない。以下、本章では戦時下に内閣情報部で「構想された思想戦」を分析することを通し、「閉ざされた情報宣伝＝マス・コミュニケーション」の連続性の検証を試みることとする。

情報宣伝の組織化プロセス

戦時情報体制の構築は、すでに本書第四章で概観したが、おおむね次のように整理できる。満洲事変後の一九三二年五月に結成された時局同志会に始まり、同年九月外務省に設置された官制によらない情報委員会から、一九三六年官制による内閣情報委員会、一九三七年の内閣情報部、一九四〇年の情報局へと展開した。最終的に情報局は一九四五年一二月三一日の勅令七三三号で廃止されたが、この変遷を内川芳美は「日本ファシズム形成期における「同調の支配」の確立過程、また特に「マス・コミュニケーション政策の決定機構の面に限っていえば、積極的な情報宣伝の拡大強化と消極的なマス・メディア統制におけるコントロール・ネットワークの稠密化」と位置づけた(内川 1989：193)。

だが、それまでの戦時情報統制の研究は真珠湾攻撃以後の日米戦争を中心に行われてきたため、総動員体制が確立する一九三七年から一九四〇年までの「内閣情報部」期への関心は「情報局」期に比べても十分とはいえなかった。

内閣情報部は日中戦争勃発の約二か月後、また国民精神総動員実施要項が決定されたちょうど一か月後の一九三七年九月二四日に内閣情報委員会より改組された。この改組によって従来の職掌、関係各省との連絡調整、「国策通信社」同盟通信社の監督とならんで新たに「各庁ニ属セザル情報蒐集、報道及啓発宣伝ノ実施」が加わり、独自な情報宣伝の実施機関となった。情報委員会の仕事を引き継ぎ『週報』『写真週報』『東京ガゼット』などを刊行するほか、思想戦講習会、思想戦展覧会、時局問題研究会、地方時局懇談会などを開催し、その要員は各省派遣者も含めて約一五〇人に達した。これに対応して事務局の比重が高まり、「事務官」に代わって新たに一二名の常勤「情報官」という職制が設けられ、さらに民間メディアなどの協力を得るため参与制が導入された(内閣調査室編 1964)。

内閣情報部参与には新聞界から緒方竹虎(東京朝日新聞社専務取締役兼主筆)、高石真五郎(大阪毎日新聞社、東京日日新聞社会長兼主筆)、芦田均(ジャパンタイムズ社社長)、通信社から古野伊之助(同盟通信社常務理事)、放送界から片岡直道(日本放送協会常務理事兼業務局長)、出版界からは増田義一(実業之日本社社長、印刷文化協会会長)、野間清治(大日本雄弁会講談社社長)、映画・演劇界から小林一三(東宝映画社長)、大谷竹次郎(松竹株式会社社長)、学識経験者として前情報委員会委員長・藤沼庄平が任命された。彼らの多くは戦後も政界、言論界に君臨している。実際、芦田は自ら首相となり、緒方は第四次吉田内閣副首相、小林は幣原内閣国務相復興院総裁、藤沼は東京都長官、高石は東京五輪大会組織委員、古野は共同通信社理事などとして活躍した。

この内閣情報部時代に、戦後に連続するメディア体制が整理統合の名のもとに急速に進展した。例えば、映画では一九三八年秋から内閣情報部を中心にニュース映画四社の統合が検討されていたが、一九三九年四月五日の「映画法」制定をうけて、一九四〇年四月一五日に「社団法人日本ニュース映画社」へ一本化された。

放送では、一九三七年七月に「時局放送企画協議会」が日本放送協会内部に設置され、番組編成の実権が内閣情報部に移った。一九三八年一月から内閣情報部提供による「ラヂオ時局読本」が始まり、翌一九三九年八月「放送用私設無線電話規則」改正により必要時の放送命令権が追加規定され、ラジオ放送の戦時統制システムも整った。

新聞については、内閣情報部の一九四〇年二月一三日付文書「新聞指導方策に就て」がある。そこでは「新聞の営業部面を掣肘する方法」が次のように示されている。

「営業部面の発言は紙面の方向を決定する程の威力を有つてゐる。従つて新聞対策の「鍵」は新聞の「営業」を押へることであらねばならぬ。㈠幸ひこゝに新聞用紙供給の国家管理制度が現存する。現在商工省に於てはこの用紙問題を単なる物質関係の「事務」として処理して居るが（企画院、内閣情報部に於ても若干之に参与してはゐるが）若しこれを内閣に引取り政府の言論対策を重心とする「政務」として処理するならば、換言すれば、政府が之によつて新聞に相当の睨みを利かすこと、すれば新聞指導上の効果は相当の実績を期待し得ると信ずる。」（内川編 1975：262）

この方針に従って、用紙供給の国家管理制度は強化されていった。さらに、内閣情報部の直接指導下にある同盟通信社が株式の半数をもつ広告代理店「日本電報通信社」（電通）を利用して新聞広告に影響を及ぼすことも計画された。一九四〇年五月二三日に内閣情報部は「新聞雑誌用紙統制委員会」を設置し、物資動員計画を担当した企画院から用紙割当を移管した。「国家総動員法」に基づく「新聞事業令」「出版事業令」が公布されるのは日米戦争勃発後だが、一九三八年秋以降、内閣情報部は警保局を通じて各地の零細新聞の「自主的な」整理統合を指導し、一九四〇年末には一部の県で「一県一紙」体制が成立した。

一九四〇年七月、新体制運動を提唱した近衛文麿により第二次近衛内閣が成立すると各省庁情報機関を統合して情報局を設置する方針が決定された。同八月二一日発行の『週報』第二〇一号は「情報宣伝の新体制――内閣情報部の拡充」と題して次のように報じている。

「去る八月十三日、政府は閣議で内閣情報部の機構を拡充することに決定、「内閣情報部の機構を改め、外務省情報部、陸軍省情報部、海軍省海軍軍事普及部、内務省図書課の事務等を統合し、情報並びに啓発宣伝の統一及び敏活を期する」ことになつた。(中略)これこそいはゆる官界新体制にトップを切つたものである。」(内閣情報部 1940：34)

ここに第一部(企画調査)、第二部(新聞、出版、放送の指導、取締)、第三部(対外宣伝)、第四部(検閲)、第五部(文化宣伝)の五部一七課からなる要員五五〇名の「一元化した中央情報宣伝機構」が成立した。

二、内閣情報部と思想戦講習会

構想としての思想戦

内閣情報部―情報局の活動でキーワードとなった「思想戦」については、渋谷重光や赤澤史朗らの先行研究がある（赤澤1985、渋谷1991）。だが、そうした研究では大衆説得を意図した宣伝文献と大衆宣伝の企画立案に関わる研究文献が必ずしも区別されることなく論じられることが多かった。特に渋谷の「思想戦」論調分析では、「思想戦」は国民大衆のイメージ操作を目的とする「物語」的言説とみなされ、「実体のない思想〝戦〟を交戦中のごとく唱える意味合い」が強調されていた。それにより大東亜戦争開戦の正当化、敵の意識化、皇道思想との一体化、国民の不満のすり替えが目指されたと、渋谷は主張する。一方、香内三郎は大衆向けイデオローグの著作（水野正次『思想決戦記』秀文閣書房、一九四三年）と宣伝テクニックを解説した報道技術研究会の機関誌（『報道技術研究』一九四一―四二年）を「思想戦」の相補的な二極として分析し、戦後におけるそれぞれの「転生のコース」を示している。大衆向け宣伝文献から「技術」「技巧」をいやしむ心情的側面を、テクノクラートの研究文献からは「戦争で大いに「研鑽」をとげ、戦後の広告社会で大いに活躍することになる」技術的側面を読み取っている（香内1976：8）。

しかし、本章で焦点を当てる「思想戦」は、大衆向けの宣伝読み物でも報道広告テクノクラートの技術論でもなく、国策の中枢にいた情報官や情報部参与たちが思い描いた「戦時＝戦後」構想である。いわば密教的部分である「構想された思想戦」の検証を試みることは、敗戦から現在にいたる日本の言説空間を分析する上で不可欠な作業である。思想戦で何が達成されたかよりも、何が達成されるべきとされたかの方が、敗戦国の総力戦体制とその戦後体制においてははるかに重要な問いだからである。

思想戦講習会の起点となる文書として一九三七年八月一五日付の時局宣伝資料（部外秘）『国防と思

想戦』がある。その第四節「我国の採るべき思想戦対策」では、「改善を要する点」が五つ挙げられている。第一に、「政府並に民間を通じ挙国的の宣伝教化の組織」の確立と「宣伝に関する科学的研究」の着手。第二に、外国人をも承服せしめる「日本主義の学的体系及宣伝理論」の整備。第三に、国民が流言飛語に迷わぬように「国民教養の向上」と、「欧米崇拝」の是正。第四に、「適切なる政治経済の施設と運営とによつて」思想戦において最も重要なる前提条件である「国民生活の安定」を実現すること。第五に、外国の謀略に対する国民の啓発と警防組織の完備である（情報委員会 1937a：18-21）。すなわち、宣伝科学と日本精神の研究、経済・政治・教育の近代化と監視権力の強化という課題を研究討議する場として思想戦講習会は企画された。

ちなみに、これまで内閣情報部—情報局の研究で必ずモデルとして意識されたナチ宣伝省との関係は、今一度検討してみる必要があろう。確かに、第一次世界大戦で「戦ひに勝つて宣伝に負けた独逸」という認識は日本でも無前提な事実として共有されていたが、思想戦講習会でナチ宣伝について具体的な報告がなかったことは重要である。『思想戦講習会講義速記』に収められた第一回目の基調報告で、内閣情報部長・横溝光暉は「近代式の宣伝国家」としてまず第三帝国に論及しているが、イタリア、ソ連邦、イギリス、フランス、アメリカなどの宣伝体制と並べて紹介しているに過ぎない（横溝 1938：9f）。後述するように、横溝や陸軍の論者は第三帝国の「近代性」に言及しているが、その統制をメディアの自主性を抑圧するものと見る批判も同じ速記録に収められた他の報告者、例えば緒方竹虎や小林一三などメディア関係者によって公然と行われている。新聞政策を論じた緒方は、ドイツ、イタリアなど「革命国家に於ける思想戦」、「易姓革命の国におけるやうな思想戦」を日本で模倣することは「実に不逞この上もないこと」と主張していた(緒方 1938：42)。映画を論じた小林も「日本と、独逸と、各々異る検閲方針」を確認した上で(小林 1938：54)、ドイツ映画法の統制主義の有害性を強調していた。

「独逸の映画製作者は、この法令の発布せられました一千九百三十三年から三十四年にかけまして殆んど感心せられる映画を作つて居りません。」(小林 1938：57f)

こうしたナチ宣伝体制への批判が表明されていたように、戦時期日本における思想戦の検討は狭義のファシズム論としてでなく、むしろナチ宣伝もその産物であった第一次世界大戦後の総力戦体制論として行われるべきであろう。

思想戦講習会

一九三六年正式に官制化された、内閣情報委員会の会議室には、聖徳太子十七条憲法冒頭の「和以為貴」の額が掛けられた。一九三七年に内閣情報委員会幹事から内閣情報部長へ昇格する横溝光暉が時の首相、広田弘毅に頼んで揮毫させたものである(横溝 1974：240)。これは、同じ場所すなわち首相官邸において翌一九三八年、三九年、四〇年と三年間続けて開催された内閣情報部主催「思想戦講習会」の言説を分析する上で象徴的な事実である。陸海軍や外務省や内務省など情報宣伝を担当する将校や高級官僚、あるいは新聞社や出版社などメディアの代表者たちの発言は、相互に対立する内容を含み、全体として矛盾に満ちた主張にも見える。それは第三回思想戦講習会の二年後、「近代の超克」座談会に集まった知識人が示した思想傾向の雑多さを上回るとさえ言えるだろう。だが、雑誌『文学界』への公開を前提とした「近代の超克」座談会と異なり、この軍人、官僚中心の講習会の速記録は「極秘」または「秘」とされていた。この閉ざされた「和以為貴」の言説空間から総力戦体制の情報宣伝政策が構想されたわけである。

「情報宣伝に関する指導者」として集められた約一〇〇名(第三回は一五〇名)の受講者は、文官では「地方長官および中央官庁の適当と認むる高等文官、同待遇」、武官では中佐級の陸海軍将校とされた(横溝 1984：97-104)。この講習会の参加者には欧米の宣伝研究の翻訳である『情報宣伝研究資料』が配布されたほか、各講演ごとに資料が配布されている(津金澤・佐藤 1994：394-404)。開催の期間は毎年二月中旬の一週間とされ、月曜日一〇時に開講式、宮城奉拝、明治神宮、靖国神社参拝の後、午後は横溝情報部長の講義から始まり、二日目以後は午前中に講義、午後に研究会および見学(放送局、新聞社、通信社、思想戦展覧会など)があり、土曜日午後に閉講式が行われた。指導者向けの思想戦講習会と同時並行して、大衆向けに日本橋高島屋などを会場に開催された「武器なき戦ひ、世界に渦巻く思想戦展覧会」では、「火花を散らす電波戦」「テレビジョンと宣伝の将来」など派手な対外宣伝の攻撃的様相が前面に押し出されたが(津金澤 1994：382-387)、それとは異なる言説空間が首相官邸内では生みだされていた。この講習会において横溝内閣情報部長は『思想戦展覧会記録図鑑』で大衆向けに自ら述べた思想戦の定義「思想戦とは相手方を我が意思に帰一せしめんがため行はれる武器なき戦である」を、一面的であると軌道修正している。

「この定義でありますと攻撃攻勢の積極的部面のみが強く現はれて、防衛守勢の消極的部面が現はれて居らぬ様であります。ところが世に思想国防といふ言葉は寧ろこの後段の方に重きを置かれてゐ

るかのやうに思ふのであります。」(横溝 1939：2)

この講習会では大衆向けの「攻撃的対外思想戦」よりも、指導者向け「防衛的国内思想戦」が当初から強く意識されていたわけである。各年度の論題と講師は次の通りである(肩書きは当時、括弧内の↓印以下は戦時の、＝印以下は戦後の主要な経歴を示している)。

第一回思想戦講習会は一九三八年一月一六日近衛声明「国民政府を対手とせず」と同二月二四日「国家総動員法案」衆議院提出との間に行われた。関係各省庁の委員、情報官、参与、関連領域の研究者など二二人の講師を立てており、最も包括的な講習会となった。

「国家と情報宣伝」内閣情報部長・横溝光暉(↓岡山県知事＝法務省官房司法法制調査部顧問)

「日本精神と思想戦」内閣情報部嘱託・大東文化学院教授・藤澤親雄(↓大政翼賛会東亜局長＝日本大学教授)

「国際思想戦の現状」外務省調査部第三課長・安東義良(↓同条約局長＝衆議院議員、拓殖大学総長)

「支那事変と国際情勢」内閣情報部委員・外務省情報部第三課長・矢野征記(↓興亜院書記官＝外務省参与)

「戦争指導と思想戦」内閣情報部情報官・陸軍歩兵中佐・高嶋辰彦(↓皇戦会常務理事、第一二方面軍参謀副長)

「戦争と宣伝」内閣情報部情報官・陸軍砲兵中佐・清水盛明(↓イタリア大使館付武官＝サンマリノ

共和国名誉総領事）
「日本戦争論の梗概」内閣情報部情報官・参謀本部部員・陸軍歩兵大尉・多田督知（→陸軍大学校兵学教官）
「支那事変と英米」軍令部第五課長・海軍大佐・小川貫璽（→アメリカ大使館付武官、総力戦研究所所長）
「支那の抗日思想戦」内閣情報部情報官・陸軍歩兵大佐・雨宮巽（→大本営報道部企画課長、天津特務機関長、第二四師団長）
「スパイ戦の現状と防諜」陸軍憲兵大尉・白濱宏（→憲兵中佐）
「フリーメーソンリーに就いて」軍令部・海軍大佐・犬塚惟重（→海軍省軍事普及部委員、支那方面艦隊司令部付（犬塚機関長）＝日猶懇話会会長）
「思想戦と警察」内閣情報部委員・内務省警保局長・富田健治（→内閣書記官長、貴族院議員＝自由民主党衆議院議員）
「人民戦線に就いて」内閣情報部委員・内務省保安課長・清水重夫（→セレベス民政部長官、日本出版会事務局長＝新政治経済研究会事務局長）
「思想犯罪の現状」司法省刑事局第五課長・平野利（→大審院検事＝東洋大学理事）
「マルキシズムの克服」東京保護観察所長・平田勲（→満洲国司法部最高検察庁次長）
「学生思想問題」内閣情報部委員・教学局企画部長・阿原謙蔵（→文部省国民教育局長＝全日本社会教育連合会理事長）

「思想戦と新聞学」内閣情報部嘱託・東京帝国大学新聞研究室主任・小野秀雄（→情報局担当内閣委員＝東京大学新聞研究所所長）
「思想戦と新聞」内閣情報部参与・緒方竹虎（東京朝日新聞主筆→情報局総裁＝第四次吉田内閣副総理、自由党総裁）
「思想戦と映画及び演劇」内閣情報部参与・小林一三（東京宝塚劇場社長→第二次近衛内閣商工相＝幣原内閣国務相復興院総裁）
「思想戦と出版業」内閣情報部参与・増田義一（実業之日本社社長・印刷文化協会会長）
「思想戦と通信機関」同盟通信社社長・岩永裕吉（→貴族院議員）
「思想戦に於けるラヂオの機能」内閣情報部委員・逓信省電務局長・田村謙治郎（→電気庁長官）

第二回思想戦講習会は一九三九年二月二〇日近衛内閣総辞職の後を受けて組閣した平沼喜一郎首相の訓話をもって開講された。

「思想戦の理論と実際」内閣情報部長・横溝光暉（第一回を参照）
「国際思想戦の現状」外務省欧亜局長・井上庚二郎（→ボルネオ民生部長官）
「国体の本義と神ながらの精神」東京帝国大学名誉教授法学博士・筧克彦（國學院大学教授）
「国家総動員の現状と将来」企画院産業部長・植村甲午郎（→企画院次長、石炭統制会理事長＝ニッポン放送社長、経団連会長）
「支那事変と宣伝」内閣情報部情報委員・陸軍省情報部長・砲兵大佐・清水盛明（第一回を参照）

「ソ連邦事情と防共」参謀本部課長・陸軍歩兵大佐・佐川保雄人(→中野学校校長)
「新支那建設の基調」内閣情報部委員・興亜院経済部長・日高信六郎(→駐イタリア大使＝外務省研修所長、日本国際連合協会副会長)
「海防思想問題に就いて」海軍少将・関根郡平(元海軍軍事普及部幹事)

第三回思想戦講習会は日米通商条約が破棄され、欧州戦争が勃発し、汪兆銘の南京政府樹立を控えた一九四〇年二月二三日より開講された。

「思想戦概論」内閣情報部長・横溝光暉(第一回を参照)
「日本精神と思想戦」安岡正篤(陽明学者→大東亜省顧問＝全国師友協会会長)
「武力戦に伴う思想戦」内閣情報部委員・陸軍砲兵中佐・松村秀逸(→大本営陸軍部報道部長＝自由民主党参議院議員)
「外交戦に伴う思想戦」外務省情報部長・須磨弥吉郎(→駐スペイン特命全権公使＝自由民主党衆議院議員、私立学校振興会理事)
「海洋思想と思想戦」海軍軍事普及部委員長・海軍少将・金沢正夫(→大本営海軍部報道部長＝東郷神社責任役員)
「思想戦と宣伝」人口問題研究所研究官・小山栄三(＝国立世論調査所所長、立教大学教授)
「思想戦と新聞通信」内閣情報部参与・古野伊之助(同盟通信社社長→大政翼賛会総務、貴族院議員＝共同通信社理事)

「更生新支那政権の現在及び将来」興亜院政務部長・鈴木貞一(→企画院総裁、貴族院議員＝A級戦犯終身禁固刑、産業計画会議委員)
「満洲国に於ける思想戦」関東軍参謀・陸軍歩兵少佐・大越兼二(→憲兵司令官総務課長)
「米国の対日動向とその海軍」海軍大佐・松田千秋(軍令部第三部第五課長→総力戦研究所所員)
「国内思想戦動向と防諜」内閣情報部委員・内務省警保局長・本間精(→大政翼賛会団体局長)
「思想戦と財政経済」北支那開発総裁・賀屋興宣(→東条内閣蔵相＝A級戦犯終身禁固刑、池田内閣法相)
「思想戦と文芸」内閣情報部参与・菊池寛(文藝春秋社長→大政翼賛会中央協力会議員)

三、軍事技術と日本精神、あるいは監視権力と自主性

講習会の報告者は、軍人、官僚、学者、マスコミ関係者と大きく四つに分けることができる。さらに軍人は陸軍と海軍に、官僚は外務省系と内務省系に、学者は日本主義者と新聞学者に、マスコミ関係者は民間メディア(新聞、出版、映画)と国策メディア(日本放送協会、同盟通信社)に分類できる。各報告の主張にはかなりの幅があるが、情報宣伝を効率性の上から論じること、国民の自主的な情報行動を促すことではおおむね一致している。ただし、外務省、海軍、国策メディアの論者は現状の説明に終始することが多く、思想戦への具体的提言はあまり見られない。以下では、典型的な議論を集団ごとに取りあげ、特に戦時期日本で構想された思想戦の「近代」的側面を明らかにしたい。すなわ

ち、陸軍軍人が主張する宣伝技術論、内務官僚などが主張する監視権力論、民間メディア、新聞学者による自主性・主体性動員論、こうした主張に正当性を付与した日本主義者の日本精神論を見ておきたい。

軍人の総力戦「技術」論

内閣情報部へ情報委員・情報官として加わった陸軍省、参謀本部の軍人たち、高嶋辰彦、清水盛明、多田督知の報告は、配布資料の充実ぶりといい議論の体系性といい、陸軍における総力戦研究の蓄積を物語っている。そこでは思想戦講習会の議論を理論的にリードする総力戦システム論が展開されている。内閣情報部長の横溝は戦後の回想において彼ら陸軍将校を「蓑田胸喜式の」「神がかった」人物と評しているが(横溝 1973 : 35)、その言葉を鵜呑みにすることはできない。国民の自主的な戦争支持を最も必要としたのは徴兵制を前提とする陸軍であり、彼らは単なる精神主義者でいることはできなかった。そのため、情報宣伝を軍事技術や部隊編成のアナロジーとして冷静に考察していた。

ナチズム台頭期のドイツに駐在してベルリン大学やキール大学で学んだ高嶋辰彦は、ヒトラーの宣伝活動を「計画的準備と自主的指導の典型」とし「実に見上げたもの」と称賛している。その上で自給自足国家の完成に向けて「平戦両時経済戦遂行の為めの精神的手段」として宣伝の重要性を強調している。さらに「対手国の民族人情の機微に投ずる」ためには「社会学的、民族学的の深刻なる研究といふものが基礎となつて行かなければならぬ」という高嶋の発想は技術的かつ合理的である。また「航空技術の競争とか、軍備の競争とか、体力精神力の競争とか、国家生産力の競争とかいふやうな事柄は、これは直接間接の平時に於ける一つの武力戦争」となるとも述べている。こうして武力戦と思想戦との境界も判然としない「有機的結合の総力戦争」を想定し、「好まない武力戦に入るのはその戦争の以前に於ける総力戦に敗れた証拠」とまで主張している（高嶋 1938：15, 29, 33f, 40）。まことに現実主義的な戦略思考というべきだろう。

清水盛明は思想戦という言葉を広く世間に知らしめた陸軍パンフレット『国防の本義と其強化の提唱』の起案者である。語学堪能な清水は欧米の宣伝研究をかなり消化しており、その主張は高嶋以上に合理的である。

「由来宣伝は強制的ではいけないのでありまして、楽しみながら不知不識《しらずしらず》の裡に自然に環境の中に浸つて啓発教化されて行くといふことにならなければいけないのであります。ドイツの国民教化運動の一つと致しまして（中略）コンサートをやつたり、素人音楽会を開いたりして、各種の慰安を通じて自づから人間を教化して行くやうな方法を執つて居るやうであります。我が国の教化運動はやゝもすれば抽象的観念的であり而かも道学者式でやかまし過ぎ其の結果が一片の形式的の運動に終り勝ちであるのは残念なことであります。」（清水 1938：64）

そのために、各「宣伝媒体」――口伝、座談会、後援会、インタビュー、宗教家の説教からコンサート、蓄音機、ラジオ、伝単、書物、ポスター、漫画、見世物、紙芝居、離れ業、演劇、写真、映画、新聞通信、アドバルーンまで――具体的な実践例を示している（同前：56-89）。たとえば、読者が自主的に手に取る宣伝パンフレットを作るためにも、無料での配布は極力避けるべきだと指摘している。

「只《ただ》で配つたものは決して読まない。此処〔内閣情報部〕で出して居ります週報でも五銭で売つて居りますから、之を買つて読む、只では何十万出しても誰も読まない。宣伝用の出版物を出す時には成るべく定価を付けて金を出させて之を読ませるといふことが必要であります。」（同前：76）

さらに、効果的な成功例として古川ロッパの娯楽演劇を使った時局宣伝を挙げている。

「古川緑波といふ面白い芝居の一座がありますが、昨年事変勃発と共に当部〔内閣情報部〕では古川氏と相談致しまして時局宣伝を加味して貰ふこととなり、二時間ばかりの喜劇の中に五分ばかり支那事変の解説をやつたのでありますが、民衆は笑ひながら見て居る間に不知不識の中に支那事変の意義を教へ込まれることになるのであります。これが初めから終りまで支那事変の説明をやられましたら誰も入らぬと思ひますが、緑波々々で面白がつて見て居る中に五分ばかり支那事変の真意義を聞かされて帰る。これが本当の宣伝のやり方ではないかと考へるのであります。」（同前：81f）

こうした大衆への影響力を重視した、長期的な射程をもつ体系的な啓発宣伝のために、その効果をモニターするネットワークを国民の生活全般に張り巡らすことも清水は要求している。

「学校の網、劇場、クラブ、飲食店、医師、床屋、接客業者の網の利用、観察員制度の問題、官吏の宣伝上の見地よりする視察といふことも考ふべきである。」（同前：101f）

さらに清水は「宣伝効果の審査が必要である、検討が必要である」（同前：92）として、宣伝学講座の必要性も繰り返し訴えている。

「大学等に於きましても宣伝の講座すら設けられてゐない実情であります。民間にはボツ〳〵ありますけれども個人的にやつて居るのでありまして国家として宣伝といふものを研究したことがない。これは非常に悲しむべき事であります。」（同前：98）

日本のアカデミズムにおける新聞学の不十分な扱いについては、中国との比較において情報官の雨宮巽大佐も指摘している。雨宮は「支那の抗日思想戦」で「吾々が学ぶべき点」の一つとして、中国の大学で進む新聞学の講座化を挙げている。

「新聞学の講義は燕京大学、復旦大学、滬江大学、中央政治学校等で講座を設けて教育をして居りました。」(雨宮 1938：299)

高嶋、清水らに対して多田大尉の議論は一見すると「神がかり的」である。陸軍派遣学生として東京帝国大学経済学部で学んだ多田は、河合栄治郎のリベラリズム、美濃部達吉の国家本質論、朝日新聞論説委員・武藤貞一の戦争批判論をまず論難し、古事記・日本書紀の神話的な言語考察を行っている。こうした言説はむしろ日米戦争勃発後に量産された大衆向け皇戦論の元型ともいえる。日本精神を総力戦に位置づけるために多田は次のような概念操作を行なっている。第一次世界大戦後に叫ばれた「国家総動員的戦争観」と、日中戦争期の新しい「国家総力戦的戦争観」を次のように分けて定義する。

「前者が主として武力戦のために国家の全力を集中・統合・発揮せんとするに対して、後者は武力戦を最後の止むなき決戦手段として重要視するものではありますが、それと併行し、又それに前後して、政治・(外交・内政)経済・思想・宗教・芸術・教育・学問など文化の凡ゆる分野に亙つて、それぞれ独自の交戦を認め、而かもかゝる各分野に亙る凡ての交戦が武力を以てする交戦と共に、統一的・帰一的に――更に正確に云へば――有機的・一体的に結ばれて一つの戦争といふ事象を展開する。」(多田 1938：163)

この「国家総力戦的戦争」は、前章の言葉を使って「電体主義のシステム戦争」と呼んでもよいだろうか。多田は「自由主義的なる従来の通念」とは異なる社会現象の相互関連性を次のように表現している。

「この政治・経済・軍事・外交等々の不可分性・相互聯関性を認めることは既に現在に於て、社会現象を正当に論じ、文化事象を正しく観察するものが当然にも肯定しなければならぬこととなつて来てゐることは皆様も御承知の通りであります。」(多田 1938：164f)

こうしてみると、古事記の精神を叫ぶ多田の「国家総力戦的戦争」も極めて近代的なシステム社会論に到達していることがわかる。多田の「国家総力戦的戦争観」は第二回講習会で横溝内閣情報部長が取り上げ、三回の講習会全体を通じた議論の枠組を形成していた。こうしたシステム思考は、現実志向的、技術志向的、日常性志向的な要求として現われている。戦時と平時の区別が消滅することが前提とされたため、事件より日常の重要性に関心が寄せられ、総力戦システムの日常においては、「娯楽」の重要性を訴え、「自由」を主張することも可能となった。その上で、多田は思想戦の目標を次のように掲げている。

「敵国民自身をして正義人道の立場から戦争の是非善悪に就いて自ら疑惑を懐くに至らしめ、進んでは自国の繁栄・自己の利益或ひは全人類の幸福の観点から、当面の戦争に就いて蔽ひ得ぬ不安と懐疑の情念を沸き立たしめ(中略)而して遂には徹底的・全面的に戦争を排撃し、圧へきれぬ平和への憧憬から、革命をも厭はぬ理念と感情と意欲とを発生せしめ之を実践にまで移行せしむるもの」(多田 1938：207)

こうした思想戦の目標は、江藤淳が糾弾する連合軍最高司令部（GHQ）の対日占領方針と驚くほど近い。だとすれば、「日本精神」を唱えつつ効果を追求した軍人の総力戦体制論は、「民主主義」を掲げて同じ効果を追求した戦後社会論と如何ほどのシステム的差異があるのだろうか。政治を技術化するものとして思想戦を理解した清水は、今日でいう情報教育や効果研究をも強く要求していた。このように日常生活を合理化しようとする近代的欲求は、陸軍将校の技術的思考にも色濃く反映されていた。

内務官僚の監視権力論

総力戦システムを支える監視権力の問題は、特に防諜対策と思想問題を扱った憲兵、司法省や内務省の官僚の発言に典型的に示されている。内務省警保局長・富田健治の講演「思想戦と警察」で特徴的なのは、いわゆる「近代の超克」の志向が読み取れることである。

「明治維新以来急激に西欧諸国の自由主義、民主主義の洗礼を受けまして、今日の日本の文化の発達物質文明の進歩に就きましては此の影響に依る所が非常に多いのであります。最も感謝すべき点が非常に多いと私は思つて居ります。（中略）併しながら又今日の日本の各方面の行詰りがそれ等に基づいて居る事も事実であります。」（富田 1938：128f）

そこで「革新」の必要を率直に認め、変革指向の社会運動に対しては政府がその要求を先取りすることを提案している。

「たゞ其の検挙とか取締りとかいふ事は寧ろ大きな立場から見れば今日に於ては第二次的のもので

あります。最も必要なものは其の検挙よりも、寧ろさういふ動き、或ひはさういふ情報がありますならば、此の不平不満或ひは此の革新の動きといふものを事前に察知しまして之を政治の上に活用して貰ふ。さうして政治が一歩でも二歩でも前進して行く、改善されて行く。かういふ事ではなからうかと考へて居るのであります。」(同前：133f)

富田は第二次および第三次近衛内閣の内閣書記官長として新体制運動を指導したように、自ら革新を推進する権力像を模索した革新官僚の典型である。

一方、「マルキシズムの克服」を論じた平田勲は一九三三年に東京地方裁判所検事として佐野学、鍋山貞親ら日本共産党幹部から「転向」声明を引き出して名を挙げた思想検事である。保護観察所長として、「日本独自の愛の精神に立脚した真に日本的な法律」、思想犯保護観察法のすぐれた機能を自画自賛している。平田は非転向者をいつまでも閉じ込めておくドイツの強制収容所、中国の反省院とは異なり、日本では非転向者にも自由な生活をさせて保護していると主張する(平田1938：228)。さらに、この「保護」を戦場での「宣撫」的仕事に重ねて説明している。その際、平田が引用するのは、自ら転向させた鍋山貞親から寄せられた手紙の一文である。

「支那を下から日本化しなければならない。どうぞその支那を下から日本化する大きな聖戦に私共思想犯転向者諸君を動員して、皇国の為めに御恩報じさせて頂きたい、お詫びさせて頂きたい、その点に力を注いで頂きたい。」(強調は原文、同前：235)

「思想犯転向者」は思想戦の戦場体験者であり、「国民一人々々が思想戦の戦士である」総力戦体制の貴重な人的資源だというわけだ。思想犯保護観察法が目指したものは、「日本精神の涵養」による戦の戦士」の主体形成が全国民レベルで展望されていた。
「思想上の善導」であり、思想犯を「新日本建設に役立ち其の礎石たらむとする強き自覚」に立たせることであった（松山 1939：8f）。こうした保護観察システムの全面化によって、規律化された「思想戦の戦士」の主体形成が全国民レベルで展望されていた。

こうした保護観察の議論は国民に情報への主体的禁欲を要求する防諜論と表裏一体である。防諜論において、国民は単なる情報の「受け手」ではなく、情報に対して能動的に行動することを要請されていた。このように構想された思想戦の監視権力は、ある程度まで機能したと言ってもよい。内閣情報部から情報局への展開を批判的に論じた内川芳美も、「一応驚嘆に値する」効果は認めている。

「精巧な組織化とは義理にもいえぬこのような非合理的な「情報宣伝」システムが、軍事的敗北の決定的瞬間に至るまで全体としては一応驚嘆に値する「同調造出」の機能を演じ得たことは、この国の頂点から底辺に至る社会の随所に瀰漫していた伝統的な天皇制イデオロギーの精神構造に深いかかわりをもつ問題である。」（内川 1989：205）

ただし、内川はそれが機能した理由を「伝統的」な精神構造に帰している。しかし、「受け手」の精神構造は伝統的というより、むしろ「近代的」あるいは「現代的」なものと考えるべきではないか。天皇制の伝統性に目を奪われると、主体的な合意形成という権力システムの革新性をすくいあげることはできない。主体性・自主性の動員には、相互監視という水平的権力が有効だった。軍事組織における監視権力を社会全体に及ぼす総力戦システムは、思想問題として「保護観察」の、国内思想戦として「防諜」のサブ・システムを作り上げた。戦後史との連続を意識すれば、内閣情報部の思想戦講習会は近代的な「情報天皇制」のパノプティコン（一望監視方式）を構想していたといえなくもないのである。

メディア関係者の自主性論

思想戦講習会に参加したメディア関係者は、統制的な国策メディア（日本放送協会、同盟通信社）と自主性を主張する民間メディア（新聞社、映画会社、出版社）と新聞学者に三分できる。それでも、メディア（広告媒体）の特質である「効果」への指向性は三者に等しく共有されている。ラジオ放送の機能について報告した逓信省電務局長・田村謙治郎の場合、その効果を「宣伝力」と表現しており、娯楽番組でさえ思想戦における効果が追求されていた。

「かかる事変とか戦争の場合には演芸放送をなるべく少くして講演等を増加せよと云ふ意見がよく行はれるのでありますが、之はラヂオの機能、あるいは娯楽機関の機能を無視した意見ではないかと思ふ点であります。即ちラヂオにせよ映画にせよ今日大衆にかくも偉大なる宣伝力を持つてゐることは、之等が面白いからであり、興味があるからであります。」（田村 1938：147）

同様の論理は東宝映画配給の設立者・小林一三にもみられる。娯楽である映画や演劇が思想戦で発揮する強力効果の特殊性を小林は強調している。

「映画、演劇は、どこ迄も娯楽でありまして、決して教育や広告の機関ではありません。しかも、教育や、広告宣伝の力に劣らぬ潜勢力を以て、慰安の裡に国民を教育し宣伝するものであります。こゝに娯楽の特質があり、この特質を無視して、短兵急に目的を達せんとすれば、必ず娯楽でなくなるのであります。こゝが思想戦の一方法として娯楽を取扱ふ事の難しい点であります。」（小林 1939：

55）

映画や演劇の検閲強化は内容の画一化をまねくだけであり、製作者間の「競争」こそ不可欠だと小林は訴えている。

「製作者に優秀なものを考へさせる方法は、製作者自身を、互に競争させるといふ事以外にはありません。今日の場合に、国家の意思を代表する所謂国策映画を作る為めに、例へばすべての会社を合同せしめて、政府はそれを指導して作らせる、といふが如き事は甚だ愚案で、且つ必ず失敗に終るものと私は考へてをります。」（同前：60）

このように製作者の自主性を制限する映画会社の整理統合に小林は強く反対しているが、他方で映画配給や劇場経営への統制導入は積極的に求めている。

「番組の盛沢山とか、入場料の値下競争等の結果として映画の品質の低下や、映画館の経営を危くする此種の諸原因を除き、無謀なる競争を避ける為めには、こゝに映画の配給を一つの統制の下におくといふ事が必要のやうに考へられてくるのであります。そこで、映画配給を統制して、各映画劇場の経営を、合理化しえゆく為めには、色々今後研究を要すべき問題が沢山にあるやうに考へますが、或ひは出来上つた各社の映画を、一つの配給統制会社に於て之を纏めて各映画館に配給するといふ事も想像されます。」（同前：68f）

この小林構想は一九四二年の社団法人・映画配給社（映配）の設立によって実現された。全国の映画館は紅系と白系の二系統に統合されたが、その社長には小林が設立した東宝映画から植村泰二が選ばれている。

東京朝日新聞主筆・緒方竹虎の講演「思想戦と新聞」は、新聞人一般の思想戦への態度をよく示している。「報道の自由」はもちろん主張されているが、それは効率と効果に裏づけられた自由であり、右に見た軍人たちの技術主義と並べて特に違和感はない。「自由という建前」は自主性・主体性の動員に不可欠な前提と位置づけられていた。

「報道第一である以上、近代的新聞の発達に何よりも必須の条件は言論報道の自由であります。絶対の自由といふことが有り得ないにしても、自由といふ建前であります。」(緒方 1938：26)

その上で、新聞の戦時体制への自発的な参加を熱心に主張している。

「是は別に政府の強制を俟つて然るのではなく、新聞自体が自発的に、極めて闊達な気持で活動を致して居るのでありまして、此の形に於きまする思想戦は事変の終りまするまで、事変が終りましても何処までも遂行して行かなければならぬものであると考へて居ります。」(同前：42f)

こうした「自発的に、極めて闊達な気持」での報道、つまり「報道の自由」が占領地の外国新聞に適用されるとは緒方も考えていない。

「本来、本事変に対する日本政府の態度は、支那の抗日排日の思想を根絶するといふところにあるのでありまして、其の目的を最も有効に実現するには、支那の教科書を改訂すると同時に、支那の新聞に対しまして、或ひは現に満洲国に於て実行されて居る弘報協会のやうなものを作り、ドイツ、イタリーの新聞政策のやうなものを、占領地の関する限りに於て徹底さすべきではないか。」(同前：41)

緒方の占領地メディア統制への提言で、「日本政府の態度」を「アメリカ政府の態度」へ、「支那の抗日排日の思想」を「日本の軍国主義思想」へと置き換えて見ればよい。それは「表現の自由」を掲げてプレス・コードを押しつけたGHQ占領下の言論政策の説明になろう。その意味では緒方のいう「報道の自由」も、「閉ざされた言語空間の自由」にほかならない。

清水盛明大佐が求めた大学への「宣伝の講座」設置に応えるかたちで、東京大学文学部新聞研究室主任・小野秀雄は新聞学が「学問」として思想戦に貢献できることを訴えている。

「現代の新聞統制は封建時代の新聞政策の如く、消極的に新聞を弾圧するにあらずして、其の歪曲されたる本質を是正して、これを国民の精神的統一に利用するのであるが、此の積極的政策は明らかに新聞学の研究によつて其の本質機能が明らかにせられたからであると思ひます。」(小野 1938：12)

その積極政策とは新聞に「国民の精神的統一」への使命感を持たせることである。新聞は社会教育、国民統合の「心的結合機能と指導機能」をもつメディアであることを小野は強調している。そのため、ちょうど議会に提出されていた国家総動員法案が規定する地方長官の新聞発売禁止権は「専制時代の検閲」のごとき非合理として小野は厳しく批判している。小野が要求する新時代の新聞政策とは、「国民の福利の増進」という条件の中で内容の自由選択権を与えることである。新聞に自由選択権を与えることで使命を自覚させ、さらに自己制御させることができるというのだ。

「其(使命を自覚した新聞)の力は権力とか威力とかいふような、他動的な力ではない普遍関心の中に成立する力感であるから、自動的な力となつて大衆を自発的に動かすのであります。」(同前：23f)

これこそ、大衆の自主的動員を促すシステムとしてのメディア権力であろう。しかし、政府の消極的な新聞政策のために新聞はその力を十分に発揮できていないばかりか、むしろ無力化していると小野は指摘する。それは「政府の新聞政策が学問的根拠をもたない」からだと批判した上で、小野は思想戦における新聞学の必要性を訴えている。

「新聞の無力化は国民の精神力を無力化することになるので、国民精神総動員の実績は挙がらないのであります。（中略）政治の実際家が新聞学に注意して、其の行績《ママ》を活用せられんことを希望する次第でございます。」（同前：24）

新聞の自主性を動員することを訴えた小野の主張を、より実践的に論じたのは小野の弟子にあたる小山栄三である。この当時唯一の学問的な宣伝研究をものした専門家として、宣伝を「自由意思発動の決定的因子」と定義している。

「宣伝は命令と違ひ本人自身の意志に従つてやるのでありますから、選択の自由が一応ある訳であります。宣伝は自由意思を発動させる誘因でありますから、宣伝でやつた場合は命令でやつた場合に比し、圧迫感を持たず相手の気持が非常に違ひます。併し此の自由意思の発動は形式的に自由でありますが、実は宣伝に依つて彼の外から与へられたものですから、実質には既に拘束された意思であつて自由意思ではありません。」（小山 1940：21）

形式的には自由だが実質的には拘束されている、この「自由意思の発動」は緒方の「報道の自由」や小野の「自由選択権」を包み込むものである。この「自由意志の発動」に必要なのは、「権力を背景にもつてゐる指定的強制」の命令ではなく、「権威を背後に持つてゐる暗示的強制」の指導である。小山は「この大衆指導の手段が宣伝と云ふものであります」とした上で、全体主義の社会学者オトマール・シュパンから「宣伝は各社会の必須な基本構成分子である」（同前：3）を引用している。

また、それまでの講習会でも繰り返された「支那のデマ宣伝」という皮相な評価に対しても、小山は中国の宣伝をその効果から客観的に分析している。そもそも、宣伝の内容が正しいかどうかは「歴史又は倫理の問題」であって、宣伝の直接的目的とは関係がない。デマ宣伝が有害なのは、デマが判明した際に逆効果が生まれるからに他ならない。

「信用を失つた宣伝はもはや宣伝ではありません。（中略）支那の宣伝を見て参りますと、多くの宣伝は「無を有」にすると云ふやうな極端な虚偽を使用してゐるのではなく、事実の解釈を自分の都合のよいやうに修飾し、また事実を誇大又は過少に報道することによつて国民の希望をつなぎ、不利なニュースに対しては黙殺するか、他の有利なニュースとすりかへ、或ひは他の事実を作つて（戦況不利な場合米国援助を報道する等）民心の転換を計るのであります。」（同前：11）

つまり、中国側の宣伝が効果的なのは、内容が「極端な虚偽」だからではなく、「事実の解釈を自分の都合のよいやうに修飾し」ているからだというのである。小山は宣伝が目的でなく手段であることを強調して、それを「正宗の名刀」に喩えてこう説明している。

「刀は人を切る道具であります。ですから気狂ひが人を斬つたからと云つて正宗を怪しからんと云ふことは言へないのであります。手段とは、其の目的とされたものを最もよく最も能率的に実現すればそれでよいのであります。」（同前：16）

小山の「道具」的な理性主義は、軍人の技術的発想とも調和するものであった。小山は結語として以下のように述べている。

「宣伝は上より与へられるのみでなく、青年団・婦人会・市町村会・学校等の公共自治団体を通じて民衆の内部からも行はれなければなりません。かゝる共同社会的機関の宣伝は最も効果があるものであつて、この組織を通じて、大衆の中から発生しうる事態に対しても、局所的な解決と警戒とが可能になるのであります。」(同前：45)

主体性の動員と監視権力の組織化を要求する小山の主張こそ、思想戦講習会の到達点にふさわしいものである。『思想戦講座』として第三回講習会の報告が編集されたとき、小山の合理的な宣伝技術論の前には安岡正篤「日本精神と思想戦」が配された。その編者は宣伝技術論と日本精神論を車の両輪と考えていたはずである。主体性と自律性を戦争システムに内包しようとするとき、両者はともに不可欠なものと理解されていたのである。

日本主義者の精神論

第一回から第三回までの思想戦講習会には、各年度ごと必ず一人の日本主義者が招かれていた。第一回の藤澤親雄、第二回の筧克彦、第三回の安岡正篤である。

筧克彦は東京帝国大学で授業の前に学生に柏手を打たせたことで知られるが、彼ら日本主義者の講演はすべて初日、内閣情報部長の次に行われている。その意味で日本精神論はたぶんに儀式的な建前論である。いわゆる思想戦を「低級な寧ろ覇道的な考へ方」(安岡 1940：16)と呼ぶ安岡は、「思想戦というものを精密に又技術的にやらうと思へば思ふ程、是非共持たなければならぬものは、根本的に我々を確立せしむる哲学であり、信念」であると主張する(同前：1)。逆に言えば、日本精神論の言説を「まくら」とすることで、軍人やメディア関係者はその宣伝技術論を比較的自由に展開できたとも言えよう。

藤澤親雄は、「真の日本精神のみが世界に於ける唯一の具体的なる宇宙真理の民族精神化である」と主張し、「ナチスは我が国体を模範として」邁進しているとまで述べている(藤澤 1938：27, 31)。しかし、こうした日本精神論は「外面的に世界を征服するといふのではなくて、内面的に世界各国を教化する」(同前：43)と夢想する点において、実効性をもたない。その結果、現実の思想戦は「思想的に英米を祖国とする所の自由主義者」や「ソ聯を祖国とする所の共産主義者」などインテリ層に対する国内の思想問題のレベルに引き下げられた(同前：61)。このことは、陸軍省新聞班員以来の宣伝体験を持つ興亜院政務部長・鈴木貞一が「更生新支那政権の現在及び将来」で率直に表現している。鈴木は「漢民族には日本精神とか皇道精神を受け容れるだけの素地が今日は皆無である」事実を率直に認めることを求めていた(鈴木貞一 1940：19)。

そのため、現実の思想戦とは日本精神を中核とした「閉ざされた言語空間」を形成する「国内思想戦」となっていった。しかし、日本精神論は知的な学生をして満足せしめるような理論的体系を欠いており、それが「学生の無気力」「思想上の無関心」など深刻な問題を引き起こしていた。「真に日本的な学問、文化」の不足については、文部省教学局企画部長・阿原謙蔵が「学生思想問題」で率直に認めている。

「この〔学生が勉強しない〕原因も矢張り私は思想的貧困といふことが大きな原因ぢやないかと思ふのであります。詰り、若い青年でありますから何ものかを求めてゐるのであります。この求めてゐることに対して、何ものも与へてゐない。また、与へるものが不十分であるといふところに今日教学刷新の大きな問題が横はつてゐるのではないかと私は考へて居ります。」(阿原 1938：245)

そうした「思想的貧困」状況においては、思想戦講習会の構想が技術的かつ合理的であればあるほど、レトリック上の日本精神は物神化して狂信的様相を呈することになったといえようか。

四、思想戦の現代化

内閣情報部長の横溝光暉は、この思想戦講習会を「後年の総力戦研究所の萠芽」と位置づけている(横溝 1974：253)。なるほど一九四〇年九月三〇日に内閣に設置された総力戦研究所でも、思想戦講習会の報告者の何人かは重要な役割を演じている。日米開戦を控えて四一年行なわれた総力戦研究所の「第一回総力戦机上演習研究会」では、武力戦、外交戦、思想戦、経済戦の各レベルで「戦争を始めると日本の国力では必敗である」との結論に達していた(石川 1984：1237–1241)。その意味では思想戦講習会の合理的思考は総力戦研究所にも受け継がれたといえよう。

しかし、内閣から離れて独立部局となった日米戦争期の情報局は、戦局に追い立てられ、こうした合理的思考は背後に押しやられた。その結果、「日本世界観の確立と言論家の思想戦挺身」を目的とした大日本言論報国会などの活動が前面に躍り出ることになった。だが、狂信的に言論を抑圧した言論報国会は最終的には一種のファッショ的な反政府勢力として異端化の道をたどった(赤澤 1993：210)。もちろん、それは思想戦講習会の「構想」とは位相を異にする「実践」での評価である。あえていえば、思想戦は内閣情報部で構想された合理性を離れ、武力戦、経済戦、外交戦に行き詰まった日本の「見えない戦争」として国民の戦意を維持する「情念の物語」となったと言えようか。

戦後システムとの連続性

結局、戦時期日本の思想戦は総力戦体制という技術合理主義システムを「持たざる国」が強行しようとした時に生じる論理的飛躍として展開された。それでも、資源として主体性や自主性の動員を計画する思想戦の構想は、システム的な国民統合の空間を提示していた。たとえ、「戦争中の神懸り的言論と大本営発表報道を嫌悪し、何らかの新しい言論と情報を希求していた国民の意識があった」(有山 1990：296)としても、国民はそうした不満を抱きながらも戦争に主体的に参加し、自主的に動員され続けた。思想戦講習会で構想された監視権力は、それに服する者に対しては体制への不満反発を口にする余地を許容する近代的な権力であった。もちろん、それは構想された理想型であって、前近代的なむき出しの暴力がしばしば現出したことも確かである。

だが、いずれにせよ思想戦のかけ声の下で整理統合されたメディアと情報体制は、ほとんど無傷で占領体制に組み込まれた。ドイツでは降伏文書調印の五月八日に国民ラジオ受信機は沈黙し、一週間後の一五日にソビエト支配下でラジオ放送が始まるまで放送史の空白期間が存在した。その意味で「零　時《シュトゥンデ・ヌル》」は存在した。しかし、日本放送協会が定時放送を止めたことは「玉音放送」を挟んで一日として存在しない。

アメリカ国務省の占領政策案「日本、占領、公的情報と表現のメディア」における日本の新聞に対する現状認識を分析して有山はこう述べている。

「戦時中の新聞統合の結果である新聞の配置が、占領軍の「検閲やその他の管理を大いに容易にするだろう」と評価されていることである。いうまでもなく、新聞統合政策は、軍国主義体制の下で新聞言論の統制を効率化し、新聞を国民意識動員のための機関として利用するため、東京・大阪等大都市に小数の新聞、地方には一県一紙という新聞の配置を強権的に作り出したものである。その体制が、情報の統制・媒体の管理ということでは共通の課題を持つ連合国占領軍にも好都合であったのである。当然、新聞統合体制を改革するという発想は生れてこなかった。」(有山 1990：306f)

そして「日本軍国主義の情報統制体制は、占領軍の情報管理にも適合的であった」と言えるなら、その体制はさらにその後の高度成長時代にも適合的であったと言えるだろう。

また、構想やシステムのみならず、個々の思想戦講演者の経歴を追ってみても、断絶ならぬ連続の構図が明確に読みとれる。第二節のリストで確認したように、死没者と軍人を除けば、多くの者が戦後もマスコミや教育界、政財界で重要な役割を果たしていた。第四章でもふれたように、小野秀雄は占領期には新聞出版用紙割当委員長となり、ＧＨＱの要請で新設された東京大学新聞研究所の所長になり、日本新聞学会を設立して会長となった(東京大学百年史編集委員会編 1987：14)。また、企画院調査官、文部省民族研究所第一部長を歴任した小山栄三は、終戦後にＧＨＱ民間情報教育局長ダイク准将の要請で情報局参与となり世論調査を指導している(小山 1956：1)。ＧＨＱの日本占領にとって新聞統合体制も世論調査機関も天皇制と同様必要とされた文化装置である。その上で、戦後の国家情報機構である内閣調査室の創設に尽力したのは、朝日新聞社主筆から情報局総裁になった緒方竹虎である(栗田 1990：292)。

内閣情報部長の横溝光暉は、一九四〇年二月岡山県知事に就任し、熊本県知事を経て京城日報社長を務めた。公職追放中、日本繊維工業(株)勤労文化研究所所長をつとめ、解除後は法務大臣官房司法法制調査部顧問、(社)国民出版協会会長、国立公文書館顧問などを歴任し、戦前執筆した『警察修養録』(一九三五年)の連続線上に『行政道の研究』(一九七八年)を残した。「行政道の条目」として横溝は、「規律厳正・事務簡捷・懇切丁寧・忠実勤勉・能率増進・公正中立・責任自覚・機密保持」を挙げている。その終章でこう書き残している。

「終戦を境にして、すべて価値観に変動があった。昨是今非の世相が現出した。不磨の大典といわれた大日本帝国憲法は脆《もろ》くも改正されて、日本国憲法が生誕した。(中略)しかし、憲法・行政法がこのように変っても、行政道は変らないものと私は思うのである。」(横溝 1978：467)

後記

初出論文(一九九五年)は、山之内靖、成田龍一、ヴィクター・コシュマン編『総力戦と現代化』(柏書房)の最終章である。枚数制限で引用を大幅に削ったので、今回それを復元することができた。執筆時は内閣情報部の史料は各図書館や文書館で探し回る必要があった。そのため、本稿は津金澤聰廣・佐藤卓己編『内閣情報部・情報宣伝研究資料』全八巻(柏書房、一九九四年)の編集・解題執筆と連動していた。現在では本章で利用した「思想戦講習会速記録」なども荻野富士夫編『情報局関係極秘資料』(不二出版、二〇〇三年)全八巻で復刻されている。

この論文の英訳版 The System of Total War and the Discursive Space of the War on Thought も *Total War and 'Modernization'*, Cornell University 1999. に収められており、海外でも広く読まれた。

そのため、バラク・クシュナー、井形彬訳『思想戦――大日本帝国のプロパガンダ』(明石書店、二〇一六年)などにも引用されている。執筆から四半世紀を経て、クシュナー氏の訳書を書評する機会を得た。本章を一読された後、そちらも是非お読みいただきたい。拙評中の関連箇所だけを以下に引用する。

「「戦時下日本の対外宣伝は効果が乏しかった」とする常識を評者も疑ってはいなかった。真珠湾攻撃以後の日米戦争に限っていえば、そうかもしれない。だが、それは中国や東南アジアでどう受容されたのか、日本の戦後復興にどれほど寄与したか、と時空を拡大してみると「ナチスを凌ぐプロパガンダ」の威力が確認できる。そうした宣伝の効果なくして、「十五年間にわたり安定して戦争を支持し続けた」国民意識は理解できない。日本にはヒトラーやムソリーニのような独裁者もいなかったが、独伊で発生した規模の抵抗運動も存在しなかった。日本国民は「近代アジアのリーダー」という自己PRに積極的に参加し、戦争を主体的に選び取り、その延長上に戦後の経済成長を達成したのだと(クシュナーは)いう。戦後も活躍した広告技術者、知識人、芸能人、官僚の歩みを丹念に検証し、「前向き」の戦時宣伝に「成功した失敗」という秀逸な表現を与えている。戦時下でも世論調査は行われており、警察当局も民意の動向を注視していた。東条内閣退陣でも世論の影響は無視できない。だとすれば、一般大衆も「大本営発表に騙された被害者」として免責されるはずはない。」(『東京新聞』二〇一七年二月二六日)

なお、私は後に『言論統制――情報官・鈴木庫三と教育の国防国家』(中公新書、二〇〇四年)を書くことになるが、鈴木庫三という名前と最初に出会ったのも、内閣情報部を扱った本論文の執筆中であることに今回改めて気がついた。内川芳美は論文「内閣情報局の設立過程」で新聞雑誌用紙統制の重要性を強調する際、「かの著名な陸軍中佐鈴木庫三」(内川 1989:204)と書きつけていた。わたしはその「著名な」に「?」とマーキングしていた。その意味では、『言論統制』も本稿を起点として生まれた作品である。鈴木庫三は小山栄三が「思想戦と宣伝」を講じた第三回講習会に出席しており、そこで学んだ内容を基に「「新聞学」と題する思想戦の講義」を陸軍中野学校で行っている（佐藤 2004：280f）。

第七章　文化力――メディア論の貧困

一、ソフト・パワーのメディア文化政策

日本文化の発信力を高める政策は今日さかんに論じられている。日本が明治に開国して以来、何度目かのブームといってよいだろう。重要なことは、対外文化政策が日本社会で強調される時期には一つの特徴があるということである。それは、日本人のアイデンティティにおける危機感、ないしは国力衰退への不安が高まった時期だということだ。それゆえ、対外文化政策はありのままの自己表出というい以上に、過大な効果を狙った自己演出として企図されがちだった。本章では対外文化政策が広義にプロパガンダ政策、すなわちマス・コミュニケーション政策であることを前提とした上で、戦前の「思想戦」や「情報宣伝」を含む「文化政策」の失敗から何が学べるかを改めて検討したい。

まず強調しておきたいのは、戦時下に対外文化政策の重要性を軍人が認識していなかったわけではないということである。第六章で検討した思想戦講習会で陸軍情報部長・清水盛明は「対外宣伝」の拡大をこう訴えている。

「これは戦争のことを考へて見ましても、今度の事変に七十億の予算があるならば、仮りに其の百分の一の七千万円の金を対外宣伝に使つたらどんなに効果を挙げ得たでありませう。実際に於ては百

分の一はおろか千分の一も使つてゐない。これでは宣伝がうまく行く筈がないのであります。これは日本の当事者の宣伝に対する認識の少いことに基づくものだと思ふのであります。」(清水 1938：99)

実際に戦闘にたずさわる軍人が対外文化政策に期待を寄せる一方で、宣伝技術の専門家・小山栄三は同じ思想戦講習会で次のように述べている。

「アメリカ人は日本の文化を知らないから排日になるのだと申しますが、然し独逸やイタリーの文化は世界に知られて居ります。それにも拘らずアメリカは決して独・伊に対して好感を持つてをりません。それは文化の知識の問題ではなくして、アメリカの利害関係が独・伊と抵触するからです。文化の優秀が政治や経済の問題解決に役立つならば、独逸やイタリーはあれほど憎まれなくて済むのであります。従つて現在の国際情勢は文化によつて規定されずに、政治又は経済の利害関係の上に成長した輿論が決するのであります。」(小山 1940：10)

なるほど、第三章でふれた「ナチPR」もアメリカを中立、戦争不介入にとどめることが出来たわけではない。もちろん、ここで小山のいう「文化」は狭義であり、今日のパブリック・ディプロマシー(広報文化外交)の議論で使われる「文化」はもう少し広義で、「政治又は経済の利害関係」を含んでいる。ただし、直訳なら「公共外交」となるパブリック・ディプロマシーに敢えて「広報文化外交」の意訳があてられている理由は、通常の政治交流、あるいは貿易、投資など経済交流と別に「文化交流」を切り分ける意図もあるのだろう。

とはいえ、「広報文化外交」の現場では「広報外交」や「文化外交」の略称も使われており、「それら三者の呼称の間には、詰まるところ究極的にはほとんど差異がない」(松村 2002：10)。ちなみに、

「文化外交」という言葉の最初期の使用例として吉田茂（戦後に首相）の駐イタリア大使時代（一九三〇—三二年）の発言があるが、それは石井菊次郎『外交余録』（一九三〇年）における「宣伝外交」と置き換え可能なものであった。

「宣伝外交には一定計画の遂行を容易ならしむるために、内外人の思潮を我欲する方向に導くの予備行動として為さるる場合と、我態度を説明して世上の誤解を予防し又は已に起りたる誤解を是正する為に行はるる場合とがある。前者は主動的宣伝に係り、後者は重に受動的宣伝であるが、其目的に至つては両者均しく我行動の釈明に在る。」（石井 1930：403）

なるほど「内外人の思潮」に働きかけ、「世上の誤解」に対応する宣伝を「文化外交」と呼び変えてもよいわけだが、日本語文脈における「文化」の曖昧さは改めて確認しておくべきだろう。外務省が発行する『外交青書』など公的文書でも、英文に culture がない場合もその日本語訳で「文化」が挿入されることは少なくない。たとえば、二〇〇四年に外務省の文化交流部と海外広報課を統合して新設された広報文化交流部（英文名称 Public Diplomacy Department）はその典型である。もちろん、そうした表記は戦前から続く伝統である。一九三八年に日中戦争勃発後のアメリカの対日世論の悪化を懸念してニューヨークに「日本文化会館」が開設されたが、看板は Japan Institute とのみ表記されていた（現在は国際交流基金ニューヨーク日本文化センター）。また、戦後の日米交流構築のために一九五二年六本木に設立された「国際文化会館」も英文名称は International House of Japan でありculture の文字は含まれていない。さらに、一九八七年に日本研究の国際化を推進すべく設立された「国際日本文化研究センター」も英文名称は International Research Center for Japanese Studies である。だとすれば、以下で検討する「メディア文化政策」も media policy と英文表記すべきだろうか。その問いに、とりあえずは「否」と答えたい。ここでは「文化政策」と「メディア政策」をいったんは区別をした上で、その再結合の必要性を訴えておきたい。

いずれにせよ、日本社会における「文化」が英語文脈で置き換えにくい独特なニュアンスを帯びていることは確かである。たとえば、比較文化学者・柳父章は「アメリカは、〔自由 freedom や民主主義 democracy ならともかくも〕カルチャー(culture)を思想の言葉として目標に掲げたことはまずない」と言う(柳父 1995：8)。移民国家アメリカでは、多様な文化的背景をもつ人々が平和的に共存するために、文化を政治的争点とすることが慎重に避けられてきた。だが、今日のアメリカでは保守的なキリスト教原理主義者とリベラルな世俗主義者の対立や多文化主義をめぐる抗争を「文化戦争」culture war と呼ぶことが一般化している(ギトリン 2001)。他方で、ドイツ語 Kultur を念頭に文化を考えるならば、ビスマルク帝国とカトリック教会による一九世紀の「文化闘争」Kulturkampf 以来、文化は政治的な争点であり続けた。いずれにせよ、「文化戦争」や「文化闘争」という言葉が存在するように、「文化」は必ずしも「戦争」や「闘争」と対立する平和の概念ではない。

こうした「文化」という言葉へのリアルな省察を欠いたまま、二一世紀初頭の日本社会において文化政策論は一つのブームを迎えている。日本製アニメやJポップの海外進出、それにつづく韓流、Kポップの台頭、さらに中国の「文化強国」宣言(二〇一一年中国共産党中央委員会第六回全体会議)という潮流の中で、日本政府も新たな文化振興策の必要性を熱く語ってきた。

小泉純一郎政権下の二〇〇二年にソフト・パワーとしての国家ブランディングを検討する「知的財

産戦略会議」が設けられ、その議論をもとに「知的財産基本法」が作成された。同時に知的財産戦略本部が内閣に置かれた。二〇〇六年に「美しい国・日本」を唱えた安倍晋三が首相に就任すると、知的財産戦略本部は「コンテンツ・日本ブランド専門調査会」を起ち上げている。二〇〇六年九月二九日、安倍首相は衆議院本会議の所信演説でこう述べている。

「「美しい国、日本」の魅力を世界にアピールすることも重要です。かつて、品質の悪い商品の代名詞であった「メイド・イン・ジャパン」のイメージの刷新に取り組んだ故盛田昭夫氏は、日本製品の質の高さを米国で臆せず主張し、高品質のブランドとして世界に認知させました。未来に向けた新しい日本の「カントリー・アイデンティティ」、すなわち、我が国の理念、目指すべき方向、日本らしさを世界に発信していくことが、これからの日本にとって極めて重要なことであります。国家としての対外広報を、我が国の叡智を集めて、戦略的に実施します。」

ちなみに、外務省が『外交青書』で「パブリック・ディプロマシー」という言葉を初めて記載したのは、小泉純一郎政権下の二〇〇四年五月に発行された平成一六年度版である。麻生太郎首相下の二〇〇七年発行版では、パブリック・ディプロマシーの具体的活動として、(1)海外広報、(2)海外メディアへの情報発信、(3)観光振興が明記された。二〇〇八年三月一九日に高村正彦外相は「ドラえもん」にアニメ文化大使 Anime Ambassador の就任要請書を手交している。二〇〇九年には自民党から民主党への政権交代が起こるが、この路線に大きな変化は見られなかった。二〇一〇年六月八日には経済産業省に「クール・ジャパン室」が設置され、日本の戦略産業分野である「文化産業」(デザイン、アニメ、ファッション、映画など)の海外進出、国内外への発信や人材育成などを推進する省庁横断的施策が検討された。

もちろん、こうした政府主導の「クール・ジャパン」路線を批判的にみる文化研究者は少なくない。カルチュラル・スタディーズの立場から岩渕功一はこうした「文化の商品化と国益化」が国境を越えた対話の可能性と文化の公共性の射程を歪めると厳しく批判している。文化と国益の結合は日常における国家への愛着と帰属意識を自明化させ、国家の枠から外れた他者との対話可能性を矮小化するというのである(岩渕 2007：77f)。

とくに、国内製造業が空洞化する現代日本社会では「文化力」という言葉は、文化の商品化、国益化として理解される可能性が高い。「文化力」という言葉は二〇〇二年に第一六代の文化庁長官に就任した河合隼雄が、グローバル化の進展のなかでの関西や沖縄など地域の文化振興政策として打ち出した概念と理解されている。文化庁のＨＰ「「文化力」プロジェクト」(http://www.bunka.go.jp/bunkaryoku_project)では、「文化の持つ、人々に元気を与え地域社会を活性化させて、魅力ある社会づくりを推進する力」と定義されている。つまり、この「文化力」は「地域社会」に照準を合わせることで、国家戦略論であるソフト・パワー論の文脈から注意深く切り離されて使われている。たとえば、二〇〇七年から二〇〇九年まで第一八代文化庁長官をつとめた青木保は、敢えて「クールパワー」を造語した上で「文化力」論の意義をこう語っている。

「ジョゼフ・ナイが主張する強大な政治力・軍事力を背景にしての「ソフトパワー」論ではなく、日本としては「クール・ジャパン」論を導きとして「クールパワー」(強大な政治・軍事力を背景としない「文化力」)の創造強化に努めることが国際社会でむしろ影響力を持つ」(青木 2011：302)

しかし、「文化力」という言葉そのものは、河合隼雄の新造語ではない。これも一九四〇年代の総力戦体制下に唱えられた戦時スローガンの一つである。当時の統制団体・日本出版文化協会で文化局長をつとめた社会学者・松本潤一郎(東京帝国大学講師)は総力戦における軍事力、経済力と並ぶ第三の力として、「文化力」の昂揚をこう主張している。

「現代ではこの富国強兵といふ軍事力、経済力の二元的見方が、さらに文化力を加へた三元的原理に発展することとなつた。曾てのクラウゼヴィチの政治戦争論が、ルーデンドルフ元帥の国家総力戦論に置き代へられたことも、かうした関係を伝へるであらう。」(松本 1945：63)

松本によれば、満洲事変以後の戦争とは「国民的文化のための戦ひ」であり、「大掛りな思想戦」であった。

「思想戦とは前にあげたやうに、軍事力や、経済力に対する支援のためばかりでなく、直接文化力の昂揚による敵国文化の破摧《はさい》を目ざす意味を有する。」(同前：67)

このような過去の具体的用例をふまえると、「文化力」という言葉の頻出は国民国家の危機感を示すバロメータに見えなくもない。つまり、軍事力も経済力も当てにできない追い詰められた状況で頼るべき唯一のパワーとして敗戦前に絶叫され、二一世紀に斜陽化する経済大国の「第二の敗戦」において再浮上してきた言葉なのである。

当然ながら、危機感が強まれば強まるほど、こうした「文化力」振興運動はナショナリズムの色彩を帯びることになる。そうした現在進行形の問題状況、つまり文化発信力の国際的な格差とその序列化の問題もジョセフ・ナイ『ソフト・パワー――二一世紀国際政治を制する見えざる力』(二〇〇四年)

によって初めて指摘されたというわけでもない。

国民文化の創出を通じて大衆を統合する「新しい政治」new politics は、フランス革命とともに始まったというべきだろう。ジョージ・L・モッセによれば、この「新しい政治」はルソーの一般意志、フランス革命の人民主権に端を発し、一九世紀を通じて大衆の自己表現と自己崇拝の様式を発展させ、二〇世紀のナチズム（国民社会主義）を極致とするナショナリズム運動において絶大な威力を発揮してきた。「大衆の国民化」nationalization of masses の手段としての文化政策は、ソフト・パワーの概念が成立するはるか以前から実践されてきたものである（モッセ 1994）。

同じことは一九世紀後半の明治開国によって近代的な国民国家を目指した日本でも見てとれるが、「文化政策」が明示的に議論されるようになったのは、「文化」という言葉が流行語になった第一次世界大戦後のことである。戦間期には多くの知識人が欧米先進国の事例を参照しつつ文化政策を盛んに論じたが（永島 2004）、そうした戦前の遺産は十分に消化されないまま今日に至っている。それも一因だろうが、芸術 fine arts などの文化財保護政策論と広報外交などの国際文化発信論の関係を不問にしたまま日本の文化政策論は展開されてきた。もちろん文化政策論が博物館学、文化経済学から民俗学、外交史、メディア研究まで多様なディシプリンの研究者によって個別に進められてきたためでもある。ここでは情報「選別」の文化政策と情報「拡散」のメディア政策とをひとまず切り離した上で、特に後者の視点から「メディア文化政策」という二一世紀モデルを展望しておきたい。それは文化政策へのメディア史的アプローチであり、保護政策より流通政策を重視した文化政策論と言い換えることも可能である。もちろん、これまでの文化政策論でもメディアへの視点が欠落していたわけではない。映画祭や放送番組コンクールなどへの言及はもちろん、最近ではマンガやゲームソフトまでポップカルチャー系イベントへの関心も高い。しかし、そうしたポピュラー文化が芸術政策や広報政策とどう関連するのか、とりわけその効果や影響力に関する議論は決して十分に行われてきたとは思えない。文化研究が内容の是非や趣味の高低を規範的に論じるとすれば、メディア研究とは本質においてメディア効果論にほかならないのだけれども。

ここで「メディア文化政策」という複合概念を提起する理由も、その効果を強く意識するためである。まず、この「メディア文化政策」を定義することが必要だろう。それはマス・カルチャーを中心とした「メディア文化」の政策の含意もあるが、むしろ「文化政策」と「メディア政策」の分離・結合を意図している。その理解を容易にするために「文化政策」と「メディア政策」を仮に図7-1のようにモデル化しておこう。両者をブレーキとアクセルの関係に喩えるとわかりやすいかもしれない。文化的細分化の機能をもつメディアを制御し、国民統合の機能を維持するためにこそ、文化政策は不可欠

文化政策	⇔	メディア政策
選別 concentration 政治・理念 個性的文化 Kultur 国粋（日本主義）→	中心機能 統合基盤 国民化	**拡散** dissemination 経済・技術 普遍的文明 Civilization ←国際（多文化主義）
高級文化（文化財） 書物・建築・博物館 同一性の保持 保護すべき内容	主要対象 影響	ポピュラー文化（文化商品） 新聞雑誌・交通・博覧会 細分化の推進 流通させる形式
保護主義 文化教育による再生産	理念 形式	自由主義 文化産業による需要創出
公的領域	領域	私的領域
インター・ナショナル 国民国家 Control 志向	→	トランス・ナショナル 世界帝国 Connect 志向

7-1　文化政策とメディア政策の対比図

となる。

あるいは、よく知られたメディア論の枠内でこの文化政策とメディア政策を図式的に理解しようとすれば、ハロルド・イニスのバイアス論における時間バイアス（持続性）と空間バイアス（伝播性）、あるいはマーシャル・マクルーハンのホット（低参与性）とクール（高参与性）として色分けることも可能だろう（イニス 1987、マーシャル 1987）。こうした図式化の前提として、「文化」の語義について必要な限りで簡単に解説しておきたい。

明治啓蒙の「文明」と大正教養の「文化」

「日本文化」と聞いて記紀・万葉から能・歌舞伎まで、あるいはマンガ・アニメから寿司・天ぷらまでが想起されるわけだが、このときの「文化」は普遍的「文明」との対比で民族の固有性を意味している。しかし、「文明と文化は一八世紀後半に使われるようになった新語であり、ヨーロッパにおける国民国家の形成に深いかかわりをもっている」（西川 1992：172）。フランスにおける「文明」civilisation の初出はミラボー侯爵『人間の友、あるいは人口論』（一七五六年）であり、形容詞 civil（市民の、礼儀正しい）、さらに動詞 civiliser（教化する、開化する）から生み出された名詞である。他方で、ラテン語 cultura（耕作）に由来する「文化」culture は厳密には新語と言えないが、今日使われている観念語として定着したのはやはり一八世紀後半である。同じラテン語由来の語源でも市民的、都市的な「文明」がフランス、イギリスで受け入れられ、農民的、田園的な「文化」がドイツ、ロシアで好まれたことは重要だろう。二〇世紀初頭においてもフランス語の「文化」には「未成熟な文明」のニュアンスが残っており、文化使節 Mission culturelle や文化センター Centre culturel が違和感なく使われるには相当の時間を要した（西川 1995：56）。

一方、ドイツではフランス風の宮廷文化に対抗して独自な価値を主張する知識人が「文明」より「文化」に固執した。ナポレオン占領下のベルリンでヨハン・G・フィヒテは『ドイツ国民に告ぐ』（一八〇八年）で「文化国民」たることを呼びかけた。しかし、当時なおその「文化」は Cultur と外来語表記されており、Kultur のドイツ表記が定着するのは一九世紀後半以後である。ドイツのロマン主義者に共有された「普遍的文明と民族的文化を対比する構図」は、第一次世界大戦が勃発すると戦争の大義名分にも採用された。「イギリス・フランスの物質文明」から「ドイツの精神文化」を守るための戦いである、と。敗戦後にナチズム（国民社会主義）を唱えたアドルフ・ヒトラーが掲げたシンボル言語も「文化」である。そこで「文化」は「人種」概念と結合する。

「国家は目的でなく、手段である。国家は、もちろん、より高い人類文化を形成するための前提ではあるがその原因ではない。その原因はむしろ文化を形成する能力のある人種の存在にのみあるのである。」（ヒトラー 1973 下：37）

人種論との結合はともかく、文化創造こそが国家の目的であるとする考え方はドイツでは一般的だった。第一次世界大戦中に発表した「軍国的文化国家主義――独逸国民生活の一面」（一九一六年）で、のちに労働農民党の指導者となる大山郁夫もこう述べている。

「国民的文化の存立は今日に於ては国家的生存の唯一の条件であり基礎であるがため、之を保育助長するは各国家の最大事業である。（中略）力は力其物としては、本質的価値を有せざるものであるが、文化擁護の具として始めて価値を生じ、文化の祭壇に捧げられて始めて聖なるものとせらるゝのである。短言すれば文化は国家の目的であり、力は其手段である。」(大山 1987：170f)

この文章は、やがて一九二〇年代に日本で大流行する「文化」概念を政治的に使った最初期のものである。第一次世界大戦後の日本では文化哲学、文化社会学などドイツ系の輸入学問のみならず、文化包丁から文化住宅まで文化を冠した商品や意匠が氾濫した。この経緯を戦前を代表する教養主義者である三木清は、一九四一年の講演「科学と文化」でこう総括している。

「明治維新後の合言葉は文明開化といふ言葉であつた。(中略)ところが文化といふ言葉はずつと遅れて大正時代になつて始めてできた言葉で、前の文明といふ言葉が英語の civilization といふ言葉からきてゐるのに対して文化といふのは英語ではなくてむしろ、ドイツ語の Kultur といふ言葉の飜訳として現れてきた。」(三木 1968：590)

厳密にいえば、文化も文明と同じく漢籍から転用した翻訳語として明治期にはほぼ同じ意味で使用されることが多かった。ドイツ語文脈で再発見されたこの大正「文化」は、明治「文明」の市民的啓蒙主義に対する国民的教養主義の標章となった。こうして大正デモクラシーと呼ばれる大衆政治の成立期に流行した「文化」には、奇妙な脱政治志向の兆候が見られた。三木は次のように述べている。

「その教養といふのは何かといふと、前の文明といふものが一種の政治的な色彩をもつてゐたのに対して、反政治的といふか、或は非政治的といふか、政治に対して無関係な一つの教養をいつも意味した。従つてその時代の教養或は文化を説いた人々が軽蔑し或は反対したのは、政治的といふことであつたわけであります。」(同前：592)

三木は当時の歴史学で「政治史」と「文化史」が対立的にとらえられていた例を引き、「文化」は反「政治」を意味したとも指摘している。

だとすれば、この反政治的な「文化」は昭和期、すなわち総力戦時代の知識人によって政治的に再定位される必要があった。しかし、知識人のドイツ語的な文脈とは別に、世間一般では中国古典における「文武」、武功に対する文徳のニュアンスも文化には根強く残っていた。漢語の文化とは「文治教化」を意味しており、武威の対義語である。覇道に対する王道という古典的理想もそこに読み込むことができる言葉でもあった。

こうした武威に対する文化の漢語文脈があったおかげで、戦時下で知識人が唱えた「文化建設」「文化国家」「文化力」という翼賛スローガンは、第二次世界大戦後すぐに知識人の軍部独裁に対する抵抗のシンボル言語として換骨奪胎できた。敗戦後、ニュルンベルク裁判や東京裁判で日独のファシズムは「文明の名において」裁かれたわけだが、国民国家から構成された連合国 United Nations（日本ではやがて「国際連合」と訳されるようになる）は「野蛮」を告発しても、「文化」の責任を問うことはなかったからである。

こうした「文化」概念のゆらぎの系譜上に、ソフト・パワー（文化力）をハード・パワー（軍事力）抜きで発想する現代日本の文化政策があることは明らかだろう。その上で、歴史的に一対の対抗概念であった「文化—文明」は「文化政策—メディア政策」の枠組みに重ねることができる。普遍的なコミュニケーション技術を基盤とするメディアは文明的であり、その伝達内容（メッセージ）は文化的といえる。周知のように、メディア論において「メディアはメッセージである」（マーシャル・マクルーハン）。このメディア論パラダイムにおいて、文化政策とメディア政策が連動する「メディア文化政策」の地平が現れる。

二、「文化政治」と「文化政策」の記憶

二一世紀の今日では新聞で「メディア」という言葉を見ない日も、テレビで聞かない日もないだろう。しかし、序章第二節で述べたように、日本でこの外来語が一般化したのは意外に新しい。一九八〇年代の消費社会化の中で日常語化した言葉であり、それ以前の邦語文献に文化政策はあってもメディア政策が存在しないのは自明である。もちろん、メディア政策と同じ試みは、それが「外国新聞操縦」と呼ばれた明治期から模索されていた（大谷 1994、有山 2004、松村 2010）。

一方、第六章で見たように、昭和戦前期の文化政策は「思想戦」の文脈で組織化されていた。そうした戦時下の記憶があるため、文化政策を論じた戦後のテキストでは、「世界はまさに「文化政策」という名の狂気に直面していた」と批判的に論じられることも少なくない（上野編 2002：4）。文化政策が戦時の国策用語だったことも、戦後の学会名称として「文化政策」という言葉が長らく封印されてきた理由である。文化政策を研究対象とする諸学会、たとえば文化経済学会、日本アートマネジメント学会、文化資源学会、日本ミュージアム・マネジメント学会、社会文化学会などはいずれも平成と改元した一九九〇年代の設立であり、「文化政策」そのものを掲げた日本文化政策学会はようやく二〇〇七年に設立されている。

戦後長らく続いた「文化政策」の国策イメージは、政治学者・松下圭一が『文化行政』（一九八一年）で警戒を呼びかけた言葉に象徴されている。松下は東京オリンピック、大阪万博、沖縄海洋博など「国主導の文化カンパニア」に全体主義文化政策の危険性を見出している。

「とくに官僚機構による大衆統制技術、マスコミによる大衆操作技術の過熱をみている今日、これは、国民精神総動員の新しいファッションに堕することにもなる。いいなおせば、これは全体主義型の「文化政策」となる。この文化政策は、ナチズムやスターリニズム等、現代独裁の強力な武器であったことを想起したい。」（松下・森編 1981：8）

松下は「文化行政」を国家レベルではなく地方自治体レベルの議論に限定し、「文化政策」という言葉の使用さえも慎重に回避している。こうした地方レベルの「文化行政」論は文化政策の対外発信的機能を度外視し、文部省あるいは文化庁（一九六八年発足）が所管する芸術保護政策に関心を集中させてきた。しかし、国内の芸術助成においてさえ社会教育学者・佐藤一子は戦時文化政策の歪みが残っていることをこう批判している。

「芸術文化振興を専担する部局は〔戦前の〕文部省内に設けられておらず独自の位置づけが不十分であったばかりか、昭和初期には軍国主義体制のもとで、芸術文化を教化・宣伝の手段として活用する方策が強化され、その本来の振興の目的がいちじるしくゆがめられた。」（佐藤一子 1989：72f）

「その本来の振興の目的」を規範的に議論することは必要だとしても、昭和初期に個人の自由な文化活動を無条件に奨励する文化政策が海外に存在したかどうかは疑わしい。中村彌三次は「文化行政法」（一九四〇年）で、文化政策を発生史的に五つの類型にまとめている。（1）文化の後見的庇護政策

（伝統社会モデル）、（2）文化放任政策（個人的自由主義モデル）、（3）文化保育政策（国民教化モデル）、（4）文化統制政策（独・伊モデル）、（5）文化公営政策（ソビエトモデル）である。このうち、（2）個人的自由主義モデルは「純然たる理論的型態に止どまるもの」と評し、イギリス・アメリカの文化政策も日本と同じ（3）国民教化モデルに分類していた（中村 1940：81-86）。個人的自由主義モデルを理想型として掲げる場合も、同時代に若き丸山眞男が「政治学に於ける国家の概念」（一九三六年）に書きつけた次の一文は想起するべきだろう。

「今日は市民階級自体がもはや自由主義の担ひ手たることをやめて「全体主義」の陣営に赴いてゐる時代である。十九世紀に於てブルジョワ的自由主義を語るのはよい。二十世紀に於てなほそれを語るのは無知に非ずんば偽瞞である。」（丸山 1976：8f）

以下では、二〇世紀前半における日本の対外文化政策の展開をメディア史の視点から検討する。メディア史研究では「摩擦なき真空の言論空間」は想定しないので、ここでも（2）個人的自由主義モデルを政策評価の前提とはしない。ちなみに、この理想型から発想する論者が多い国際関係論では、ナイーブな「国際文化交流性善説」がなお根強いようだ。戦前の国際文化振興会を分析した国際政治学者・芝崎厚士は、次のように先行研究の「実践的前提」を批判している。

「「実践的前提」とは、これまでの研究のほとんどが、基本的に「国際文化交流はよいことである」という価値判断に立ち、その場合になされる考察は、「いかに」「よい」国際文化交流を「たくさん」おこなうかということに自動的に焦点を合わせる、ということである。」（芝崎 1999a：6）

国際文化交流の推進が意図せぬ結果として、ナショナリズムを相互に過熱させるような事態が珍しくないことは、以下にみる戦前の対支文化事業でも明らかである。ソフト・パワーがハード・パワーと不可分であるように、国際主義と国粋主義がコインの裏表である事実も冷静に見ておく必要があるだろう。

いずれにせよ、「文化事業」や「文化政策」も第一次世界大「戦後」の概念である。史上初の総力戦において、参戦国は国内の大衆動員はもちろん、敵対国の戦意低下や中立国の協力取付のためにも、積極的な戦時プロパガンダを展開した。空中と飛行機と海底の潜水艦が加わった三次元空間の現代戦は、心理や思想を標的として四次元空間にも前線を拡大していた（本書第四章参照）。国民一人一人の主体性を動員して自ら進んで戦争に参加させるために言論統制は日常化し、やがて宣伝戦の前線は個人の記憶や歴史認識にまで拡大する（本書第六章参照）。社会教育学者・宮原誠一は「文化政策」が第一次世界大戦で生み出された新概念であると指摘し、文化政策をこう総括していた。

「文化政策の国家総力戦的本義からいふならば、文化政策とはまづ第一に国民の精神と生活とを国家目的にむかつて動員し訓練することについての政策である。何か漠然と文化の興隆といふやうなことについて国家的な配慮をするといつたやうなことではない。（中略）国民に対する最も動的な、最も政治的な教育、それが文化政策の第一の課題である。国民の精神と生活とを国家目的にむかつて動員し訓練するために啓発宣伝のあらゆる手段が駆使され、科学者・芸術家・教育者・文化事業関係専門家のすべての力が結集されなければならないのである。」（宮原 1943：4f）

「啓発宣伝のあらゆる手段」を研究する心理学や新聞学の講座が欧米や日本の大学で制度化されたのも、この大戦後のことである（本書第二章参照）。

第一次世界大戦後の「文化政治」

日本にとって第一次世界大戦は青島要塞戦を除けば、ほぼ宣伝戦に終始していた。寺内正毅内閣の後藤新平内相は、宣伝戦に対応できる「臨時新聞局」を構想していた(本書第四章参照)。寺内内閣で内相から外相に転じた後藤新平は、米騒動による寺内内閣退陣の後、欧米視察の旅に出発した。そこで総力戦が社会に与えた衝撃を実見した後藤は、国家総動員に対応可能な政策立案のため建白書「大調査機関設立の議」を政府に提出している。すでに、外務省は一九一七年に海外情報の収集整理のため臨時調査部官制を公布していた。だが、こうした受動的な調査対応にとどまった日本政府は、一九一九年のパリ講和会議で中国側の積極的な宣伝外交に圧倒された。コロンビア大学で国際法の博士号を得た全権代表・顧維鈞が流暢な英語で展開した熱弁は、「サイレント・パートナー」と揶揄された日本代表団の沈黙とは対象的だった。この教訓から外務省は積極的な宣伝活動にも対応する情報部を一九二〇年四月(官制発足は翌一九二一年八月)に設置している(外務省百年史編纂委員会編 1969：1028-1039)。

だが、第一次世界大戦後、日本が最初に直面した宣伝戦の現場は、朝鮮半島だった。一九一九年パリ講和会議中に勃発した朝鮮の独立運動、いわゆる三・一事件である。この事件は警察と軍隊の動員で鎮圧されたが、一九二〇年代の朝鮮統治では総督武官制が廃止され、それまでの「武断政治」に対して「文化政治」という言葉で表現された内地延長主義が採用された。首相・原敬は武力だけでの植民地支配は不可能であると判断し、また大正デモクラシーで高まった国内輿論にも配慮して、独立運動を武力鎮圧した陸軍元帥・長谷川好道総督を更迭して、穏健派の海軍大将・斎藤実を総督に任命した。内地延長主義から言論・結社の自由は部分的に緩和され、ハングルの新聞雑誌を発行することも認められた。第二次朝鮮教育令では内地水準の学校制度が整えられ、日本人と朝鮮人の共学も認められた。さらに一九二四年には京城帝国大学が設立され、ソウルを中心に大衆文化が急速に発達した。教育史家・駒込武は一九二〇年代に刊行された朝鮮総督府編纂修身教科書で「文明」という言葉の一部が「文化」に書きかえられたことを指摘した上で、その内容に変化がないことを次のように指摘している。

「そのことは、逆に「文化政治」という言葉が、従来説かれてきた文明化の理念と比べて、実質においてさほど異なった理念を提示しているわけではないことをうかがわせる事実である。」(駒込 1996：203)

それは、朝鮮総督府の「文化政治」が基本的に「文明の国」フランスの植民地統治を模範とした同化主義に依拠しているためとも言えるだろう。朝鮮と内地の文化的ギャップを縮小化してゆき、最終的には完全な皇民化が目指されていた。この限りでは、朝鮮の文化政治は日本の「対外」文化政策というよりも、異民族統合に向けた「国内」文化政策と考えるべきかもしれない。

だが当時、東アジア全体に多民族統合の文化政策を拡大するメディア論を構想し、「大風呂敷」と綽名された人物もいた。一九二五年東京放送局総裁に就任する後藤新平である。後藤の「東洋大放送局の設置案」を鶴見祐輔は伝記でこう解説している。

「伯は東洋の文化を開発する目的を以て、満洲及び北支を圏内とする大放送局を設置し、而して其の創設費は勿論、年々の維持費は日本に於ける放送事業の収益中より之れを支弁すべしと主張したのである。何となれば、支那には未だ戸籍や寄留の制度が確立せず、他方国民性の関係上、到底日本の如く聴取料を徴収することは不可能である、さりとて受信機に之れを割付くる時は、機械を買ふ者が尠なくなるであらう、故にこれは無料で聴取せしめることとし、その費用は東洋の先進国たる日本国民が負担してやることにせねばならぬ、放送事業を公益法人としたことは、斯くして初めてその意義を見るのである、内地の聴取者が増加して、放送経済に余剰を生じ、聴取料を軽減し得る時が至つたならば、その低減し得らるる差額をこの方面に振向くべしと云ふのが伯の意見であつて、いかにも伯らしい堂々たる立論であつた。」(鶴見 1943：810)

まさしく情報拡散のメディア政策と一体化した文化統合的な政策、おそらく日本で最初期の「メディア文化政策」というべきだろう。一九二六年に東京放送局は日本放送協会に吸収合併され、この「国民外交家」はその総裁を辞任している。そのため、「東洋大放送局」案が具体的に検討された形跡はない。ちなみに、後藤の没後三年目の一九三一年に台湾放送協会、翌三二年に朝鮮放送協会、翌三三年には満洲電信電話株式会社が設立された。また内外地間の電波連絡も整備され、一九三五年には北米、ハワイの日系人向けの日本語と英語で短波ラジオ放送が開始された。日中戦争勃発以後には、戦線の拡大に従い北京、上海、南京に宣撫放送機関が設置され、こうした外地放送局との連絡機関として東亜放送協議会が一九四〇年開設されている。日本の国策を伝える海外放送は、一九三八年には欧州、南北アメリカ、中国、南洋など六方向八か国語になり、一九四〇年には一二方向一六か国語に拡大された。日米開戦後は南方占領地に宣伝放送局が置かれ、海外放送も一九四四年には一五方向二四か国まで拡大されているが、この戦時ラジオ放送が対外文化政策として十分な効果をあげたと評価することは出来ない。

三枝茂智の文化立国策

むしろ、戦間期の対外的な文化政策として注目すべきは、朝鮮の「文化政治」でも「大放送局」構想でもなく、外務省の対支文化事業であろう。朝鮮の三・一運動に続いて中国で発生した抗日、反帝国主義の大衆運動、いわゆる五・四運動の高揚を危惧した日本政府は、アメリカの対中国文化事業にならって日中融和の文化交流を模索していた。ここでも後藤新平内相の腹案が大きな役割を演じた。後藤は義和団事件賠償金を放棄し、日本に優秀な留学生を呼び寄せるべく中国に留学生向けの奨学金財団の設立を働きかけるよう、首相の原敬に訴えている。ベルサイユ講和会議の中国側代表、顧維鈞（コロンビア大学卒）や王正廷（イェール大学卒）が後藤の脳裏に浮かんでいたはずである。「支那留学生等を好遇《ママ》するは将来の為め尤も必要なり、今日の如き情態に放任せば将来支那の要路に立つ者は米国留学生なるべし」と後藤は懸念を表明していた（馬場 1983：68）。

この賠償金問題は中国の政情不安もあって決着が遅れたが、ようやく一九二三年三月、義和団事件賠償金と山東半島利権返還補償金を基金に「対支文化事業特別会計」を所轄する対支文化事務局が外務省に設置された。主な事業内容は中国人留学生への学費補助や中国での「教育、学芸、衛生、救恤、其ノ他文化ノ助長ニ関スル事業」だったが、中国側が希望した事業内容や資金運用方式とは大きな隔たりがあった（同前：85）。実際、やがて中国側は日本が行う文化事業への不満から一九二九年には同事業の廃止、さらには資金の中国移還を日本政府に要請している。

それにしても、日本の対外文化政策の制度化が「対英」でも「対米」でもなく、「対支」の枠組みで始まったことは決定的に重要である。対支文化事務局は一九二四年に亜細亜局内の文化事業部となり、さらに一九二七年には独立した文化事業部となった。なお、対支事業を所管とする第二課に加えて、それ以外の欧米などを対象とする第三課が新設されるのは一九三五年である。この第三課が所管する団体には、国際文化振興会、国際学友会、国際映画会などがあった。

いずれにせよ、この「文化事業」が朝鮮の「文化政治」と同様に、帝国主義の文化戦略であったことは確かである。ここでは外務省文化事業部第一課兼第二課長として日本初の体系的な文化政策論をまとめた三枝茂智(一八八八―一九七九年)に着目してみたい。芝崎厚士によれば、三枝の「文化立国策」は一九三四年に国際文化振興会が設立する前に書かれた最も体系的な文化政策構想である(芝崎 1999a：65)。三枝に関する先行研究としては、戦時下の日本語教育論に着目したものがある(木村 2002、河路 2011)。

以下、三枝茂智の経歴を文化政策との関係でまとめるが、「三枝茂智関係書誌(略歴を含む)」(拓殖大学創立百年史編纂室 2004)に依拠しつつ、特に国際連盟での活動については三枝茂智「藤沢博士の思い出」(小宮山編 1964)の記述から補った。

三枝茂智は一八八八年に山梨県山梨市で生れ、第一高等学校に入学後は「国際主義者」新渡戸稲造の薫陶を受けた。さらに東京帝国大学法科政治学科に進み、新渡戸の経済原論と植民政策論の講義にも出席している。一九一四年文官高等試験に合格、大蔵省に入省したが、一九一七年一〇月青島守備軍民政部事務官として転出し、一九二〇年五月から外務事務官として臨時平和条約事務局に勤務した。

同年九月ジュネーヴで開催された第一回国際連盟総会へ全権委員随員として出席するが、それに先だって学会誌などに発表した論考を『支那ノ外交・財政』（東亜同文会、一九二一年）にまとめている。自序の冒頭には、いかにも帝大法学部出の秀才らしい矜持を示す一文がある。

「欧米ハ吾人ニ取リテ一大参考書ナリ、支那ハ吾人ニ取リテ難渋ナル一大試験問題タリ、其ノ如何ニ解答セラルルヤハ日本ガ極東ニ於ケル地位及責任ニ関シテ及落ノ岐ルル所ナリ。」（三枝 1921：1）

この「試験問題」への解答として記述した論文が「支那ニ於ケル列国ノ文化政策」である。ここで文化政策は「〔善意であれ、多少の思惑あれ〕自国ノ文明ヲ扶植シ、支那ヲ啓蒙セント」する努力、と定義されている。ただし、具体的に言及されているのは、欧米のキリスト教宣教師とその学校経営の実態である。

「自国ノ宣教師ガ伝道ノ傍ラ教育ニ従事スルコトハ、第一ニ其ノ国民勢力ノ膨脹ヲ来シ、次デ商工業ニ具体的ノ利益ヲ克《か》チ得ルガ故ニ、本国政府公共団体特ニ商業会議所基督教団ガ之レニ財政的援助ヲ与フルニ至ルハ自然ニシテ、英米独ハ過去ニ於テ斯クノ如キ援助ヲ惜マザリキ」（同前：236f）

三枝は、キリスト教宣教師による学校・病院経営が中国人に与える文化的影響力を高く評価し、とりわけ英語教育を介した知的世界への浸透力を強調している。

「英語ガ支那及世界ニ最モ勢力アルコトハ、特ニ此ノ風潮ヲ助長ス、今日新式ノ学問ノ鍵ハ基督教ノ手ニ握ラレツヽアリト云フニ憚ラズ。」（同前：246）

日本にも明治の文明開化とともにキリスト教学校は進出し、英語は「文明の技術」として新聞紙、雑誌、電信電話などニューメディアとともに受け入れられた。もちろん、民主主義（デモクラシー）も自由(フリーダム)も英語から翻訳された概念だが、それはあくまでも「文明」の統治技術として受容されたものであり、それが国民的「文化」となったとは言いがたい。それは英語教育とともに流入したキリスト教信仰が日本ではほとんど根づかなかったこととも対応している。明治開国後、大量の宣教師が来日し、現在も日本には小学校から大学まで約六五〇のミッション・スクールが存在する。それは私立高校の約一六パーセントにも達するが、そこに学んだ日本人でキリスト教信者となったものは極めて少ない。現在の総人口にキリスト教徒が占める割合は二パーセントに達しないのである(佐藤八寿子 2006:15)。

対支那文化事業において、こうした日本人自身の文明/文化の選択的受容を三枝が反省的に検討した形跡はない。むしろ日本側がこの文化事業で中国に普及させようとしたのは産業技術などの「卑近ノ事業」、つまり普遍的文明ではなく、日本語や日本人が一方的に考えた「純東方文化」であった。英米文化事業に付随する鉄道、水利事業などを歓迎した中国政府が、日本の文化事業を「文化侵略」として猛反発したこともある意味当然だろう(馬場 1983:184-193)。

結局、この対支文化事業は、日本人が西洋文明に抱き続けた劣等感と混迷する中国情勢において抱いた優越感の間で陥ったコンプレックスの象徴と見るべきだろう。だとすれば、その挫折はあらかじめ想定できたものである。つまり、この事業は「対支」を名乗りながら、その目的は一人前に対外文化政策を展開できる〝一等国〟の地位を「対欧」誇示する試みに他ならなかったからである。

『国際連盟の活動』と『国際軍備縮少問題』

三枝は一九二一年一一月よりパリ在勤となるが、国際連盟の日本代表・石井菊次郎大使の連絡員としてジュネーヴとの間を往復し、同地で連盟事務局次長に就任していた恩師・新渡戸稲造と再会した。そこで手がけた仕事が新渡戸の英語演説を翻訳出版した『国際連盟の活動』(一九二一年)である。この訳者序文で新渡戸を「精神的ニ日本ヲ代表シ、文化的ニ我ガ国民ヲ表現セル先生」と讃え、新渡戸の「連盟観ヲ祖国ノ識者ニ聊《いささ》カ伝フルコト」が刊行の目的と述べている(新渡戸 1921 : 8)。その後、三枝はスウェーデン公使館一等書記官などを務めたのち、一九二七年一二月に帰国して外務省文化事業部第二課長(対支文化事業担当)、さらに翌二八年七月からは第一課長を兼務し、対支文化事業調査会幹事をつとめている。当時の対支文化事業調査会会長は首相兼外相の田中義一であり、直属上司の文化事業部長は岡部長景だった。一九二九年に浜口雄幸内閣が成立すると、対支文化事業調査会会長には幣原喜重郎外相が就任していた。

注目すべきことは、この協調外交時代に文化政策の実務を担当した三枝が、文化政策を軍備問題と不可分なものと考えていたことである。それは一九三一年三月に東京帝国大学から法学博士号を授与された学位論文『国際軍備縮少問題』(公刊は一九三二年)から読み取ることができる。同書は戦前における軍縮問題を扱った最も包括的書物であり、「明治百年史叢書」の一冊として一九七五年に復刊されている。その自序で三枝は軍備の目的を「自己の存立を全ふせむが為にして、其の用は主として外寇に対して自国を防衛せむが為なり」と定義している。しかし、仮想敵がなくとも「対内軍備及国際的制裁に参加する為に必要なる兵力の存在」の必要性を認めている。「軍縮運動は平和運動の部分現象」と考える三枝は幣原外交の協調路線に反対していたわけではないが、一九三〇年ロンドン海軍軍縮会議を境に三枝は国際協調の理想主義に見切りをつけていた。博士論文の結論部において、国際連盟のような文化共同体 Kulturgemeinschaft を理想化することに現実主義的な批判を加えている。

「本来平和愛好国民、戦争愛好国民の別あることなく、大観すれば一切の社会現象及国際社会現象を通じて人間の本能(the man in him)に差異あることなし。差異あるは環境と之に応じて生起する反作用とのみ。現実となれる軍備の縮少制限は理想的平和主義又は純正国際主義の所産にあらずして平和主義的利己主義又は国際主義的民族主義の所産なり。」(強調は原文、三枝 1932：1056f)

つまり、第一次世界大戦以前には「青年期帝国主義国」ドイツの民族的利己主義によって軍備制限はできなかったが、ドイツを破って覇権を確立した「飽和国」米英が現状維持を求めたための「平和主義的利己主義又は国際主義的民族主義の所産」として軍縮は実現したに過ぎない。三枝は軍縮条約を「二大英語国民が其の覇制政策を遂げ得たる結果」、つまり「国際主義的民族主義将又《はたまた》国際主義的功利主義(礼讃する者は之を開明的利己主義と云ふ)の所産」と断じている(強調は原文、同前：1057)。「飽和国英米」にとって「軍縮は即ち軍拡を意味すと云ふも過言にあらず」とする三枝の結論は、「未成年帝国主義国」、すなわち日本の主張の代弁とも理解できる。一千頁を超える大著の末尾は次の一文で結ばれている。

「平和問題の部分問題たる国際軍備縮少問題の出発点も終着点も共に人類の本性に在り。」(強調は原文、同前：1058)

この博士学位論文提出の一年後に満洲事変が勃発し、日本外交は国際協調路線の終着点を迎えることになる。一九三二年の公刊にあたって、自序(第二)で「最近四箇月間の経緯が寧ろ吾人の結論を裏書し」た、と三枝は自らの先見の明を誇っている。

三、戦前のソフト・パワー論

三枝の「対外文化政策に就て」と題する講演は満洲事変勃発の二か月前、一九三一年七月三日に東亜同文会本部・霞山会館で催された支那談話会で行なわれている。講演を速記したパンフレットは外務省文化事業部から刊行されたが、のちに「文化外交」と改題されて三枝茂智『極東外交論策』（一九三三年）に収められた。

講演の前日、満洲では朝鮮人入植者に対する中国人農民の襲撃、いわゆる万宝山事件が発生している。すでに見たように三枝も国際主義的ナショナリストであったが、世論の激高を背に「武力」解決を図りたい陸軍に対して、なお「文化」政策に期待を寄せる外交官の立場は崩してはいない。以下では、それまで国際協調外交の最前線にいた外務官僚の「文化立国策」をやや詳しく検討してみたい。後述するように「文化立国」は敗戦後に盛んに唱えられ、『新しい文化立国の創造をめざして――文化庁三〇年史』（一九九九年）など平成期の公的文書にも「文化立国」は頻出するが、この「文化立国」という昭和戦前期の新語を創作した人物こそ三枝茂智である。

三枝はまず文化住宅、文化生活、文化村など当時の流行語を列挙して、外務省文化事業部の新しさを強調し、文化事業の範囲をまず次のように整理している。

「教育事業、学芸に関する事業、国際協会の設置活用、国際知的交通の促進、慈善事業一部の情報

事務、映画、ラヂオ関係事業等である。」(三枝 1933：626)

しかし、教育事業は文部省、交通は鉄道省、映画検閲は内務省、ラジオ放送は逓信省の管轄であり、外務省が主に担当するのは「対外」文化事業に限られた。新聞や雑誌はなく映画とラジオのみ言及されているが、それはニューメディアの対外発信力に対する期待感の反映でもある。

「技術の進歩、交通の発達と世界の接近に伴ひて各国文化が接触し、文化の交叉を生じ、文化内容の結合を齎すのである。此の自然の趨勢を目的的に指導助長する点に対外文化事業の特色がある。」(同前：627)

三枝は国際連盟の学芸協力委員会を事例として引き、「超民族的国際的」文化事業の存在はみとめつつも、それは「例外的」試みとみなしている。また、第三インターナショナルを革命輸出に利用するソビエト、あるいはカーネギー財団、ロックフェラー財団など民間主導のアメリカの事例も紹介しているが、日本がモデルにすべき対外文化事業は国家主導のフランス、ドイツだと主張する。その上で、「自国の領域を外国人の観念界に拡げ」、「自国民族の存立発展に有利なる環境を作らうと云ふ」対外文化事業の目的を五つの要素から説明している。

「(一)自国の国粋主義を維持すと云ふこと、(二)自国の言語を諸外国に紹介させる事、(三)自国の文化を諸外国に移させること、(四)自国の価値の世界的認識を促進する事、(五)外国人の人心を収攬せんと努むること」(同前：634)

三枝において国益重視の現実と国際主義の理想は両立可能なものであり、対立物とは見なされていなかった。「生存競争は、物理的闘争より知的闘争に変化」した第一次世界大戦以後、知的闘争の手段として文化政策が重視されるのは当然だった。三枝は外務省で同僚だったペパン博士の「外交」定義を紹介しているが、これは約六〇年後にジョセフ・ナイが唱えたソフト・パワーの定義、「自国が望む結果を他国も望むようにする力であり、他国を無理やり従わせるのではなく、味方につける力」（ナイ 2004：26）に驚くほど近い。

「外交と云ふことは反対者を自分の固有の思想に同意する様に曳きつけることに依つて、自分の固有の考へをして勝利を得せしむる術である。」（三枝 1933：638）

さらに、三枝はパウル・S・ラインシュ『秘密外交』（*Secret diplomacy, how far can it be eliminated?*, New York, 1922）から「新式外交」の定義も引いている。

「〔新式外交とは〕大衆の心に影響を与へ之を把握することである。人類の共通利益を明徴にし、人類の文化的生活向上の為めにする提携を促進することである。」（同前：638f）

これも今日のパブリック・ディプロマシー（広報文化外交）の定義と極めて近い。もっとわかりやすい表現で三枝は外交官の使命をこう語っている。

「若し外国人をして我々の考へに賛同させることが必要であるならば、初めから外国人の心を我々の考へに共鳴するやうに素地から拵へて置くことが最も近道になつて来るであらうと思ふ。（中略）外国人に日本精神を鼓吹し、日本の親友否寧ろ精神的には日本人たる外国人を無数に生産し、有事の際日本の利害を殆んど自己の利害の如くに感ぜしむる様に誘導することに努力するに違ひないと思ふ。」（同前：639）

こうしたソフト・パワー論から、「文化立国策」、いわば〝戦前クール・ジャパン〟構想が次のように提唱されている。

「恐らく世界は段々進歩して行つて、自然に世界の個別的文化が一全の文化に帰結することが有り得るかも知れない。其時に多数の文化財、多量の価値を寄与したと云ふことが国の地位を決定する唯一の標準になつて来る。日本としては、国際社会に於て日本は貴重な国である、日本は世界文明の不可欠の要素であると云ふことを認めさせることが絶対に必要である。仏蘭西も独逸も其の他の国も斉しく自国文化を発揚して、自国の世界に於ける価値としての存在を日月星辰の如くならしめようと焦心努力して居るのである。既に文化的価値の王座に位した国にとつては、移民問題も経済政策も高等政策も力を用ひずして解決することが出来るであらう。之が実に列国をして文化事業に鋭意せしめつゝある最大の原因であると確信するのである。」(同前：636f)

こうした「国粋文化宣伝戦」において、日本は東洋文明と西洋文明を止揚できる「絶好の戦略地点」を占めていると三枝はいう。

「日本は日本国学、印度哲学、支那学特に儒教精神等を集大成して、東洋文化を一身に体得して居るのであつて、我々は見方に依つて世界文化の半分を所有して居るので、若し我々各自が発奮し、東洋文明と西洋文明との上に止揚し、世界一全の最高文化を産出すならば、我々日本人は否応なしに新カント派の所謂「価値の世界」の王座に君臨するに至るのであらう。これ余が茲に文化立国策を叫ぶ所以であつて、新日本の運命を開拓する方法は之れ以外にあり得ない。」(同前：637)

これを「精神的帝国主義」だと難ずる声も三枝は想定しており、そうした批判をデカダン主義と一蹴している。さらに、スポーツや社会的奉仕(ボランティア)振興から発明発見の奨励まで含む「文化立国策」こそ、人間の闘争本能を解消する「戦争の精神的代用品」だとも述べている。この講演は次のように結ばれている。

「余は今日の日本の行詰つた立場に於ては、一方、東洋学を振興して文化科学に必要なる“Seelen-technik”〔精神技術〕を欧米人に伝へ、自然科学上の発明発見を奨励して物質的生産能力を極度に向上せしめると同時に、他方、対外文化事業に外交の重心を傾かしめ、文化事業を以て国内の智力とそれから経済力とを総動員して此の方面に於ても日本の星を、日本の運命を、もう一度試すと云ふことを決意することが、刻下の一大急務ではなからうかと思ふのである。」(同前：641)

この講演が満洲事変勃発の二か月前であることを考えると、文化政策の「総動員」によって、武力による解決を回避したいという外交官の切実な思いを読み取るべきかもしれない。いずれにせよ、今日の行政文書にも頻出する「文化立国」が、「十五年戦争」直前に掲げられたスローガンであったことを銘記しておきたい。つまり、文化立国策も総力戦パラダイムの産物であり、それが思想戦と連続していても何ら不思議ではないのである。実際、この講演内容を収めた『極東外交論策』(一九三三年)で、三枝は国際連盟主義から国際帝国主義、あるいは太平洋帝国主義への「帝国外交の更正」を主張している。講演で提唱した内容は自序でこう要約されている。

「世界の文運に貢献し、泰西の貧困なる精神的文明を匡救すべき日本学即ち渾一東洋学の把持者としての帝国の無双の文化的地位《クルツーアスタンド》を外交政治の上に利用せむこと」(三枝 1933：6)

満洲事変以前の講演で三枝は「文化換言すれば文明」と言っており、「東洋文明」と「西洋文明」は上下なく対等に論じられていたわけだが、事変後の要約では「泰西の貧困なる精神的文明」は「日本学即ち渾一東洋学」によって救い出されるべき存在とされている。「アングロサクソン連盟」と日本の利害衝突が三枝の脳裏で「西洋文明」と「東洋文化」の軸をより鮮明に浮かびあがらせたともいえるだろう。ただし、三枝が見立てた「太平洋国際帝国主義」では英米との帝国主義的共存が模索されており、必ずしも新興アジア諸国との文化的連帯が打ち出されているわけではない。

たとえば、同書所収の「国際政治と教育(排外教育論)」(一九三一年一二月)では「教育は最高最深にして永久の声明を有する政治なり」との立場から、中国の排日教育を批判的に分析している。そこでもアングロサクソン流「国際主義的民族主義」の欺瞞性を論難しているが、三枝が打ち出す対抗策も英米帝国主義との敵対的鏡像関係にあったと言うべきだろう。

「第一は満洲及び内蒙古を帝国の死活地域にして戦争網《ウォアシステム》の中核を形成するものと宣明し、此の目標の克服せらるる日迄、極端に民族主義的教育を実施すること之である。第二は第一の主義に倒行逆施せざる範囲及び程度に於て、(中略)国際主義的教育を充分に施し、世界全土は土地も富源も世界市民《ウェルトブユルガー》の集団たる全人類に属し、何人も其の欲する所に移住し、労作し、全世界を旅行すること、恰も一国内を旅行すると等しきが如き客観的正義に基く全世界の改造なれば、日本民族は率先之を提唱するの用意あることを宣明すること之である。」(同前:312f)

三枝は一九三三年八月に公使館一等書記官としてギリシャに赴任し、一九三六年一〇月に日本国際協会の調査部長として帰国している。日本国際協会は国際連盟脱退後、日本国際連盟協会(一九二〇年発足)が旧定款「国際連盟の精神達成を以て其の目的」を「各国との親善及び協力を増進」に改めた組織である。同協会は一九三八年二月に国際連盟協会世界連合から脱退するまで国際親善の努力を継続し、日米開戦後も日本外政協会と名称を改めて存続した（岩本 2005）。三枝は日中戦争勃発後の一九三七年九月に同調査部長を辞任し、外務省も退職して拓殖大学講師（外交史）に就任している。これ以後、三枝は北京新民学院教授（一九三八年一月から翌年七月）を挟んで拓殖大学で外交史の講義を続け、一九四〇年同大教授に就任している。戦時下の三枝は国防協会常務理事、興亜義塾南洋講座学監、海軍省調査課嘱託などを務めていた。海軍省は高木惣吉調査課長の下で一九三九年にブレーン・トラストを組織していたが、三枝の名前は「外交懇談会」「綜合研究会」の名簿に登場している（中山 1981：157f、高木 1982：197f）。

「外交懇談会」＝伊藤正徳（時事新報）、稲原勝治（外交評論家）、神川彦松（東京帝国大学教授）、高木八尺（同上）、田村幸策（中央大学教授）、松下正寿（立教大学教授）、鶴見祐輔（評論家）、齋藤忠（評論家）、幹事三枝茂智（明治《ママ》大学教授）。

「綜合委員会」＝板垣與一（東京商科大学）、大河内一男（東京帝国大学助教授）、三枝茂智（明治《ママ》大学教授）、高山岩男（京都帝国大学教授）、谷川徹三（法政大学教授）、武村忠雄（慶応義塾大学教授）、永田清（同前）、矢部貞治（東京帝国大学教授）、松下正寿（立教大学教授）、幹事なし。

「綜合研究会」には「思想懇談会」幹事の谷川徹三、「政治懇談会」幹事の矢部貞治、「経済研究会」幹事の板垣與一や京都学派グループの幹事として高山岩男も参加していた。高木によれば、「谷川、三枝、矢部三氏にそれぞれの懇談会の顔ぶれの選択をまかせ」、「幹事をおいて中間のまとめ役を頼み、総合研究会で結論的なものがあれば案文にまとめあげる構想であった」（高木 1982：198f）。戦時下の海軍ブレーンについては、和辻哲郎、安倍能成など多くの「岩波文化人」が参加した「思想懇談会」、あるいは西田幾多郎を中心とした京都学派の動向に研究が集中しているが、三枝幹事の外交委員会の活動も大変興味深い。なお、リストで三枝の所属は明治大学となっているが、拓殖大学の誤記であろう。

三枝が参加した「外交懇談会」「綜合研究会」の手書き速記録のほか、三枝嘱託述「大東亜新秩序論」(A3-82)、同「英独和平実現ノ場合ニ於ケル帝国外交方策」(A3-88)など「極秘」文書がアジア経済研究所図書館データベース「岸幸一コレクション」で公開されており、以下では文化政策に関わる議論のみ紹介しておきたい(引用には、同データベースの分類記号をつけた)。

一九四一年六月二〇日に行われた綜合研究会では板垣與一が「蘭印会商善後策」(A3-68)を報告した。これへの欠席を知らせる三枝の前日一九日付「高木課長、扇中佐宛手紙」の内容が興味深い。

「三(蘭印当地方策)と其の㈠(統治政策)㈡(経済政策)は戦争に資源獲得戦たるの本質が伴ふと云ふ点を除けば占領確保後の軍政や民政の問題にて、今は喰ふか喰はれるかの戦争に敵を喰ひ尽す事を専念研究すべきものと存ぜられ候。㈢(民族政策)㈣(文化政策)が一時或は無視すべき二段、三段の閑問題たる事は申す迄もなく候。四(国内対策)は、大体大東亜共栄圏建設、国防国家建設と云ふ広き問題より考察さるべき問題にて、茲にて又全く新に取上げらるるはをかしく、多少此の際部分的に発展さす《ママ》るとするも夫は第二段の問題に候。」(A3-55:3)

インドネシア問題に関して、三枝はハード・パワーを最優先しており、文化政策を「一時或は無視すべき二段、三段の閑問題」と片づけている。同じ便箋の欄外に、日中戦争での宣撫政策の無効を指摘する一文が追記されている。

「キャラメルや燐寸を支那人に配り終はりて最早三年　蔣介石はピン〳〵致し居り候。」(同前)

それから四か月後、一九四一年一〇月七日の外交懇談会は「戦争目的は何とすべきか」をテーマに討議している(世良主計中尉記 A3-98)。三枝はすでに同九月一五日付「極秘臨戦外交ノ目標及其ノ指導方策」(A4-116)を提出しており、和戦両方の外交プランを提言している。そこで開戦の場合には「英米共同宣言ニ対抗スベキ枢軸側ノ宣言(全体主義ノ世界平和案)」の必要を指摘していた。この三枝メモを前提に催された外交懇談会の議論からは、真珠湾攻撃の二か月前の知識人たちのホンネが読み取れる。司会の三枝は「アメリカの「海洋の自由」といふ如きスローガンを掲げる」ことを提案するが、松下正寿と稲原勝治は「東亜共栄圏」や「東亜新秩序」など観念的なスローガンに難色を示している。

三枝　防衛とか存立とかいふことに関連して、「東亜共栄圏」を掲げてもよいのではないか?

松下　余り意味がないと思ふ。寧ろ正直に言つた方がよい。

松下・稲原・三枝　日本が占領すれば「栄」に非ずして「貧」になるのが現実である。むしろLebensraum〔生存圏〕として掲げた方がよい。

三枝　「東亜新秩序」ではどうか?

松下ソノ他　観念的に過ぎる。(中略)理念では人間は戦はない。生きんがために戦ふのだといふ所以をはつきりさせなくてはならない。日本はもつと謙遜にならなくてはいけない。(中略)

松下　アメリカの場合は一〇〇奪へば七〇返す。(中略)日本の場合はさうではない。日本は取るのみで与へるものはなく、日本のみが唯一の市場にもなつてゐない。「共貧圏」になることは日本人自身がよく覚悟してかからねばいけないことだ。（A3-98：1-3）

文化政策を語る以前のレベルで「大東亜共貧圏」への悲観論がリアリティを帯びていた。それでも「大東亜共栄圏の実現」が段階的に可能だと、議論の落とし所を探る三枝に対して、同じ元外交官・田村幸策の応答は冷たい。

田村　大東亜共栄圏とは何のことか。それを明らかにして貰いたい。いろ〳〵読んで見たが矛盾だらけで把握できなかつた。
稲原　宣伝やスローガンはさうしたもので内容がないから宣伝になるのだ。
三枝　内容がなくはない。具体的な概念だ。
田村　（中略）大東亜共栄圏は実現されてもゐないし、その可能性もない。世を欺くものである。（A3-98：13）

さらに日米開戦から二か月後、三枝は緒戦勝利の高揚感の中で一九四二年二月一二日に開催された外交懇談会でも「大東亜戦争ノ収束問題」を報告している（A3-106）。ただし、残された手書きメモを見ても、「収束」への道筋は読み取れない。

他方、三枝は一般大衆向けにも『英国反省せよ』（ダイヤモンド社、一九三七年）、『雄邦日本の東亜恢興』(島村書店、一九三八年)、『新東亜建設の綱領』(今日の問題社、一九三九年)、『世界維新論』(大同印書館、一九四二年)などを執筆し、「西洋的他律秩序に依存する国内旧秩序」を批判し続けた。それは対外文化外交論というより、国内思想戦論である。日本の対外文化政策はメディア政策を欠いているため、対外的な波及効果はほとんど期待できず、実際には文化政策の効果は「対内」的にのみ評価されていた。三枝は『新東亜建設の綱領』でこう述べている。

「思想戦と表裏をなす関係に於て、国内的に現状維持論と革新論とが対立して居る。併《しか》し前者の戦争に於て是非東洋的のものが勝利を占めねばならないと同様に、後者の相剋に於て終局の勝利は革新論にあらねばならぬ。」(三枝 1939：331)

こうした論調の急進化はひとり元外交官・三枝茂智に生じたことではない。それを「時局便乗者」、「変節者」と呼び捨てるのは容易だが、そうしたレッテル貼りから学べるものは少ない。国際主義と国粋主義は対立すると考えるのが一般的だが、そもそも後藤新平や新渡戸稲造の例をみれば明らかなように、政治や外交の現場でそれらは必ずしも矛盾しない。むしろ国際主義的ナショナリストにして自由主義者的植民地主義者だった三枝を矛盾した存在と把握する方が、想像力の貧困と呼ぶべきものだろう。

敗戦後、三枝は公職追放となり、その解除後は国士舘大学教授として国際政治学を講じ、憲法改正、反共主義の立場で多くの著作を刊行し続けた。

いずれにせよ、一九二〇年代の国際協調論者が一九三〇年代の対外文化政策論を踏切板として思想戦に跳躍する姿は、戦間期日本の「文化外交」の歩みを体現している。

国際文化振興会と映画国策

戦前の「文化外交」組織についても確認しておこう。日本の国際連盟脱退から一年後、一九三四年四月に対外文化政策の実施機関として国際文化振興会(英文名称 The Center for International Cultural Relations)が設立された。第一次世界大戦の敗戦国ドイツでは既に一九二五年、ドイツ文化とドイツ語の普及を推進するドイツ・アカデミー Deutsche Akademie が設立されていた。一九五一年設立のゲーテ・インスティテュートの前身である(植村 2012)。とはいえ、イギリスのブリティッシュ・カウンシル設立は国際文化振興会と同じ一九三四年であり、国家レベルでの文化交流の組織化で必ずしも日本だけが出遅れていたとは言えない。しかし、満洲事変以後の国際的孤立に直面した日本では、対外情報発信力の貧弱さが政治問題化していた。もちろん、国際的孤立も満洲問題での武力行使により自ら引き起こしたものであって、情報発信力の弱さは副次的な要素に過ぎないというべきだが、この危機感を梃子にまずメディア統制と文化政策を強化する流れが政府内で加速化したことは確かである。

まずメディア統制では、攻勢的な情報発信体制の整備としてまず「国策通信社」、同盟通信社の設立を挙げるのが一般的である。こうした情報宣伝の基盤整備を進めた組織こそ、一九三二年五月外務省と陸軍省の間で連絡調整するべく組織された時局同志会、さらに同年九月外務省に設置された官制によらない情報委員会である(本書第四章第二節参照)。こうした情報宣伝国策の組織化の中に、一九三四年の国際文化振興会設立も位置づけられる。同会の成立まで対外的文化交流の統一的な国策機関は存在しなかった。対支文化事業や国際連盟は外務省、学生派遣や学術交流は文部省、観光客誘致は鉄道省、海外向け短波放送は逓信省と縦割り行政で行われていた。右に紹介した三枝の「文化立国策」も、各省の取り組みを効率的に統合する必要性を訴えた議論の一つである。一九三三年に「国際文化事業局開設ニ関スル建議案」が衆議院に提出され、翌年四月に外務省と文部省が認可する国際文化振興会が設立された。敗戦を挟んで一九七二年九月に特殊法人国際交流基金に改組されるまで存続したこの組織の歴史は、国際文化交流事業における「戦前＝戦後」の連続性を体現している（芝崎 1999a：201）。当然のことながら、この改組を推進した外務省文化事業部は、文化交流の理念に「大きな転換」があったと、むしろ断絶性をこう強調している。

「文化交流は古くは、自国文化の強圧的普及ないし宣伝が強調され、いわゆる「文化帝国主義」あるいは文化工作的政策の「かくれみの」として利用された例が少くないが、近時は文化交流の基本的発想自体に大きな転換が行われている。」（外務省文化事業部 1972：1）

ただし、「大きな転換」のあった「近時」がいつのことかを外務省の報告書は明確に示していない。同書の第二章「国際文化交流の歴史的背景」を読む限りでは、パリに「知的交流協会」が設立された一九二六年、あるいは同じくパリに「ユネスコ」が創設された一九四六年が画期と考えられているようである。もちろん、本書の総力戦体制論の枠組みからすれば、第一次世界大戦後ならともかく、第二次世界大戦後に「大きな転換」があったとは思えない。むしろ、外務省が「文化交流の爆発的な展開を促した原因」として挙げた五つのうち、特に上位の四つは総力戦体制と密接に関係している点に注目したい。

「(1)国際平和の維持に、文化交流を通した相互理解が本質的に不可欠であり、一国の文化の向上は国際交流によってはじめて可能であるとの認識が、大戦の苦悩の中から生まれ、一般化した。

(2)戦後の復興にあたり、技術面での国際協力が同時に文化交流、人的交流の促進への機運をつくった。

(3)航空機の発達により、人および物の交流が容易になった。

(4)戦中戦後を通じて海外駐在の軍人などが、その駐在国の文化を自国にもちかえっている。又、戦略的理由をも含めて諸外国の言語や文化の研究が活発化し、かかる研究者の中から、翻訳者や、学者が輩出し、おびただしい文献も発表され地域研究や比較文化論への途を開いた。

(5)その他、オリンピックや万国博覧会等が、国際交流への関心を高めたことも否定できない。」(同前：4f)

強調部分の「大戦」や「戦後」は第二次世界大戦を示すはずだが、それを第一次世界大戦あるいは満洲事変の「戦後」と考えても不自然とは言えない。満洲事変後の日本が国際的孤立の道を歩んだという通説にもかかわらず、一九三〇年代は国際文化交流の組織化が急速に進展していた。むしろ日本からの主体的な対外文化交流が最も積極化した時代だったと再評価する見方さえある(井上2011)。国際的孤立への危機意識が文化交流の本格的テコ入れに繋がったわけであり、一九三〇年に鉄道省国際観光局、一九三一年に国際観光委員会、国際観光協会、一九三三年に日本英語学生協会、一九三五年に日本ペンクラブ、一九三五年に国際学友会と交流組織が次々に設立されている。十五年戦争史観に立てば、「暗い谷間の時代」だが、満洲事変から日中戦争勃発までは大きな武力衝突のない相対的安定期があったことも忘れてはならない。右に引用した原因(5)のオリンピックにしても、一九四〇年東京大会の開催が国際オリンピック委員会(IOC)で決定したのは一九三六年である。日中戦争勃発により、一九三八年七月に中止が決まるまで、同じく東京での開催が決まっていた「産業のオリンピック」、紀元二六〇〇年万国博覧会とともにその準備は着々と進められていた。

近藤春雄の映画国策論

三枝茂智につづいて登場する一九三〇年代後半の外務省系「文化政策論者」として、ここでは近藤春雄(一九〇八—六九年)に焦点を当ててみたい。近藤は一九三四年に外務省に入省し、国際文化振興会を監督する文化事業部第三課でナチ第三帝国の事例を中心に欧米の文化政策を調査研究する一方、外務省の外郭団体・国際映画協会(一九三五年九月設立)の主事に就任している(白戸 2010)。

一九三九年制定の映画法が「わが国初の文化立法」と呼ばれたように、映画は新たな文化政策の象徴だった。映画法第一条はこう謳っている。

「本法ハ国民文化ノ進展ニ資スル為映画ノ質的向上ヲ促シ映画事業ノ健全ナル発達ヲ図ルコトヲ目的トス」

戦時下に強化された検閲などメディア統制による「消極的」文化政策と異なり、映画法は「文化映画」の上映義務化に見られるように「積極的」文化政策を強力に推進した(赤上 2009)。

近藤は一九三五年から国際観光局企画の海外向け日本紹介映画『現代日本』(監督・鈴木重吉/藤田嗣治、音楽・山田耕筰、東亜発声ニュース映画製作所)の製作を支援し、一九三六年には日本初の国際共同制作映画『新しき土』（監督・アーノルド・ファンク／伊丹萬作）の完成に尽力している。一九三七年にはヴェネチアで開催された国際映画コンクール、パリの国際教育映画会議に日本代表として出席している。その往路はアメリカ経由で、同年一一月三日にはベルリンで日独文化映画交換協定に調印している。近藤はシベリア経由で帰国した後、ドイツ語で「最近の日本映画」（『Japan To-day』一九三八年一〇月号）を執筆している。日中戦争勃発によりニュース映画が異様な活況を呈していたが、映画の国際交流における非対称を次のように歎いている。

「われわれ日本人はまさに映画によって西欧諸国民の生活をまざまざと、言葉の最良の意味で、絵のように想像することができる。だが、その反対に日本映画をほとんど観る機会のない欧米人は日本と日本人について残念ながらごく僅かしか知らないわけである。」（近藤 2011：343）

しかも、「ごく僅か」の日本映画の輸出につきまとうジレンマを近藤は『文化政策論』（一九四〇年）で「国際映画の課題」として語っている。

「例によつて例の如く、フジヤマ、サクラ、ゲイシャのロマンティックな幻想詩のみを低徊せしむるわけには行かず、一応は、現実的リアリテを紹介宣揚する必要性を生ずるのである。だからといつて、しかしながら、ビル風景やモダン娘は、遥かに先方の方が先輩であり本物であるを思へば、これも亦、移入文明の縮図の様で肩身の狭い感じである。」（近藤 1940：155）

より深刻なのは映画製作の財源問題である。国際文化交流事業費は外務省全体の予算の一、三パーセントに過ぎず（芝崎 1999b）、これでは十分な交流活動は期待すべくもないというわけである。近藤は自ら手がけた藤田嗣治監督『現代日本　子供篇』や日独合作『新しき土』に要した経費が予算超過と批判されたことに強く反発している。

「それを提供、若しくは交換する対手国の文化水準を規準として、夫々に適応した作品を供与すべきであつて、現在の様に、極めて制限された経費と企画では、到底円満なる発展は期待し得ないのである。」(近藤 1940：155)

しかも実際の海外上映においては、相手国の文化水準というより、そのイデオロギーが重要だった。たとえば、一九三八年ヴェネチア国際映画祭の第二等(イタリア文化大臣賞)受賞作品として欧州各国で紹介された『五人の斥候兵』(監督・田坂具隆、日活映画)である。

「『五人の斥候兵』の如きは、当時防共枢軸にあつた伊太利が推賞し、独逸が支持してこそ入賞の栄を克ち得たのであつて、若しもこれが仏蘭西、英吉利が決定権を有つコンクールならば、その結果は果してどうであつたかと思ひ合すならば、私の述べた前提の意味も一層よく諒解されることと思ふ。」(同前：156)

一九三八年に国際映画協会が国際文化振興会に吸収されると、近藤は外務省を辞職している。その後は日本大学で「映画政策論」を講義する一方、『ナチスの文化統制』(岡倉書房、一九三八年)、『芸能文化読本』(昭和書房、一九四一年)、『ナチスの厚生文化』(三省堂、一九四二年)など精力的な執筆活動を展開した。近藤は戦争末期の二年間を北京の日本大使館で海外ラジオ放送の分析に従事するが、すでに一九四〇年の段階で自ら推進した映画の国際文化交流の挫折についてはこう語っている。

「国際文化の宣揚といふも、結局は、国内文化の充実あつて始めて充分の結果を期待し得るといふことで、日本文化それ自体の価値はともかくとして、尠くとも、かうした国際文化事業の遂行の上には、国内的組織系統の確立が先行要件であつて、これなくては、如何なる事業も、形式は兎も角、内容的脆弱性を免れぬといふことで、外交的デェスチュアを以て、我国映画界の躍進を誇張宣伝しても、実〔を〕いつて、この胸中省みて忸怩たるものを拒み得なかつたのである。」(同前：156f)

敗戦後の近藤は日本大学芸術学部でマス・コミュニケーション研究室を主宰し、内閣映画審議会委員、ユネスコ国際成人教育推進委員、東京都社会教育委員などを歴任している。戦前、戦後を通じて国際交流と映画文化に関わり続けた。

四、八紘一宇(グローバル化)と大東亜観光圏

近藤が要求した「国内的組織系統の確立」は、すでに本書の第四章や第六章で述べたように一九三七年の内閣情報部設置とともに「思想戦」パラダイムにおいて急速に推進された。ここにおいて、文化事業も「異なる手段をもって継続される戦争」に取り込まれていった。外務省の対支文化事業は興亜院(一九三八年設置)に移管されていたが、内閣情報部が一九四〇年一二月情報局に改組されると、外務省文化事業部も「対外宣伝」担当の情報局第三部第三課となった。これ以降、国際文化振興会も情報局の指導下に入るが、この組織改革による変化を過度に強調すべきではない。すでに三枝の議論で確認したように、はじめから対外文化政策と対外宣伝には明確な境界線はなかったからである。情報局第三部第三課の課長や情報官は外務事務官であり、情報局の初代総裁・伊藤述史も国際連盟帝国事務局次長などを歴任した外交官だった。さらにいえば、二代目、三代目の情報局総裁も谷正之、

天羽英二と外務省出身者で占められていた。

国際文化振興会関係者の戦後回想では、戦時下でも「国際」や「文化」の価値を守ったことが強調されることが多い。例えば、国際文化振興会副会長・岡部長景子爵（総裁は高松宮、会長は近衛文麿公爵）は、常務理事・黒田清伯爵（黒木為楨陸軍大将の次男）が軍部の圧力からの防波堤となったと語っている。

「黒田君の熱心と相俟って、軍部の嫌った「国際」とか「文化」とかという語を堅持して、戦時を突破し、今日まで国際文化振興会を維持することが出来たのであって、裏面の苦心は察するに余りあるものがあった」（芝崎 1999a：129）

岡部は「軍部が嫌った「国際」とか「文化」」と言うわけだが、果たして軍部が本当に「国際」や「文化」という言葉を忌避していただろうか。むしろ、三木清が国際文化振興会など「日本的文化の海外輸出」団体に当時嗅ぎつけた「金持、貴族、古手官吏などのディレッタンティズム」（三木清 1967：139）と同じ臭気を軍部も嫌っただけではなかろうか。

また、岡部自身も一九四三年に東条英機内閣の文相に就任しているように軍部に敵視されていたわけでもない。いずれにせよ、軍部が「国際」や「文化」の言葉を排斥したと考える根拠は乏しい。確かに国際文化振興会の広報誌は『国際文化』（一九三八年創刊）だが、戦時下に「文化」を掲げて創刊された親軍的な雑誌も決して少なくないからである。たとえば、『戦争文化』（戦争文化研究所、一九三九年創刊）や『大東亜文化建設研究』（国民精神文化研究所、一九四二年創刊）などである。同じように戦時体制下でも「国際」と「日本」は両立可能だった。そもそも国際文化振興会は名取洋之助の日本工房に対外宣伝グラフ誌『NIPPON』(一九三四年創刊)を発行させていた(柴岡 2007：98-104)。広報誌の連続性からすれば、『国際文化』は『NIPPON』の後継誌なのである。つまり、軍部の圧力で「国際」から「日本」に変えられたのではなく、むしろ戦時体制下に「日本」が「国際」となったのである。名取の「日本工房」も一九三九年に「国際報道工芸」、一九四三年には「国際報道」と改称して終戦を迎えている。

小山栄三の観光立国論

戦時下の国際化は、理屈上は当然の結果である。「日本精神の世界化」こそが当時の文化政策の指導原理だったからである。たとえば、教育学者・城戸幡太郎は「文化政策」(一九四一年)で次のように述べている。

「文化政策の確立には、第一に政治の指導原理となるべき世界観が確立されねばならぬのであつて、アメリカの文化政策はデモクラシーによる、ソ聯の文化政策はコミュニズムによる、イタリアの文化政策はファシズムによる、ドイツの文化政策は国民社会主義による、世界観によつて行はれてゐるのである。これらに対して日本の文化政策は、肇国の精神に基く独自の世界観によつて行はれねばならぬのである。」(城戸 1941：211f)

「肇国の精神」、すなわち「八紘一宇」である。第二次近衛内閣は大東亜新秩序建設を掲げた「基本国策要綱」を一九四〇年七月二六日に閣議決定したが、その冒頭でこう謳われている。

「皇国ノ国是ハ八紘ヲ一宇トスル肇国ノ大精神ニ基キ世界平和ノ確立ヲ招来スルコトヲ以テ根本ト

シ先ツ皇国ヲ核心トシ日満支ノ強固ナル結合ヲ根幹トスル大東亜ノ新秩序ヲ建設スルニ在リ」『日本書紀』に由来する「八紘一宇」を英語に意訳すると“all the world under one roof”（全世界を一つ屋根の下に）、わかりやすく超訳すればjapanese globalism（日本の世界化）となる。たとえ「大東亜ノ新秩序」が戦争正当化の大義名分に過ぎなかったとしても、「日満支ノ強固ナル結合」、いわゆる東亜協同体論など国民国家を超える共同体理念への共鳴者は日本国内にも少なくなかった。とはいえ、八紘一宇の文化政策が「肇国の精神」に基づく独自の世界観で行われたとしても、そこに対外発信を見すえた独自のメディア政策が存在したわけではない。

こうした対外メディア政策の不在は、第六章で紹介した内閣情報部が首相官邸で開催した思想戦講習会に招かれた新聞学研究者の講演からも読み取れる。東京大学文学部新聞研究室主任・小野秀雄は「思想戦と新聞学」（一九三八年二月）において、新聞学の思想戦への貢献を訴えているものの、それは「国民の精神的統一」をめぐる問題に終始している。驚くべきことに、小野は「今回の事変に於ける国際通信戦の失敗」をすでに所与の事実として語っている。

「日本が通信戦に負けつゝあるといふことは、戦争に悪い影響を与へたといふだけでなく、今後の経済的発展に大きい障碍を成して居ります。これは非常に考ふべき問題であります。」（小野1938：24）

戦後は日本新聞学会（現・日本マス・コミュニケーション学会）の初代会長となる小野だが、この「非常に考ふべき問題」への解答はまったく用意していなかったようである。さらに言えば、すでに本章冒頭でも引用したように、宣伝研究の第一者だった小山栄三でさえ、アメリカへの「文化宣伝」に即効的な効果は期待できず、むしろ「消えやうとする火に石油を注いでゐるやうなもの」だと思想戦講習会で否定的な発言をしている。

「今アメリカに対する宣伝としては「パンフレット」を配る費用で一発でも多く大砲の弾を買ひ、早く敵〔中国〕を屈服させることです。」（小山 1940：10）

この小山発言から対米開戦まで一年半以上あるわけだが、この段階で対米文化事業の効果は専門家によって否認されていたわけである。皮肉なことは、対米「文化宣伝」の無効性を主張した小山が、戦後は日本を民主化する連合軍最高司令部（ＧＨＱ）の「文化宣伝」に協力して世論調査や広報研究を推進していることである。戦前にナチ新聞学を学んだ小山は、戦後は国立世論調査所所長、日本世論調査協会会長、日本広報協会理事長などを歴任し、日本のマス・コミュニケーション研究を方向づけた研究者の一人である。

小山の「戦中」宣伝論が摩擦なく「戦後」マス・コミュニケーション研究に直結していることは、すでに第四章で確認した。実際、日米開戦後に刊行された小山栄三『戦時宣伝論』（一九四二年）の最終章は「文化宣伝としての観光政策」である。「観光立国」というスローガンは、小泉純一郎内閣で二〇〇四年設置された観光立国推進戦略会議に始まり、二〇〇八年麻生太郎内閣の観光立国推進基本法制定、二〇〇九年鳩山由紀夫内閣の観光立国推進基本計画策定と続くが、その源は一九三〇年代にまで遡ることができる。戦後的な常識ではにわかに理解しがたい事実だが、ジャパン・ツーリスト・ビューローを利用した来日外国人の鉄道利用者数は一九三二年の五万人から一九三七年の一五・四万人へと三倍増まで拡大し、一九三六年に訪日外国人観光客の消費総額、一億七六八万円は外貨獲得額の第四位にまで上昇していた（芝崎 1999a：22）。宣伝研究者・小山にとっても、「大東亜戦争」勝利のイメージとは、国際観光立国の実現だった。

「日本の国際観光事業には軍事行動が一段落ついた暁に於ける多幸な将来が待つてゐるのである。それは欧米人誘致のための共栄圏の綜合的極東観光プランの構成の可能、日・共栄圏内諸民族の彼此の実情認識のための視察及び観光への誘致の必要が国策的問題として要求されてゐるからである。」（小山 1942b：297）

日本人の共栄圏観光、諸民族の日本観光、欧米人の極東観光のそれぞれを活性化させることが、国際親善と国際貸借改善、つまり文化政策かつ経済政策の目的であると主張している。

「実際国際観光政策は観光事業を通じて「今日本は何を考へ」、「何をしてゐる」かを現実に世界に示す外交的使命を持つものであり、それは又対民族工作の文化的一翼を担当するものでもある。」（同前：314）

これがメディア政策を欠いた戦前日本において、宣伝研究者が見出した対外文化政策の到達点である。戦後、小山は立教大学で社会学部観光学科（現・観光学部）の設置に尽力している。

五、空を目指す文化国家

以上、三枝茂智「文化立国策」（一九三一年）から近藤春雄「国際映画の課題」（一九四〇年）、小山栄三「文化宣伝としての観光政策」（一九四二年）まで、戦前・戦中日本の文化政策論を点描してきた。すでに明らかなように、敗戦後のスローガンのように理解されている「文化建設」や「文化日本」も、もちろん戦時中から使われていた言葉である。本章第一節で触れたとおり、二一世紀日本の新語とされる「文化力」も、松本潤一郎『戦時文化政策論』(一九四五年)で登場している。

とはいえ、敗戦後の新聞・雑誌・放送で「文化」が大流行したことも事実である。ちなみに、玉音放送の終戦詔書には、「文明」は登場するが「文化」はない。「残虐ナル爆弾」(原子爆弾)は「人類ノ文明ヲモ破却スヘシ」との表現である。その二日後、東久邇宮稔彦首相はラジオ演説でこう語っている。

「将来の建設については全知能を集中して仮へ量的には戦前に比して国土が狭くなつても質的には世界の進運に遅れざる最高度の文化の建設を期する次第であります」(一九四五年八月一八日付『朝日新聞』)

また、同九月六日の東久邇首相による施政方針演説の『朝日新聞』の見出しも、「万邦共栄、文化日本を再建設」である。また同一〇日の前田多門文相のラジオ放送の記事も「文化日本の建設へ」が見出しとなっている。三枝と同じく新渡戸稲造に学んだ前田は一九三八年にニューヨークに開設された「日本文化会館」の館長であった。さらに一九四六年三月七日の現行憲法への改正を促す昭和天皇の勅語には、「文化ノ向上ヲ希求シ進ンデ戦争ヲ放棄」する決意が表明されていた。

注目すべきことは、マッカーサー占領下で多くの知識人が読み返した古典が、フィヒテ『ドイツ国民に告ぐ』だったことである。ナポレオン占領下のベルリンで打ちひしがれたドイツ国民に民族の自覚を説いたフィヒテ講演から、東京帝国大学総長・南原繁は自由な「文化国民」の世界主義を読み取っていた(佐藤 2012b：69)。一九四七年片山哲内閣の文相に就任する森戸辰男も、「文化国家論」(一九四六年)でフィヒテを引いてこう述べている。

「かつてナポレオン戦争に敗けたドイツは「フランスは陸を支配し、イギリスは海を支配し、ドイツは空を支配する」といつて自ら慰めたといふが、現に空(学術思想)を支配してゐない日本は、これを将来に期し、文化国家の提唱によつて自ら慰め、自ら励ましてゐるとも考へられる。」(森戸 1946：7)

もっとも、森戸は戦時下に「戦争は新文化生誕の機会である」(森戸 1941：36)と書いているので、それを「敗戦は新文化生誕の機会である」と言い換えただけと言えなくもない。

この森戸文相が一九四八年四月一四日の衆議院文化委員会「ユネスコ(国際連合教育科学文化機関)に関する件」で口にした「マス・メディア」こそ、メディアという外来語の国会議事録における初出である。

「文化の面におきましては、純粋の芸術というものに関する問題と、他面にはまた大衆芸術といいますか、殊にマス・メディアとユネスコで言つておりまする映画、放送、新聞放道《ママ》というような面、こういう面におきましても重点をおいて考えていかなければならず、(中略)これ自身きわめて広汎なものであります。」(http://kokkai.ndl.go.jp/)

国際社会への早期復帰をめざした占領下日本は、この森戸発言から三年後の一九五一年七月二日にユネスコに加盟している。それは同年九月八日のサンフランシスコ講和条約締結(発効は翌年四月二八日)に先んじること二か月、さらに国際連合加盟に先立つこと五年である。森戸は一九五二年日本ユネスコ国内委員会発足により副会長(のち会長)に就任している。その意味では、日本の国際社会復帰の入口は「文化の面」、とりわけ「マス・メディア」だったと言えそうである。

すでに確認したように、一九四五年の敗戦は「文化国家」の起点でもなければ、GHQとの「眼に見えない戦争」(江藤 1989：13)の始まりでもない。むしろ、メディアの視点で見れば、言論界を「占領」する主体が日本軍からアメリカ軍に変わっただけとも言えるだろう。国際政治学者・三輪公忠によれば、「軍部独裁という戦前日本が体験した一つの「占領体験」」で占領協力した新聞社は、アメリカ軍の下でも同じように「占領協力」したに過ぎない。二つの「占領協力」の自己批判は棚上げにした上で、協力の内容を戦争動員から平和動員に再構築したのである(三輪 2014：197)。字面からすれば、戦時中の新聞も「東洋の恒久平和の確立」という大義名分に翼賛していたわけであり、その「東洋平和」が「世界平和」に拡大されただけとも言えよう。多くの言論人が自己批判を棚上げにして、戦後も活動を続けた理由がそこにあった。三輪の文章を引いておこう。

「敗戦後間もなく『朝日』は世界連邦運動を編集方針の中心にすえ、キャンペーンを展開する。その論客は、かつて大東亜協同体論で、部分的＝地域的連帯論のイデオローグであった笠信太郎であった。彼のような言論人にとって普遍的価値へのコミットメントが本物であったのなら、敗戦によって部分的政策への追従から解放された彼等にとって、敗戦はまさに「天佑」であったろう。」(同前)

こうした「天佑」を敗戦に認めた上でなお、そこに丸山眞男が「八・一五革命」と名づけたような断絶があったと言えるかどうか。本書の第四章、第六章で見たように、第一次世界大戦「戦後」の総力戦パラダイムの上で「文化政策―文化戦争―文化国家」は連続している。

その連続性において日本の文化政策の問題は、メディア政策の欠如だったと総括すべきなのである。

メディア政策とは、情報発信の「内容」と「価値」にかかわる文化政策と異なり、もっぱら媒体の「形式」と「効果」を重視する発想に基づくものである。

実際、クール・ジャパンの意匠や影響はともかく、その内容や価値を論じることはむなしい。世界中で人気の日本製アニメも内容を吟味していけば、純粋に日本的と呼べる要素はほとんどない。ゲームから日本食まで、無国籍的でハイブリッドな文化商品が世界市場を席巻していることを忘れてはならない。内容ではなく形式、価値ではなく効果、つまりメディアとしてのクールさ（参与性の高さ）が問題なのである。それこそが日本の対外文化政策史を学んで得られる教訓なのである。

後記

初出原稿（二〇一二年）を収載した共編著『ソフト・パワーのメディア文化政策――国際発信力を求めて』（新曜社）の「はじめに――「メディア文化政策」とは何か」を取り込む形で加筆した。二一世紀の「メディア文化政策」モデル構築を目指す科研共同研究の代表者として、従来の文化政策論にメディア論（効果論）が欠如していることを強調していた。第三節で論じた三枝茂智の戦時中の活動については、その後アジア経済研究所図書館のデータベースで海軍省調査課の「外交懇談会」「綜合研究会」資料が公開された。戦時下の三枝の活動について、この史料を引用しつつ補強している。また最後の部分で、三輪公忠『新装版　日本・1945年の視点』（東京大学出版会、二〇一四年）の解題として執筆した拙稿「今日の視点で〝戦前＝戦後〟に向き合う」の記述の一部も利用している。

あとがき――正直な「公共性」研究者の回顧

研究者のスタートラインは、まず博士論文である。私の博士論文は『大衆宣伝の神話――マルクスからヒトラーへのメディア史』（弘文堂、一九九二年、増補版はちくま学芸文庫、二〇一四年）、つまりプロパガンダ研究者として学界にデビューした。

その博士論文の資料収集のため、一九八七年から二年間ミュンヘン大学に留学していた。学生寮で「何を研究しているの？」とチューター役のドイツ人学生に問われて「SPD（ドイツ社会民主党）のプロパガンダ」と答えると、その学生は「SPDの公共圏活動 Öffentlichkeitsarbeit だね」と言い直してくれた。それは知的な学生の、まことに良識ある気配りである。それ自体として邪悪なニュアンスを帯びる「プロパガンダ」に対して、「公共圏活動」という政治的に正しい言葉にはいかにも善意があふれていそうだった。しかし、まだ二〇代半ばの青年には、その「市民的《ビュルガーリッヒ》」な言い換えに漂う欺瞞的な臭気に耐える精神的な強度が具わっていなかった。そのため、自らドイツ語で「公共圏活動」を口にすることは一度もなかった。

それはユルゲン・ハーバーマスの「市民的公共性」に対抗する労働者的公共性の歴史を扱った博士論文のタイトルを『大衆的公共性の神話』とせず、あえて『大衆宣伝の神話』とした理由でもある。「大衆的公共性」の方が「大衆宣伝」よりも上品な学術的テイストを示せるだろうということは当時も十分判ってはいた。だが、歴史家として市民的公共性の理念より大衆宣伝の実像にこそ向き合うべきだと考えていた。その経緯については、すでに『ヒューマニティーズ　歴史学』(岩波書店、二〇〇九年)の第二章で回想している。いずれにせよ、正直なプロパガンダ研究者の決断だったことはまちがいない。おそらく、研究者のみならずプロパガンディストにとっても座右の銘とすべきは「正直は最善の策」(Honesty is the best policy)である。

ドイツ留学から帰国して半年後、一九八九年に「ベルリンの壁」が崩壊した。本書のタイトルとなった論文(本書第一章)の冒頭でも述べているように、「東欧革命」の街頭的公共性を衛星テレビの中継で目にしたとき、日本の多くの知識人のように「市民的公共性」の再来として手放しに歓喜することはなかった。むしろ、「労働者的公共性」を扱った博士論文に続くテーマとして、そこに「ファシスト的公共性」を見出していた。かつて「SPDのプロパガンダ」を「SPDの公共圏活動」と呼び変えることに覚えた違和感と、いつまでも「ナチ・プロパガンダ」を「ナチ広報」や「ナチPR」として分析しないことへの疑念は表裏一体なのだろう。その意味では、本書はドイツ留学から三〇年後に、ようやくまとめることが出来た「宿題」である。

ここには博士論文の刊行以後に、学術雑誌、岩波講座、編著書に書いた関連する文章を集めている。もちろん、これ以外のテーマで書いた論文も少なくないが、その多くは既に単行本としてまとめてきた。すなわち、『『キング』の時代——国民大衆雑誌の公共性』(二〇〇二年)から『言論統制——情報官・鈴木庫三と教育の国防国家』(二〇〇四年)、『八月十五日の神話——終戦記念日のメディア学』(二〇〇五年)、『テレビ的教養』(二〇〇八年)、『輿論と世論——日本的民意の系譜学』(二〇〇八年)、『天下無敵のメディア人間――喧嘩ジャーナリスト・野依秀市』(二〇一二年)、『物語岩波書店百年史2――「教育」の時代』(二〇一三年)、『『図書』のメディア史――「教養主義」の広報戦略』(二〇一五年)、『青年の主張――まなざしのメディア史』(二〇一七年)などである。いずれも著者として思い入れのある作品だが、それを貫くキーワードをただ一つ挙げるとすればやはり「ファシスト的公共性」ということになるだろう。

これまで「ファシスト的公共性」をタイトルとした著作を刊行しなかった、あるいは出来なかった理由は、その重要度が低かったためではない。むしろ逆なのだ。「ファシスト的公共性」はこれまでの個別研究テーマを超えて、私の研究全体を貫く固執低音 basso ostinato であり、容易には一書にまとめることができなかったのである。とはいえ、拙著が中国語や韓国語に翻訳されるようになると、そこに頻出する「ファシスト的公共性」という言葉の定義について説明を求められる機会も増えた。さらに言えば、序章で書いたように、二〇世紀末に提示した「ファシスト的公共性」という歴史的概念は二〇年後のいま、現実政治として不幸なことだが、ようやく多くの読者に実感として受け入れられる時代になっているようだ。序章ではそのメディア史的意味を考察している。

以下、各章の元になった論文の初出事情を発表年順に整理しておこう。いみじくも、メディア史研究における「私の履歴書」の趣きもある。

一九九三年「第三帝国におけるメディア学の革新――ハンス・A・ミュンスターの場合」『思想』第八三三号(本書第二章)。執筆時は東京大学社会情報研究所(前年に新聞研究所から改組、現在は情報学環)の助手だった。まだ西洋史の教員として就職する可能性も捨てきれず、専攻は「ドイツ現代史・新聞学」と名乗っていた。主にミュンヘン大学近代史研究所留学中に同新聞学研究所で集めた資料で執筆した。もし西洋史研究者として就職していれば、この論文の延長上に第二著作として『ドイツ新聞学史』をまとめていたのだろうか。しかし、同志社大学文学部社会学科に着任したため、歴史社会学的な比較研究に方向転換することになった。

一九九五年「総力戦体制と思想戦の言説空間」、山之内靖、成田龍一、ヴィクター・コシュマン編『総力戦と現代化』(柏書房)所収(本書第六章)。ドイツ現代史研究から日本のメディア史研究に対象を広げた最初の論文である。執筆当時、私の研究活動の中心は科学研究費助成・国際学術研究「戦時動員と構造変動——比較分析」(代表・山之内靖)だった。東京外国語大学で毎月行われた研究会や赤倉温泉での夏期合宿など、素晴らしい共同研究者とアカデメイアの悦楽を堪能できた。とはいえ、その成果である『総力戦と現代化』が刊行された当時、戦前と戦後の連続性を強調する総力戦体制論に対して、日本国内の旧い歴史研究者からの反発は激しく、山之内先生ともども私もバッシングを受けた。それから四半世紀後の今日、現代史解釈のパラダイム闘争でいずれが生き残ったかは、読者の判断に委ねるほかないだろう。私の立場は野上元・福間良明編『戦争社会学ブックガイド——現代世界を読み解く132冊』(創元社、二〇一二年)所収の拙稿「総力戦がもたらす社会変動」にまとめている。併せて参照されたい。

一九九六年「ファシスト的公共性——公共性の非自由主義モデル」、大澤真幸ほか編『岩波講座 現代社会学24 民族・国家・エスニシティ』(岩波書店)所収(本書第一章)。このタイトルを本書にも採った理由は、右に述べた通りである。初出時、加藤典洋「語り口の問題」(『中央公論』一九九七年二月号、のち『敗戦後論』講談社、一九九七年に所収)において「独自の観点からハーバーマスの公共性論への批判的な検討を行う好論文」として紹介された。韓国研究で「ファシスト的公共性」という言葉が使われるようになったのは、加藤論文がハングル訳されたことの影響も大きいのだろう。並木真人「「植民地公共性」と朝鮮社会」(渡辺浩、朴忠錫編『「文明」「開化」「平和」――日本と韓国』慶應義塾大学出版会、二〇〇六年)などでも言及されている。当時、ジョージ・L・モッセの『大衆の国民化』や『ナショナリズムとセクシュアリティ』を妻・八寿子とともに共同で翻訳していた。モッセ教授への手紙に「いまファシスト的公共性を研究している」と書いたところ、激励の返信を頂戴した。モッセ教授は一九九九年に亡くなったが、最晩年にベルリンで行う予定だった集中講義の題目は「国民社会主義的公共性」nationalsozialistische Öffentlichkeit だったはずだ。その講義内容を聞けなかったことが残念でならない。モッセ史学の意味については、「亡命の歴史と歴史の亡命――ジョージ・L・モッセのこと」『学士会報』第八二二号(一九九六年)に書いたことがある。

二〇〇二年「ナチズムのメディア学」、小森陽一ほか編『岩波講座　文学2　メディアの力学』(岩波書店)所収(本書第三章)。前の収載論文から時間があいたのは岩波テキストブックス『現代メディア史』(一九九八年)に専念していたためである。この原稿は、二〇〇二年八月に開催されたメディア史研究会一〇周年記念シンポジウム「メディアがつくる歴史と記憶」での報告「〝過去の密輸〟をめぐって――ノエル゠ノイマン論争の意味」をまとめたものである。マインツ大学教授エリザベート・ノエル゠ノイマン(一九一六―二〇一〇年)は「沈黙の螺旋」理論で知られる世論研究の世界的権威であった。

当時、ドイツのコミュニケーション学会で彼女のナチ時代における党員歴や執筆記事が掘り返され、スキャンダルとして報じられていた。しかし、日本の関連学会ではほとんど話題にされることがなかった。同じようなプロパガンダ研究からマス・コミュニケーション研究への「過去の密輸」は日本にはなかったのか。それを検討したのが、「戦後世論の成立——言論統制から世論調査へ」『思想』第九八〇号(二〇〇五年)である。本稿とワンセットと言うべきものだが、既に『輿論と世論——日本的民意の系譜学』の第二章、第三章となっているので、そちらは本書に収めなかった。併読いただければ幸いである。

二〇〇六年「連続する情報戦争——一五年戦争を超える視点」、テッサ・モーリス＝スズキほか編『岩波講座 アジア・太平洋戦争3 動員・抵抗・翼賛』(岩波書店)所収(本書第四章)。「戦後六〇年」記念の岩波講座に、総力戦体制論のメディア史として寄せた概論である。当時、『言論統制——情報官・鈴木庫三と教育の国防国家』を書き上げたばかりで、内閣情報部—情報局の歴史的な評価について考え続けていた。小論「近代日本における「情報の貧困」」『環』第二〇号(藤原書店、二〇〇五年)を発展させ、メディア史からの戦争理解を示している。

二〇一一年「電体主義のメディア史——電脳社会の系譜学に向けて」『メディア史研究』第三〇号(メディア史研究会)所収(本書第五章)。「電体主義」という鮮烈な概念に出会ったのは、竹内洋、佐藤卓己編『日本主義的教養の時代』(柏書房、二〇〇六年)所収の石田あゆう論文「日本主義的社会学の提唱——赤神良譲の学術論」である。総力戦体制下に構想された「電体主義」について、これまで何度か学会のシンポジウムやワークショップで言及している。たとえば、日本比較文学会第六八回全国大会

（二〇〇六年六月一七日、日本女子大学成瀬記念講堂）のシンポジウム「声のナショナリズムとマイノリティ」における「電体主義と日本主義――『キング』と『原理日本』」、洋楽文化史研究会・日本音楽学会合同例会（二〇〇六年九月九日、東京大学駒場キャンパス）での報告「声の電体主義と日本主義メディア」などである。部分主義（市民社会）と全体主義（大衆社会）を止揚する電体主義という概念は、ウェブ時代の今日においてどう評価されるべきか。バックミラーを見ながら前進する「メディア論＝メディア史」的思考の実践として執筆した。

二〇一二年「「文化立国」日本におけるメディア論の貧困」、佐藤卓己、渡辺靖、柴内康文編『ソフト・パワーのメディア文化政策――国際発信力を求めて』（新曜社）所収（本書第七章）。国策として「クール・ジャパン」が叫ばれる状況下で、パブリック・ディプロマシー（広報文化外交）の系譜を国際比較する科研共同研究（二〇〇九―一一年）を組織した。その成果の一部として発表した論文である。各領域の第一人者に加えて、京都大学大学院教育学研究科で私のゼミに所属する院生も各章を執筆している。政策提言的な志向性を前面に出した共同研究でありながら、「研究＝教育」というフンボルト理念の実践を試みた論文集である。期せずして、拙稿は本書全体の「まとめ」にふさわしい内容となっている。

二〇一五年「デジタル社会における「歴史」の効用」、大澤真幸、佐藤卓己、杉田敦、中島秀人、諸富徹編『岩波講座 現代1 現代の現代性』（岩波書店）所収（本書序章の一部）。序章は全体として書き下ろしだが、その後半部分にこの原稿の内容を組み込んでいる。『岩波講座 現代』全九巻の編集委員として、私は第五巻「歴史のゆらぎと再編」、第八巻「学習する社会の明日」、第九巻「デジタル情報社会の未来」の三巻を責任編集した。つまり、「歴史」「教育」「情報」から現代を三点測量する意義を論じようとした小論である。本書の副題「総力戦体制のメディア学」を説明するためにも、ちょうどよい内容となっていた。

以上で列挙したように、原稿の初出は一九九三年から二〇一五年まで二〇年以上にまたがっている。この種の論文集では「私自身の思想形成の足跡でもあるので、できるだけ原型に忠実にとどめた」と、著者ファースト主義とでも言うべき開き直りも散見する。そうした文言を目にするたびに、私は受け手重視のメディア研究者として、自分ならそんな手抜きはしないと思ってきた。だが、いざ改稿する段になって、その難しさがよく分かり反省している。本書では、まず初出原稿の重複部分を削り、若書きの文章表現にも手を加えた。いずれも枚数制限のある雑誌、講座などへの寄稿のため、原稿段階で削った引用文など省略部分は復活させている。また、学術雑誌に掲載された論文では解説や補足の注が後置されていたが、より広い読者を想定して注記部分を可能な限り本文中に取り込んで統一した。

いずれにせよ、初出時の課題設定を超える内容上の加筆は出来なかったが、どの論文もその意義を失っていないはずだ。とはいえ、冷戦崩壊以後に本格的に発展した「メディア史」研究の場合、個別研究は日進月歩であり、今日同じテーマで執筆するのであれば当然参照、言及すべき論文や著作は少なくない。そうした文献については、特に重要と考えるものについて各章末の「後記」で触れている。

最後に、今回も岩波書店編集部の坂本政謙さんのお世話になった。坂本さんと初めて出会ったのが第二章の『思想』論文執筆当時だったから、すでに四半世紀のおつきあいとなる。最初にご担当いただいた岩波テキストブックス『現代メディア史』からちょうど二〇年の節目でもある。その友情に改めて感謝したい。

二〇一八年一月吉日

佐藤卓己

引用文献一覧

欧文

Averbeck, Stefanie (2001), Die Emigration der Zeitungswissenschaft nach 1933 und der Verlust sozialwissenschaftlicher Perspectiven in Deutschland, in: *Publizistik* 46-1.

Averbeck, Stefanie/Kutsch, Arnulf (2002), Thesen zur Geschichte der Zeitungs- und Publizistikwissenschaft, in: *medien & zeit* 17-2/3.

Boguschewsky-Kube, Sigrid (1990), *Der Theorienstreit zwischen Publizistik und Zeitungswissenschaft. Ein Paradigmenproblem*, München.

Bogart, Leo (1991), The pollster and the Nazis, in: *Commentary*, August.

Bohrmann, Hans (1986), Grenzüberschreitung? Zur Beziehung von Soziologie und Zeitungswissenschaft 1900-1960, in: Sven Papcke Hg.: *Ordnung und Theorie. Beiträge zur Geschichte der Soziologie in Deutschland.*

Bohrmann, Hans/Kutsch, Arnulf (1975), Der Fall Walther Heide; Zur Vorgeschichte der Publizistikwissenschaft, in: *Publizistik* 20-3.

Bohrmann, Hans/Kutsch, Arnulf (1981), Karl d'Ester (1881-1960). Anmerkungen aus Anlaß seines 100. Geburtstages, in: *Publizistik* 26-4.

d'Ester, Karl (1926), Joseph Görres und die Zeitungswissenschaft; Zu seinem 150. Geburtstage, in: *Zeitungswissenschaft* 1-1.

d'Ester, Karl/Heide, Walther (1928), *Zeitungswissenschaft in Deutschland in chronologischer Darstellung*, Sonderdruck.

d'Ester, Karl (1934), Zeitungswissenschaft als Faktor der politischen Erziehung, in: *Zeitungswissenschaft* 9-1.

Dovifat, Emil (1934), Die Erweiterung der zeitungskundlichen zur allgemeinpublizistischen Lehre und Forschung, in: *Zeitungswissenschaft* 9-1.

Everth, Erich (1927), *Zeitungskunde und Universität*, Jena.

Fischer, Helmut (1933), Gründung des Deutschen Zeitungswissenschaftlichen Verbandes, in: *Zeitungswissenschaft* 8-4.

Fröhner, Rolf (1963), Hans A. Münster, in: *Publizistik*, 8-3,

Gallup, George (1963), The Challenge of Ideological Warfare, in: John Boardman Whitton ed., *Propaganda and the Cold War: a Princeton University Symposium*, Washington D.C.

Gary, Brett (1996), Communication Research, the Rockefeller Foundation, and Mobilization for the War on Words, 1938-1944, in: *Journal of Communication*

46-3.

Geuter, Ulfried (1984), *Die Professionalisierung der deutschen Psychologie im Nationalsozialismus*, Frankfurt a. M.

Glotz, Peter (1990), Von der Zeitungs- über die Publizistik- zur Kommunikationswissenschaft, in: *Publizistik* 35-3.

Große, Alfried (1989), *Wilhelm Kapp und die Zeitungswissenschaft. Geschichte des Instituts für Publizistik und Zeitungswissenschaft an der Universität Freiburg i. Br. (1922-1943)*, Waxmann.

Groth, Otto (1948), *Die Geschichte der deutschen Zeitungswissenschaft: Probleme und Methoden*, München.

Haacke, Wilmont (1961), Hans A. Münster 60 Jahre, in: *Publizistik* 6-2.

Hachmeister, Lutz (1986), *Theoretische Publizistik; Studien zur Geschichte der Kommunikationswissenschaft in Deutschland*, Berlin.

Hachmeister, Lutz (1998), *Der Gegnerforscher; Die Karriere des SS-Führers Franz Alfred Six*, München.

Hagemann, Walter (1966), *Grundzüge der Publizistik*, 2. überarb. Aufl. Münster.

Heide, Walther/Franzmeyer, Fr., Hg. (1940), *Presse-Dissertationen an deutschen Hochschulen 1885-1938*, Berlin.

Hennig, Eike (1975), Faschistische Öffentlichkeit und Faschismustheorien, in: *Ästhetik und Kommunikation* 20.

Jaeger, Karl (1926), *Von der Zeitungskunde zur publizistischen Wissenschaft*, Jena.

Jüttemeier, Birgit/Otto, Dorothee (1988): Gerhard Menz (1885-1954), in: Kutsch Hg. (1984), *Zeitungswissenschaftler im Dritten Reich*.

Kepplinger, Hans Mathias (1997), Political Correctness and Academic Principles; A Reply to Simpson, in: *Journal of Communication* 47-4.

Klose, Hans-Georg (1989), *Zeitungswissenschaft in Köln; Ein Beitrag zur Professionalisierung der deutschen Zeitungswissenschaft in der ersten Hälfte des 20. Jahrhunderts*, München.

Klutentreter, Wilhelm (1981), Karl d'Ester und die Zeitungswissenschaft, in: *Publizistik* 26-4.

Kondo, Haruo (1938), Der japanische Film von Heute, in: *Japan To-day*, October.

König, Helmut/Kuhlmann, Wolfgang/Schwabe, Klaus, Hg. (1997), *Vertuschte Vergangenheit: Der Fall Schwerte und die NS-Vergangenheit der deutschen Hochschulen*, München.

Koszyk, Kurt/Pruys, Karl Hugo, Hg. (1981), *Handbuch der Massenkommunikation*, München.

Kunczik, Michael (1997), *Geschichte der Öffentlichkeitsarbeit in Deutschland*, Köln.

Kurth, Karl (1938a), Zeitungswissenschaft oder Lesersoziologie, in: *Zeitungswissenschaft* 13-5.

Kurth, Karl (1938b), Kritik der Publizistik, in: *Zeitungswissenschaft* 13-8.

Kurth, Karl/Hollmann, Wolfgang (1938), *Durchbruch zur Zeitungswissenschaft*, Bonn.

Kutsch, Arnulf (1981), Karl Oswin Kurth (1910-1981); Ein biographischer Hinweis zur Geschichte der Zeitungswissenschaft, in: *Publizistik* 26-3.

Kutsch, Arnulf, Hg. (1984), *Zeitungswissenschaftler im Dritten Reich. Sieben biographische Studien*, Köln.

Kutsch, Arnulf (1985), *Rundfunkwissenschaft im Dritten Reich; Geschichite des Instituts für Rundfunkwissenschaft der Universität Freiburg*, München.

Kutsch, Arnulf (1988), Max Webers Anregung zur empirischen Journalismusforschung: Die "Zeitungs-Enquete" und eine Redakteurs-Umfrage, *Publizistik* 33-1.

McLeod, Jack M. (2002), Zum 85. Geburtstag von Elisabeth Noelle-Neumann, in: *Publizistik* 47-1.

Maoro, Bettina (1987), *Die Zeitungswissenschaft in Westfalen 1914-45; Das Institut für Zeitungswissenschaft in Münster und die Zeitungsforschung in Dortmund*, München.

Morris-Suzuki, Tessa (2000), Ethnic Engineering; Scientific Racism and Public Opinion Surveys in Midcentury Japan, in: *positions* 8-2.

Mosse, George L. (1978), *Nazism, a Historical and Comparative Analysis of National Socialism*, New Brunswick.

Mosse, George L. (2000), *The Fascist Revolution: Toward a General Theory of Fascism*, New York.

Münster, Hans A. (1926a), *Die öffentliche Meinung in Johann Josef Görres' politischer Publizistik*, Berlin.

Münster, Hans A. (1926b), Zeitungswissenschaft, in: *Niedersächsische Presse*, Nr. 8.

Münster, Hans A. (1926c), Das Seminar für Publizistik und Zeitungswesen an der Freiburger Universität, in: *Freiburger Universitätsführer SS 1926*.

Münster, Hans A. (1928), Zeitungslesebücher in Schulen? in: *Zeitungswissenschaft* 3-5/6.

Münster, Hans A. (1929), Das Zeitungsproblem in der Schule, in: *Vergangenheit und Gegenwart* 19-4.

Münster, Hans A. (1930), Offene Antwort an Herrn Geheimrat Prof. Dr. Ferdinand Tönnies-Kiel, in: *Zeitungswissenschaft* 5-6.

Münster, Hans A. (1932a), *Jugend und Zeitung*, Berlin.

Münster, Hans A. (1932b), Erst Zeitungskunde, dann Zeitungsnutzung in der Schule, in: *Vergangenheit und Gegenwart* 22-12.

Münster, Hans A. (1933), Zeitung und Zeitungswissenschaft im neuen Staat, in: *Zeitungswissenschaft* 8-5.

Münster, Hans A. (1934), *Der Wille zu überzeugen — ein germanischer Wesenszug in der Volksführung des neuen Staates: Vom Sinn der deutschen Zeitungswissenschaft*, Leipzig.

Münster, Hans A. (1937), *Bericht über die Tätigkeit des Instituts für Zeitungswissenschaft an der Universität Leipzig im 21. Jahre des Bestehens*, Leipzig.

Münster, Hans A. (1938), Kultur im Grenzdorf, in: *Sachsen*, Nr. 3.

Münster, Hans A. (1939), *Publizistik; Menschen-Mittel-Methoden*, Leipzig.

Münster, Hans A. (1940), Sieben Jahre Rundfunkforschung an der Universität Leipzig, in: *Rundfunkarchiv* Nr. 2.

Münster, Hans A. (1955/56), *Die moderne Presse; Das Zeitungs- und Zeitschriftenwesen im In- und Ausland in zwei Bänden*, Bad Kreuznach.

Münster, Hans A. (1956), Publizistische Forschungsprobleme der Werbung, in: *Publizistik* 1-2.

Münster, Hans A. (1957), *Fibel der Marktforschung*, Darmstadt.

Münster, Hans A. (1960), *Werben und Verkaufen im Gemeinsamen Europäischen Markt*, Darmstadt.

Münster, Hans A. (1962), *Die Presse — Trumpf in der Werbung; Eine kritische Analyse*, Stuttgart.

Negt, Oskar/Kluge, Alexander (1972), Öffentlichkeit und Erfahrung; Zur Organisationsanalyse von bürgerlicher und proletarischer Öffentlichkeit, Frankfurt a. M.

Noelle-Neumann, Elisabeth (1963), Meinung und Meinungsführer. Über den Fortschritt der Publizistikwissenschaft durch Anwendung empirischer Forschungsmethoden, in: *Publizistik* 8-4.

Noelle-Neumann, Elisabeth (1980), *Die Schweigespirale: öffentliche Meinung, unsere soziale Haut*, München.

Noelle-Neumann, Elisabeth (1992), The pollster and the Nazis, in: *Commentary*, January.

Obst, Bernhard (1987), *Ein Heidelberger Professorenstreit. Die Auseinandersetzung zwischen Adolf Koch und Max Weber 1910–1914*, Köln.

Oeckl, Albert (1994), Die historische Entwicklung der Public Relations, in: Wolfgang Reineke/Hans Eisele Hg., *Taschenbuch der Öffentlichkeitsarbeit. Public Relations in der Gesamtkommunikation*, 2. Aufl., Heidelberg.

Paul, Gerhard (1990), *Aufstand der Bilder; Die NS-Propaganda vor 1933*, Bonn

Pöttker, Horst (2001a), Mitgemacht, weitergemacht, zugemacht: Zum NS-Erbe der Kommunikationswissenschaft in Deutschland, in: *A VISO* Nr. 28.

Pöttker, Horst (2001b), Statement von Horst Pöttker anlässlich der Podiumsdiskussion in Münster am 23. 5. 2001. Vergangenheit, die nicht vergeht. (http://www.dgpuk.de/aktuell/poettker/poettker_23-05-2001.htm)

Prakke, Henk (1961), Thesen zu einer neuen Definition der Publizistikwissenschaft, in: *Publizistik* 6-2.

Prinz, Michael/Zitelmann, Rainer, Hg. (1991), *Nationalsozialismus und Modernisierung*, Wissenschaftliche Buchgesellschaft.

Puder, Klaus (1983), Vor 50 Jahren; Faschisierung des Leipziger Instituts für Zeitungskunde, Teil 2. in: *Theorie und Praxis des sozialistischen Journalistik der Karl-Marx-Universität Leipzig.*

Raabe, Hans-Joachim (1962), *Emil Dovifats Lehre von der Publizistik*, Diss., Leipzig.

Raabe, Hans-Joachim (1965), *Karl d'Ester und die Entwicklung der bürgerlich-imperialistischen Presse-Ideologie in Deutschland*, Leipzig.

Rau, Karl (1938), Studentische Aufgaben in der Zeitungswissenschaft, in: *Zeitungswissenschaft und Publizistik*, Sonderdruck, Berlin.

Rüdiger, Bruch vom/Roegele, Otto B., Hg. (1986), *Von der Zeitungskunde zur Publizistik. Biographisch-institutionelle Stationen der deutschen Zeitungswissenschaft in der ersten Hälfte des 20. Jahrhunderts*, Frankfurt a. M.

Scharf, Wilfried (1971), Public relations in der Bundesrepublik Deutschland. Ein kritischer Überblick über die gegenwartig massgebenden Ansichten, in: *Publizistik* 16-2.

Simpson, Christopher (1996), Elisabeth Noelle-Neumann's "Spiral of Silence" and the Historical Context of Communication Theory, in: *Journal of Communication* 46.

Stapel, Wilhelm (1931), Schulfortschritt? Zum Schulkampf gegen den Nationalsozialismus, in: *Deutsches Volkstum*, H. 3.

Stöber, Rudolf (2002), "Von der Zeitungs- zur Publizistikwissenschaft: Kontinuitaten und Umbruche", Bericht von der Tagung in Dortmund am 18. und 19.

Januar 2002, in: *Publizistik* 47-1.
Straetz, Sylvia (1984), *Hans A. Münster (1901-1963). Sein Beitrag zur Entwicklung der Rezipientenforschung*, Frankfurt a. M.
Straetz, Sylvia (1986), Das Institut für Zeitungskunde in Leipzig bis 1945, in: Rüdiger/Roegele, *op. cit.*
Szyszka, Peter (1990), *Zeitungswissenschaft in Nürnberg (1919-1945); Ein Hochschulinstitut zwischen Praxis und Wissenschaft*, Nürnberg.
Tönnies, Ferdinand (1931), Offene Antwort. in: *Zeitungswissenschaft* 6-1.
Traub, Hans (1933), *Zeitung, Film, Rundfunk: Die Notwendigkeit ihrer einheitlichen Betrachtung*, Berlin.
Urban, Regina/Herpolsheimer, Ralf (1984), Franz Alfred Six (1909-1975), in: Arnulf Kutsch Hg., *Zeitungswissenschaftler im Dritten Reich.*
Wagner, Hans (1989), *KommunikationsWissenschaft (Zeitungswissenschaft). Das Fach, das Studium, die Methoden*, 2. Aufl., München.
Warneken, Bernd Jürgen, Hg. (1991), *Massenmedium Strasse; Zur Kulturgeschichte der Demonstration*, Frankfurt a. M.
Weimann, Gabriel (1997), Can a Spiral Be a Bridge? On Noelle-Neumann's Work as Bridging Micro-Macro Levels of Analysis, in: *Publizistik* 42-1.

邦文

青木保(2011),『「文化力」の時代――21 世紀のアジアと日本』岩波書店.
赤神良譲(1935),「怪文書心理学」『維新』第 2 巻 10 号.
赤神崇弘〔良譲〕(1940),「全体主義と電体主義」『反共情報』第 3 巻 7 号.
赤神良譲(1941),『知識階級の心理』明治大学出版部.
赤神良譲(1942a),「民族論と圏族論」『反共情報』第 5 巻 1 号.
赤神良譲(1942b),「知識階級の心理」『反共情報』第 5 巻 6 号.
赤神崇弘〔良譲〕(1942c),「日本社会性の分析」『反共情報』第 5 巻 8 号.
赤上裕幸(2009),「「国民教化メディア」としての映画――映画法(一九三九年)の評価をめぐって」『日本社会教育学会紀要』第 45 号.
赤澤史朗(1985),『近代日本の思想動員と宗教統制』校倉書房.
赤澤史朗(1993),「大日本言論報国会――評論界と思想戦」,赤澤史郎・北河賢三編『文化とファシズム』日本経済新聞社.
秋元律郎(1981),「一九三〇年代ドイツ社会学」『社会学史研究』第 3 号.
アドルノ,テオドール・W.(1973),「アメリカにおけるヨーロッパ系学者の学問的経験」山口節郎訳,スチュワート・ヒューズほか『亡命の現代史 4 知識人の大移動 2――社会科学者・心理学者』みすず書房.
阿原謙蔵(1938),「学生思想問題」,内閣情報部編『思想戦講習会講義速記』第 3

輯(極秘).
雨宮巽(1938),「支那の抗日思想戦」『思想戦講習会講義速記』第2輯(極秘).
有山輝雄(1990),「アメリカの占領言論政策の形成過程——占領期メディア研究序説」『年報近代日本研究』第12号.
有山輝雄(1993),「同盟通信社解散——占領期メディア史研究」,有馬学・三谷博編『近代日本の政治構造』吉川弘文館.
有山輝雄(1995),『近代日本ジャーナリズムの構造』東京出版.
有山輝雄(2004),「満洲事変期日本の対米宣伝活動」『日本の国際情報発信』芙蓉書房.
粟屋憲太郎(1981),「太平洋戦争期の日本の宣伝政策」『歴史学研究』第495号.
石井菊次郎(1930),『外交余録』岩波書店.
石川準吉(1984),『国家総動員史』下巻,国家総動員史刊行会.
石田あゆう(2001),「〈土に還る〉文明批評家,室伏高信のメディア論」『マス・コミュニケーション研究』第56号.
石田あゆう(2006),「日本主義的社会学の提唱——赤神良譲の学術論」『日本主義的教養の時代——大学批判の古層』柏書房.
イニス,ハロルド・A.(1987),『メディアの文明史——コミュニケーションの傾向性とその循環』,久保秀幹訳,新曜社.
井上寿一(2011),『戦前日本の「グローバリズム」——一九三〇年代の教訓』新潮選書.
岩渕功一(2007),『文化の対話力——ソフト・パワーとブランド・ナショナリズムを越えて』日本経済新聞出版社.
岩本聖光(2005),「日本国際連盟協会——30年代における国際協調主義の展開」『立命館大学人文科学研究所紀要』第85号.
上杉正一郎(1953),「世論調査のはなし」『産業月報』第7/8号.
上田誠吉(1986),『戦争と国家秘密法——戦時下日本でなにが処罰されたか』イクォリティ.
上野征洋編(2002),『文化政策を学ぶ人のために』世界思想社.
植村和秀(2012),「国民国家ドイツの「魅力」と民族メディア」,佐藤卓己・柴内康文・渡辺靖編『ソフト・パワーのメディア文化政策——国際発信力とはなにか』新曜社.
内川芳美編(1973),『現代史資料40 マス・メディア統制I』みすず書房.
内川芳美編(1975),『現代史資料41 マス・メディア統制II』みすず書房.
内川芳美(1989),『マス・メディア法政策史研究』有斐閣.
梅棹忠夫(1991),『梅棹忠夫著作集』第14巻,中央公論社.
エクスタインズ,モードリス(1991),『春の祭典——第一次世界大戦とモダン・エイジの誕生』金利光訳,TBSブリタニカ.

江藤淳(1989),『閉された言語空間――占領軍の検閲と戦後日本』文藝春秋.
大谷正(1994),『近代日本の対外宣伝』研文出版.
大塚直(2007),「メディア理論家の略歴と読書案内」,寄川条路編『メディア論――現代ドイツにおける知のパラダイム・シフト』御茶の水書房.
大戸千之(2012),『歴史と事実――ポストモダンの歴史学批判をこえて』京都大学学術出版会.
大野英二(2001),『ナチ親衛隊知識人の肖像』未来社.
大山郁夫(1987),「軍国的文化国家主義――独逸国民生活の一面」『大山郁夫著作集』第1巻,岩波書店(初出:『新小説』1916年6月号).
緒方竹虎(1938),「思想戦と新聞」内閣情報部編『思想戦講習会講義速記』第4輯(秘).
緒方竹虎(1969),「明治末期から太平洋戦争まで(昭和二十六年七月述)」『朝日新聞編年史　昭和五年』朝日新聞社史編修室.
岡田直之(2003),「コミュニケーション研究の源流と起点」『現代メディア社会の諸相』学文社.
岡部慶三(1976),「西ドイツにおけるマス・コミュニケーション研究について」『東京大学新聞研究所紀要』第24号.
小野厚夫(2016),『情報ということば――その来歴と意味内容』冨山房インターナショナル.
小野秀雄(1937),『記者教育実施につき當路諸賢に建言す』(東京大学情報学環図書室蔵).
小野秀雄(1938),「思想戦と新聞学」内閣情報部編『思想戦講習会講義速記』第4輯(秘).
小野秀雄(1941a),「ナチ新聞學構成理論」『創立十周年記念講演會講演集』東京帝国大学文学部新聞研究室.
小野秀雄(1941b),「戦時下に於ける独逸の宣伝組織と其の実際」『日独文化』第2巻第2号.
小野秀雄(1957),「カール・デスターの思い出――民族間の理解こそ新聞記者の使命」『新聞研究』第68号.
小野秀雄(1971),『新聞研究五十年』毎日新聞社.
外務省百年史編纂委員会編(1969),『外務省の百年』原書房.
外務省文化事業部(1972),『国際文化交流の現状と展望』外務省文化事業部.
加藤典洋(1997),『敗戦後論』講談社.
柄谷行人(2012),「人がデモをする社会」『世界』9月号.
柄谷行人(2015),「戦後GHQが導入――書評・岩本裕『世論調査とは何だろうか』」『朝日新聞』2015年7月5日付.
川崎賢子・原田賢一(2002),『岡田桑三　映像の世紀――グラフィズム・プロパ

ガンダ・科学映画』平凡社.
河路由佳(2011)『日本語教育と戦争――「国際文化事業」の理想と変容』新曜社.
川島建太郎(2007),「パウロからパンクまで――マンフレート・シュナイダーのメディア理論とディスクール理論」, 寄川条路編『メディア論――現代ドイツにおける知のパラダイム・シフト』御茶の水書房.
北畠利男(1925),「トテモ素晴らしいラヂオの将来」『キング』7月号.
城戸幡太郎(1941),「文化政策」, 新日本文化技術研究会編『生活と文化技術』白水社.
ギトリン, トッド(2001)『アメリカの文化戦争――たそがれゆく共通の夢』, 疋田三良・向井俊二訳, 彩流社.
木村哲也(2002)「「日本語教育」の執拗低音」, 池田信雄・西中村浩編『シリーズ言語態6 間文化の言語態』東京大学出版会.
キャントリル, ハードレイ(1971),『火星からの侵入』, 斎藤耕二・菊池章夫訳, 川島書店.
栗田直樹(1990),「小磯内閣期における緒方竹虎の言論政策」『年報近代日本研究』第12号.
ケルショー, イアン(1993),『ヒトラー神話――第三帝国の虚像と実像』, 柴田敬二訳, 刀水書房.
香内三郎(1961),「内閣情報局の系譜」『文学』5月号.
香内三郎(1976),「「宣伝」から「布教」への転換――戦時宣伝論序説」『季刊ジャーナリズム論史研究』第4号.
古在由重(1963),「現代とはなにか」『岩波講座 現代1 現代の現代性』岩波書店.
五城朗(1940a),「戦争ニュースは欺く」『現代新聞批判』第152号.
五城朗(1940b),「アメリカの輿論調査――〈ギヤラツプポール〉の実際」『現代新聞批判』第158/159号.
小林一三(1938),「思想戦と映画及び演劇」, 内閣情報部編『思想戦講習会講義速記』第4輯(秘).
駒込武(1996),『植民地帝国日本の文化統合』岩波書店.
小宮山登編(1964),『藤沢親雄遺稿・創造的日本学』日本文化連合会.
小山栄三(1937),『宣伝技術論』高陽書院.
小山栄三(1940),「思想戦と宣伝」内閣情報部編『思想戦講座』第4輯.
小山栄三(1941),「国家宣伝と放送」『放送』1941年5月号.
小山栄三(1942a),「現代戦に於ける放送の性格」『放送研究』第2巻1号.
小山栄三(1942b),『戦時宣伝論』三省堂.
小山栄三(1946),『輿論調査概要』時事通信社.
小山栄三(1953),「輿論形成の手段としてのマス・コンミュニケーション」『東京大学新聞研究所紀要』第2号.

小山栄三(1954),『広報学――マス・コンミュニケーションの構造と機能』有斐閣.
小山栄三(1956),『世論・商業調査の方法』有斐閣.
小山栄三(1969),『新聞学原理』同文館.
小山栄三(1982),「世論調査の陣痛期」『日本世論調査協会報』第 49 号.
ゴルギアス(1997),『ソクラテス以前哲学者断片集』第Ⅴ分冊, 内山勝利編訳, 岩波書店.
近藤春雄(2011),「今日の日本映画」, 佐藤卓己訳, 鈴木貞美編『『Japan Today』研究――戦時期《文藝春秋》の海外発信』作品社.
近藤春雄(1940),『文化政策論』三笠書房.
齋藤純一(2000),『思考のフロンティア 公共性』岩波書店.
三枝茂智(1921),『支那ノ外交・財政』東亜同文会調査編纂部.
三枝茂智(1931),『対外文化政策に就て(三枝書記官講演)』外務省文化事業部.
三枝茂智(1932),『国際軍備縮少問題』新光社.
三枝茂智(1933),『極東外交論策』斯文書院.
三枝茂智(1939),『新東亜建設の綱領』今日の問題社.
坂村健(1986),「電子思考」『放送教育』第 452 号.
佐々木隆(1999),『メディアと権力』中央公論新社.
佐藤一子(1989),『文化協同の時代――文化的享受の復権』青木書店.
佐藤卓己(1992),『大衆宣伝の神話――マルクスからヒトラーへのメディア史』弘文堂.
佐藤卓己(1997),「ファシズムの時代――大衆宣伝とホロコースト」『世界を読むキーワード 4』(『世界』臨時増刊 634 号).
佐藤卓己(1998),『現代メディア史』岩波書店.
佐藤卓己(2002),『『キング』の時代――国民大衆雑誌の公共性』岩波書店.
佐藤卓己(2003),「〝プロパガンダの世紀〟と広報学の射程」, 津金澤聰廣・佐藤卓己編『広報・広告・プロパガンダ』ミネルヴァ書房.
佐藤卓己(2004),『言論統制――情報官・鈴木庫三と教育の国防国家』中公新書.
佐藤卓己(2005),『八月十五日の神話――終戦記念日のメディア学』ちくま新書.
佐藤卓己(2008),『輿論と世論――日本的民意の系譜学』新潮選書.
佐藤卓己(2009),『ヒューマニティーズ 歴史学』岩波書店.
佐藤卓己(2012a),『現代史のリテラシー――書物の宇宙』岩波書店.
佐藤卓己(2012b),「メディア史」, 見田宗介監修『現代社会学事典』弘文堂.
佐藤卓己(2013a),『物語岩波書店百年史 2――「教育」の時代』岩波書店.
佐藤卓己(2013b),「メディア流言の時代――第 1 回「火星人襲来」から始まった？」『考える人』第 47 号.
佐藤卓己(2014a),『災後のメディア空間――論壇と時評 2012-2013』中央公論新

社.
佐藤卓己(2014b),「誤報事件の古層」『図書』11 月号.
佐藤卓己(2014c),『増補・大衆宣伝の神話——マルクスからヒトラーへのメディア史』ちくま学芸文庫.
佐藤卓己(2015),「デモを考える——際立つ分裂　対話カギ」『朝日新聞』9 月 19 日付.
佐藤八寿子(2006),『ミッション・スクール——あこがれの園』中公新書.
里見脩(2011),『新聞統合——戦時期におけるメディアと国家』勁草書房.
シヴェルブシュ,ヴォルフガング(2007),『敗北の文化——敗戦トラウマ,回復,再生』,福本義憲・高木教之・白木和美訳,法政大学出版局.
シヴェルブシュ,ヴォルフガング(2015),『三つの新体制——ファシズム,ナチズム,ニューディール』,小野清美・原田一美訳,名古屋大学出版会.
シェットラー,ペーター編(2001),『ナチズムと歴史家たち』,木谷勤・小野清美・芝健介訳,名古屋大学出版会.
シックス,フランツ(1942),「独逸に於ける外国学」『日独文化』第 2 巻第 1 号.
柴岡信一郎(2007),『報道写真と対外宣伝——十五年戦争期の写真界』日本経済評論社.
芝崎厚士(1999a),『近代日本と国際文化交流——国際文化振興会の創設と展開』有信堂高文社.
芝崎厚士(1999b),「財政問題からみた国際文化交流——戦前期国際文化振興会を中心に」,平野健一郎編『国際文化交流の政治経済学』勁草書房.
渋谷重光(1991),「〝思想戦〟の論理と操作性」『大衆操作の系譜』勁草書房.
清水盛明(1938),「宣伝と戦争」,内閣情報部編『思想戦講習会講義速記』第 2 輯(極秘).
シュミット,カール(2015),『現代議会主義の精神史的状況 他一篇』樋口陽一訳,岩波文庫.
情報委員会(1937a),『国防と思想戦』時局宣伝資料・部外秘.
情報委員会(1937b),「国家と情報宣伝」『週報』第 37 号.
シラー,ハーバート・I. (1979),『世論操作』,斎藤文男訳,青木書店.
白戸健一郎(2010),「近藤春雄におけるメディア文化政策論の展開」『教育史フォーラム』第 5 号.
新城新蔵(1925),「ラヂオ文明」『東京朝日新聞』8 月 14 日付.
シンプソン,クリストファー(1994),『冷戦に憑かれた亡者たち——ナチとアメリカ情報機関』,松尾弌之訳,時事通信社.
スキデルスキー,ロバート(2003),『共産主義後の世界——ケインズの予言と我らの時代』,本田毅彦訳,柏書房.
鈴木貞一(1940),「更生支那政権の現在及び将来」,内閣情報部編『思想戦講座』

第 6 輯(極秘).
鈴木幸壽(1988),「ナチス治下のドイツ社会学――シェルスキー，ケーニッヒ，ダーレンドルフ，ラムシュテット，レプシウスらの諸説をめぐって」『明星大学社会学研究紀要』第 8 号.
スナイダー，ティモシー(2017),『暴政――20 世紀の歴史に学ぶ 20 のレッスン』池田年穂訳，慶応義塾大学出版会.
スノー，ナンシー(2004),『情報戦争』，福間良明訳，岩波書店.
関英男(1981),『情報処理入門』東海大学出版会.
高木惣吉(1982),『太平洋戦争と陸海軍の抗争』経済往来社.
高嶋辰彦(1938),「戦争指導と思想戦」，内閣情報部編『思想戦講習会講義速記』第 2 輯(極秘).
拓殖大学創立百年史編纂室(2004),『学統に関わる書誌 I』拓殖大学.
多田督知(1938),「日本戦争論の梗概」，内閣情報部編『思想戦講習会講義速記』第 2 輯(極秘).
田村謙治郎(1938),「思想戦に於けるラヂオの機能」内閣情報部編『思想戦講習会講義速記』第 4 輯(秘).
ダーントン，ロバート(1992),『壁の上の最後のダンス――ベルリン・ジャーナル 1989-1990』，和泉雅人ほか訳，河出書房新社.
津金澤聰廣(1994),「『思想戦展覧会記録図鑑』解題」『内閣情報部・情報宣伝研究資料』第 8 巻.
津金澤聰廣・佐藤卓己(1994),「解題――内閣情報部と『情報宣伝研究資料』」『内閣情報部・情報宣伝研究資料』第 8 巻.
津金澤聰廣(1998),『現代日本メディア史の研究』ミネルヴァ書房.
鶴見祐輔(1938),『後藤新平』第 4 巻，後藤新平伯伝記編纂会.
東京帝国大学文学部新聞研究室(1937),『新聞研究室第三回事業報告』新聞研究室.
東京帝国大学文学部新聞研究室(1942),『新聞研究室第四回事業報告』新聞研究室.
東京大学百年史編集委員会編(1987),『東京大学百年史　部局史四』東京大学出版会.
遠山茂樹・今井清一・藤原彰(1955),『昭和史』岩波新書.
戸坂潤(1967),「戦争ジャーナリスト論」『戸坂潤全集』第 5 巻，勁草書房.
戸澤鉄彦(1942),『宣伝概論』中央公論社.
富田健治(1938),「思想戦と警察」，内閣情報部編『思想戦講習会講義速記』第 3 輯(極秘).
ナイ，ジョセフ・S.(2004),『ソフト・パワー――21 世紀国際政治を制する見えざる力』，山岡洋一訳，日本経済新聞社.

内閣情報部(1940),「情報宣伝の新体制」『週報』第201号.
内閣調査室編(1964),『戦前の情報機構要覧——情報委員会から情報局まで』.
内務省警保局編(1936),『外事警察資料』第1巻(第1輯—第11輯),不二出版(復刻版).
永島茜(2004),「わが国における文化政策論の変遷——昭和10年代における出版物を中心として」『文化経済学』第16号.
長田秀雄(1925),「文藝の映画化と音楽のラジオ化」『中央公論』第449号(6月15日増刊号).
中村彌三次(1940),「文化行政法」,末広巌太郎編『新法学全集』第8巻,日本評論社.
中山定義(1981),『一海軍士官の回想——開戦前夜から終戦まで』毎日新聞社.
難波功士(1998),『「撃ちてし止まむ」——太平洋戦争と広告の技術者たち』講談社選書メチエ.
難波功士(2002),「プロパガンディストたちの読書空間」,吉見俊哉編著『一九三〇年代のメディアと身体』青弓社.
西川長夫(1992),『国境の越え方——比較文化論序説』筑摩書房.
西川長夫(1995),『地球時代の民族＝文化理論——脱「国民文化」のために』新曜社.
新渡戸稲造述(1921),『国際連盟の活動』,三枝茂智訳,有斐閣.
日本放送協会編(1965),『日本放送史』上,日本放送出版協会.
ノエル＝ノイマン,エリザベート(1997),『沈黙の螺旋理論——世論形成過程の社会心理学』池田謙一・安野智子訳,ブレーン出版.
ハイムズ,スティーヴ・J.(2001),『サイバネティクス学者たち——アメリカ戦後科学の出発』忠平美幸訳,朝日新聞社.
バーク,ピーター(2009),『歴史学と社会理論 第二版』,佐藤公彦訳,慶應義塾大学出版会.
橋爪紳也・西村陽編(2005),『にっぽん電化史』日本電気協会新聞部.
長谷川如是閑(1936),「ラヂオ文化の根本問題」『中央公論』9月号.
パッシン,ハーバート(1983)「日本世論調査の発展」『日本世論調査協会報』第51号.
バートレット,フレデリック・C.(1942),『戦争と宣伝——情報心理学』,岡成志訳,高田書院.
花田達朗(2009),『公共圏という名の社会空間——公共圏,メディア,市民社会』木鐸社.
馬場明(1983),『日中関係と外政機構の研究——大正・昭和期』原書房.
ハーバマス,ユルゲン(1992),『遅ればせの革命』,三島憲一・大貫敦子ほか訳,岩波書店.

ハーバーマス，ユルゲン(1994)，『公共性の構造転換 第二版』，細谷貞雄・山田正行訳，未来社.
ハーフ，ジェフリー(2013)，『ナチのプロパガンダとアラブ世界』，星乃治彦・臼杵陽・熊野直樹・北村厚・今井宏昌訳，岩波書店.
ピカート，マックス(1965)，『われわれ自身のなかのヒトラー』，佐野利勝訳，みすず書房.
ヒトラー，アドルフ(1973)，『わが闘争』上・下，平野一郎・将積茂訳，角川文庫.
平田勲(1938)，「マルキシズムの克服」，内閣情報部編『思想戦講習会講義速記』第3輯(極秘).
福間良明(2003)『辺境に映る日本──ナショナリティの融解と再構築』柏書房.
藤澤親雄(1938)，「日本精神と思想戦」，内閣情報部編『思想戦講習会講義速記』第1輯(秘).
藤竹暁(1998)，「コミュニケーションとしての広報」『広報研究』第2号.
フライ，ノルベルト(1994)，『総統国家──ナチスの支配 1933-1945年』，芝健介訳，岩波書店.
フライ，ノルベルト／シュミッツ，ヨハネス(1996)，『ヒトラー独裁下のジャーナリストたち』，五十嵐智友訳，朝日選書.
ブラック，エドウィン(2001)，『IBMとホロコースト──ナチスと手を結んだ大企業』，小川京子訳・宇京頼三監修，柏書房.
プラトン(1967)，『パイドロス』，藤沢令夫訳，岩波文庫.
フレッチャー，マイルズ(2011)，『知識人とファシズム──近衛新体制と昭和研究会』，竹内洋・井上義和訳，柏書房.
ブロッホ，エルンスト(1994)，『この時代の遺産』，池田浩士訳，ちくま学芸文庫.
フロム，エーリッヒ(1991)，『ワイマールからヒトラーへ──第二次大戦前のドイツの労働者とホワイトカラー』，佐野哲郎・佐野五郎訳，紀伊國屋書店.
ヘーリッシュ，ヨッヘン(2017)，『メディアの歴史──ビッグバンからインターネットまで』，川島建太郎・津崎正行・林志津江訳，法政大学出版局.
ホイジンガ，ヨハン(1973)，『ホモ・ルーデンス』，高橋英夫訳，中公文庫.
ホブズボーム，エリック(1996)，『20世紀の歴史──極端な時代』上，河合秀和訳，三省堂.
ポリュビオス(2004)，『歴史』第1巻，城江良和訳，京都大学学術出版会.
マイヤー，ミルトン(1983)，『彼らは自由だと思っていた──元ナチ党員十人の思想と行動』，田中浩・金井和子訳，未来社.
マクルーハン，マーシャル(1991)，『機械の花嫁──産業社会のフォークロア』，井坂学訳，竹内書店.
マクルーハン，マーシャル(1987)，『メディア論──人間の拡張の諸相』，栗原裕，

河本仲聖訳，みすず書房.
松下圭一・森啓編(1981)，『文化行政』学陽書房.
松村正義(2002)，『新版　国際交流史——近現代日本の広報文化外交と民間交流』地人館.
松村正義(2010)，『日露戦争と日本在外公館の“外国新聞操縦”』成文社.
松本潤一郎(1945)，『戦時文化政策論』文松堂出版.
松山一忠(1939)，『思想犯保護観察法とは』京都保護観察所.
丸山眞男(1976)，「政治学に於ける国家の概念」『戦中と戦後の間』みすず書房.
三上俊治(1997)，「「情報」ということばの起源に関する研究」『東洋大学社会学部紀要』第34巻2号.
三木清(1967)，「財閥と文化事業」『三木清全集』第15巻，岩波書店(初出，1937年5月31日付『東京帝国大学新聞』).
三木清(1968)，「科学と文化」『三木清著作集』第17巻，岩波書店.
水島治男(1976)，『改造社の時代——戦中編』図書出版社.
宮原誠一(1943)，『文化政策論稿』新経済社.
ミュンステル，ハンス・A.(1940)，『新聞と政策——新聞学入門』，内閣情報部訳(情報宣伝研究資料第14輯).
ミュンツェンベルク，ヴィリー(1995)，『武器としての宣伝』，星乃治彦訳，柏書房.
三輪公忠(2014)，『新装版　日本・1945年の視点』東京大学出版会.
村山知義(1931)，「ラヂオ戦線(時代探訪3)」『中央公論』6月号.
室伏高信(1925)，「ラヂオ文明の原理」『改造』7月号.
メイロウィッツ，ジョシュア(2003)，『場所感の喪失——電子メディアが社会的行動に及ぼす影響』上，安川一・上谷香陽・高山啓子訳，新曜社.
モック，J・R&ラースン，C.(1943)，『米国の言論指導と対外宣伝』，坂部重義訳，汎洋社.
モッセ，ジョージ・L.(1994)，『大衆の国民化——ナチズムに至る政治シンボルと大衆文化』，佐藤卓己・佐藤八寿子訳，柏書房.
森戸辰男(1941)，『戦争と文化』中央公論社.
森戸辰男(1946)，「文化国家論」『中央公論』4月号.
安岡正篤(1940)，「日本精神と思想戦」，内閣情報部編『思想戦講座』第3輯.
柳父章(1995)，『一語の辞典　文化』三省堂.
山浦貫一(1936)，「新聞戦線異状あり」『中央公論』9月号.
山川均(1935)，「ラヂオを聴く」『経済往来』2月号.
山口定(2004)，『市民社会論——歴史的遺産と新展開』有斐閣.
山之内靖(1993)，「戦時期の遺産とその両義性」『岩波講座 社会科学の方法3 日本社会科学の思想』岩波書店.

山之内靖(1995),「方法的序論」,山之内靖,成田龍一,ヴィクター・コシュマン編『総力戦と現代化』柏書房.
山本鎮雄(1986),『西ドイツ社会学の研究』恒星社厚生閣.
山本秀行(1995),『ナチズムの記憶――日常生活からみた第三帝国』山川出版社.
山本尤(1985),『ナチズムと大学――国家権力と学問の自由』中公新書.
横溝光暉(1938),「国家と情報宣伝」,内閣情報部編『思想戦講習会講義速記』第1輯(秘).
横溝光暉(1939),「思想戦の理論と実際」,内閣情報部編『(秘)第二回思想戦講習会講義速記』第1輯.
横溝光暉(1941),「思想戦と新聞の任務」『創立十周年記念講演会講演集』東京帝国大学文学部新聞研究室.
横溝光暉(1973),内政史研究会編『横溝光暉氏談話第四回速記録』.
横溝光暉(1974),『昭和史片鱗』経済往来社.
横溝光暉(1978),『行政道の研究』第一法規出版.
横溝光暉(1984),『戦前の首相官邸』経済往来社.
吉見俊哉(1995),『「声」の資本主義――電話・ラジオ・蓄音機の社会史』講談社選書メチエ.
吉見俊哉(1999)「東京帝大新聞研究室と初期新聞学的知の形成をめぐって」『東京大学社会情報研究所紀要』第58号
吉見俊哉(2000)「メディアをめぐる言説――両大戦間期における新聞学の誕生」『内破する知』東京大学出版会.
米沢和彦(1991),『ドイツ社会学史研究――ドイツ社会学会の設立とヴァイマル期における歴史的展開』恒星社厚生閣.
米山桂三(1943),『思想闘争と宣伝』目黒書店.
米山桂三(1946),『輿論と民主政治(民主主義講座Ⅰ)』目黒書店.
米山桂三(1961),「新聞研究所の設立にあたって」『三田評論』第596号.
ラカー,ワルター(1997),『ファシズム――昨日・今日・明日』,柴田敬二訳,刀水書房.
陸軍省情報部(1939),『国家総力戦の戦士に告ぐ』,陸軍省情報部.
陸軍省新聞班編(1934),『「国防の本義と其強化の提唱」に対する評論集』陸軍省新聞班.
リースマン,コンラート・パウル(2017)『反教養の理論――大学改革の錯誤』,斎藤成夫・齋藤直樹訳,法政大学出版局.
ルーデンドルフ,エーリヒ(1938),『国家総力戦』,間野俊夫訳,三笠書房.
レゲヴィー,クラウス(2004),『ナチスからの「回心」――ある大学学長の欺瞞の人生』,斉藤寿雄訳,現代書館.
レーニン(1958),「第七次全ロシア中央執行委員会第一会期での全ロシア中央執

行委員会および人民委員会議の活動について」，レーニン全集刊行委員会編『レーニン全集』第 30 巻，大月書店．

レーニン(1959)，「我が国の内外情勢と党の任務」，同前『レーニン全集』第 31 巻，大月書店．

レーニン(1959)，「無線工学の発展について イ・ヴェ・スターリンにあてた手紙」(1922 年 5 月 19 日付)，同前『レーニン全集』第 33 巻，大月書店．

レーニン(1969)，日本共産党中央委員会宣伝部編『レーニン　宣伝・扇動 1』国民文庫．

和田洋一・園頼三・臼井二尚(1956)，「小山栄三氏提出学位論文審査要旨」(同大第廿七号，昭和卅一年・同志社大学学事課所蔵)．

和辻哲郎(1979)，『風土——人間学的考察』岩波文庫．

佐藤卓己
1960年生まれ．京都大学大学院博士課程単位取得退学．国際日本文化研究センター助教授などを経て，現在，京都大学大学院教育学研究科教授．専攻はメディア史，大衆文化論．本書で第72回毎日出版文化賞受賞．
著書に『『キング』の時代――国民大衆雑誌の公共性』(2002年，岩波書店，日本出版学会賞受賞，サントリー学芸賞受賞)，『言論統制――情報官・鈴木庫三と教育の国防国家』(2004年，中公新書，吉田茂賞受賞)，『輿論と世論――日本的民意の系譜学』(2008年，新潮選書)，『『図書』のメディア史――「教養主義」の広報戦略』(2015年，岩波書店)，『現代メディア史 新版』(2018年，岩波書店)，『流言のメディア史』(2019年，岩波新書)，『メディア論の名著30』(2020年，ちくま新書)など．

ファシスト的公共性――総力戦体制のメディア学

2018年4月 4日 第1刷発行
2022年2月25日 第3刷発行

著　者　佐藤卓己《さとうたくみ》

発行者　坂本政謙

発行所　株式会社 岩波書店
〒101-8002 東京都千代田区一ツ橋 2-5-5
電話案内 03-5210-4000
https://www.iwanami.co.jp/

印刷・精興社　製本・牧製本

ISBN 978-4-00-061260-9　Printed in Japan